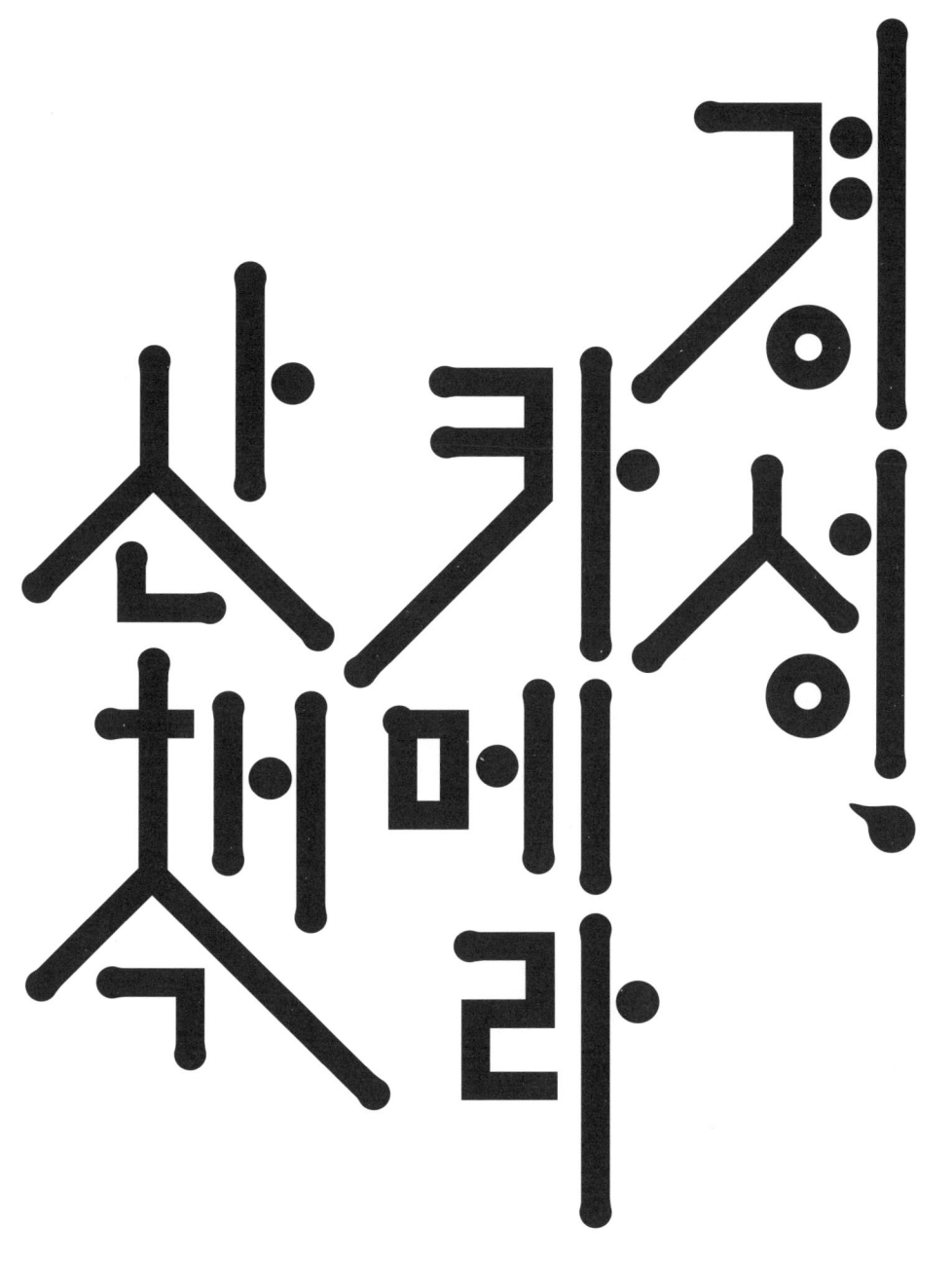

경성, 카메라 산책
사진으로 읽는 경성 사람, 경성 풍경

지은이 / 이경민
펴낸이 / 강동권
펴낸곳 / 아카이브북스

1판 1쇄 발행 / 2012년 8월 31일
1판 2쇄 발행 / 2013년 4월 30일

등록 / 2004년 10월 18일 (등록번호 제 300-2009-103호)
주소 / 서울시 종로구 안국동 17-1 우 110-240
전화 / 02-720-4572 · 팩스 / 02-720-4573
이메일 / archivebooks@hotmail.com

© 이경민, 2012, Printed in Seoul, Korea.
ISBN 978-89-93253-11-5 03900

이 책의 저작권은 저자가 가지고 있습니다.
저작권법에 의해 보호를 받는 저작물이므로 이 책 내용의 일부 또는 전부를
재사용하려면 저작권자와 아카이브북스 양측의 동의를 얻어야 합니다.

* 책값은 뒤표지에 표시되어 있습니다.

이 도서의 국립중앙도서관 출판시도서목록(CIP)은 e-CIP 홈페이지(http://www.nl.go.kr/ecip)와 국가자료공동목록시스템(http://www.nl.go.kr/kolisnet)에서 이용하실 수 있습니다.
(CIP제어번호: CIP2012004371)

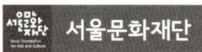 

이 책은 서울문화재단 '2012년 예술연구서적발간 지원사업' 선정 저서로,
서울문화재단과 한국문화예술위원회의 후원을 받아 제작되었습니다.

경성, 카메라 산책

사진으로 읽는 경성 사람, 경성 풍경

이경민

아카이브북스

일러두기

1. 일제강점기 당시 신문이나 잡지 등에서 인용한 인용문의 경우 오늘날의 어법에 맞도록 수정하는 것을 원칙으로 하였으나, 오늘날과 표현이 전혀 다르거나 뜻이 통하지 않는 경우에는 원문 그대로 인용하였다. 또한 원문 중 판독 불가능한 글자나 X자로 표시된 글자는 모두 □로 표시했다.
2. 부호의 쓰임은 다음과 같다.
    「 」: 신문, 잡지의 기사명, 단편소설, 시 제목
    『 』: 신문명, 잡지명, 도서명
    〈 〉: 노래명, 영화명, 예술 작품명, 방송프로그램명, 지도명
    [ ]: 인용문에서 이 책 지은이의 부연 설명

책을 시작하며

이 책은 내가 2008년에 펴낸 『경성, 사진에 박히다』의 후속작으로, 사진을 통해 근대 시각 문화사의 일면을 살펴본 전작前作에 이어 오늘날 우리에게 내면화되어 있는 근대적 인식과 감수성이 어디에서 기원했는지 10개의 주제(카페, 이발소, 미용실, 야시장, 인력거, 유람버스, 동물원, 박람회, 대학로, 도서관)를 통해 추적하고 있다. 서로 다른 층위의 이 주제들은 모두 이 땅에 근대적 제도와 문화가 수용되고 정착되는 과정에서 생겨났고, 그 결과 식민지 조선인들의 생활양식과 태도에 근대적 인식을 내면화시키는 중요한 기제가 되었다. 이런 점에서 이 주제들은 사진 이상으로 근대를 관통하는 키워드라고 할 수 있다.

따라서 사진을 중심으로 근대를 바라보고 기술해온 기존 연구가 갖는 인식 틀의 한계를 극복하고 보완하는 것이 이 책을 준비하면서 첫 번째로 목표한 것이었다. 또한 각각의 주제들과 관련된 텍스트들을 모으고 정리하다 보니 일제강점기를 중심으로 근대 조선인들의 삶과 일상을 살펴볼 수 있었는데, 이를 통해 자연스럽게 근대의 일상사와 생활사를 구성하는 것이 이 책의 또 다른 목표였다.

물론 처음부터 이러한 기획을 의도했던 것은 아니다. 주로 해방 이전에 생산된 사진을 중심으로 관련 자료를 수집하고 분류·정리하면서 자연스럽게 이러한 기획에 이르게 되었다. 즉 한 장의 사진을 제대로 읽기 위해서는 그것이 생산된 맥락에 대한 선이해가 필요한데, 사진은 특정한 분야에서만 생산되는 것이 아니라 모든 분야를 망라해서 생산되기 때문에 다양하고 방대한 양의 사진 하나하나를 모두 이해해야 하며, 또한 사진의 생산 맥락뿐만 아니라 사진 속 대상과 주제의 역사적, 사회적, 문화적 맥락에 대해서도 충분히 알아야 한다. 이처럼 근대 사진 아카이브는 백과전서식의 지식과 이해가 필요한 방대한 프로젝트이며, 따라서 기존의 제 학문 분야에서 축적해온 연구 성과에 기대거나 학제 간 연구를 진행하는 것이 불가피하다.

요컨대 사진 아카이브를 구축하거나 근대 사진사寫眞史를 기술하다 보면 사진의 대상과 주제에 대한 미시사微視史 연구의 문제가 자연스럽게 대두될 수밖에 없다. 나아가 메타미디어적인 사진의 속성상 모든 것의 미시사가 필요하며, 미시사의 주제는 곧 사진의 주제이기도 하다. 최근 미시사 연구에 대한 관심이 급증하고 있지만 사진사의 대상만큼이나 미시사의 영역은 여전히 빈 곳이 많다. 결국 사진을 통해 근대를 바라보기 위해서는 일상생활사와 시각 문화사에 대한 연구가 요구되며, 이 책도 이러한 이유와 호기심에서 시작되었다.

또한 유모토 고이치가 쓴 『일본 근대의 풍경』(그린비)에 자극받은 바도 크다. 정치·경제 부문과 사회·생활 부문으로 나누어진 이 책은 200개에 달하는 항목을 통해 근대 일본의 풍경을 그려내고 있다. 한 연구자와 출판사의 제안으로 이 책의 후속편으로 『한국 근대의 풍경』을 기획한 적이 있는데, 그만 그 연구자의 개인적인 사정으로 초기 구상 단계에서 멈추고 말았다. 또 그 사이 유사한 내용의 책들이 쏟아져 나와 이 기획은 점차 관심에서 멀어져 갔다. 그러다 서울문화재단에서 발행하고 있는 『문화+서울』의 '다시 보는 서울'이라는 코너를 맡으면서 앞서의 구상을 이어가게 되었다. 하지만 그동안 '사진사'와 '사진 문화사'라는 범주에 한정해서 근대를 들여다보고 있던 정도라, 섣불리 시작하기가 망설여지기도 하고 또 워낙 방대한 주제라 쉽게 엄두를 내기 어려웠다.

하지만 시작이 반이라는 생각으로 우선 개인적으로 관심 있는 주제와 흥미롭게 읽었던 자료를 대상으로 100여 개의 항목을 뽑고, 우선순위로 정한 항목을 키워드 삼아 신문 기사를 검색하고 자료를 정리하는 1차 작업을 시작했다. 매월 돌아오는 마감 시간 때문에 검색한 기사 이외의 나머지 기사를 모두 확인하지는 못했지만, 정리된 기사 내용을 시기별, 주제별로 묶고 한 편의 작은 역사로 엮어냈다. 유모토가 각 항목마다 2~3쪽에 걸쳐 수용 시기와 전개 과정을 설명하고 해당 삽화를 해설하는 방식을 취한 것과 달리, 나는 각 주제의 기원뿐만 아니라 당시 조선인들의 삶의 모습과 근대적 수용 방식까지 엿볼 수 있도록, 그래서 한 편의 작은 미시사가 될 수 있도록 이야기를 구성했다. 하나의 항목을 정리하는 데 꼬박 한 달 남짓 시간이 소요되는 관계로 1년 동안 비록 10개의 항목밖에 연재하지 못했지만 사진 이외의 키워드를 통해 또 다른 근대와의 만남을 시도할 수 있었고, 그 만남을 통해 근대 조선인들에게 인간적 동질성과 유대감을 느낄 수 있었다. 즉 예나 지금이나 삶의 환경과 방식은 달라졌어도 본질적인 삶의 내용에 있어서는 큰 차이가 없었다.

이 책은 앞서 언급한 대로 2009년 3월부터 2010년 2월까지『문화+서울』에 연재했던 글들을 기초로 수정·보완하고 새로운 글(「말하는 사진, 1921년에 바라본 경성의 비판적 풍경」)을 한 편 추가하여 만들었다. 단순히 근대에 대한 호기심을 충족시키는 데 그치는 것이 아니라 현재 우리의 모습에 내재된 근대적 감수성을 재발견할 수 있도록 방대한 자료 조사와 면밀한 분석을 수행하려고 했다. 그러나 주로 일제강점기에 발행된 신문 기사들을 1차 텍스트로 삼았기 때문에 그것들을 온전한 미시사로 엮어내는 데는 한계가 있을 수밖에 없었다. 이러한 한계를 극복하기 위해서 다양한 시각 자료를 수집하려고 했으며, 한정된 텍스트가 갖는 추상성을 이미지를 통해 보완하려고 노력했다. 또한 기존의 미술사나 사진사가 분야사 연구에 한정되어 근대에 대한 입체적인 조망이 힘들었던 만큼 근대 시각 문화사라는 큰 틀 속에서 관련 자료들을 재구성하려고 했다.

이 책은 크게 두 부분으로 나누어지는데, 제1부 경성 사람에서는 일제강점기 경성에서 생활했던 기층민(하층민)들의 삶을 다루었으며, 제2부 경성 풍경에서는 도시의 문화시설과 여가 문화를 중심으로 경성의 풍경을 입체적으로 살펴볼 수 있도록 했다. 하나하나

독립된 주제로 구성되어 있지만, 10개의 주제를 관통하는 핵심은 근대성의 기원이다. 물론 일제의 식민 지배를 받던 시절이었기에 식민지 근대성이라는 이중적이고 자기모순적인 상황이 연출되기도 했다. 그러나 무엇보다도 당시 조선인들이 경험하고 느꼈던 근대적 감수성의 흔적들을 오늘날 우리 자신에게서 발견할 수 있는데, 카페에 들러 커피를 마시거나 인근 서점에 가서 책을 읽거나 또는 하릴없이 대학로를 걸을 때조차 우리의 몸짓과 자세와 태도 그리고 걸음걸이에서 근대성의 기원과 만날 수 있을 것이다.

한편 이 책의 제목으로 쓰인 '카메라 산책'은 1934년 7월부터 연재되기 시작한 『조선일보』의 「카메라 산보」라는 기사 제목에서 따온 것으로, 당시 조선인들이 사진을 통해 세상과 소통하면서 근대적 인식을 형성해나갔다는 점을 상기시키고자 선택한 것이다. 특히 이 책의 제2부 5장과 「책을 마치며」에 첨부한 '구경거리'의 사진 이미지를 보면 경성의 다양한 풍경을 카메라에 담아 독자들에게 전달하거나 또는 독자의 요청에 따라 사진을 제공하려 한 신문사의 노력을 살펴볼 수 있는데, 이는 사진이 이미 당대인들의 일상적 풍경이 되었음을 말해준다. 또한 '카메라 산책'은 산책이 일상이 된 경성 주민들이 단순히 자연인의 시선이 아니라 카메라의 시선으로 세상을 바라보았음을 은유하기도 한다. 이는 현대를 살아가는 우리에게도 똑같이 적용될 수 있으며, 이런 점에서 사진은 세상과의 소통뿐만 아니라 과거와의 소통도 가능하게 한다.

디지털 시대인 오늘날 사진 매체의 생산방식과 유통 방식은 아날로그 시대와는 전적으로 다르게 이루어지고 있기 때문에 사진에 대한 새로운 인식이 요구된다. 기술결정론적인 사진에 대한 이해와 설명은 더 이상 유효하지 않으며, 사진이라는 매체의 존재 방식 및 세상과의 소통 방식에 대한 새로운 성찰과 근원적인 반성, 고민이 필요한 때이다. 바로 이 지점에서 사진인문학이 요구되는데, 시각 매체가 끊임없이 우리의 인식에 영향을 미치고 있다는 점에서 최근에 논의되는 사진의 인문학적 사유는 시의적절하다. 이런 사유를 통해 사진이 더 이상 한 장의 얄팍한 이미지에 그치는 것이 아니라 그 하나하나에 매체의 역사와 담론 그리고 근대성의 기원이 녹아들어 있음을 알아챌 수 있을 것이다. 이 책이 본격적인 사진인문학 연구는 아니더라도 사진을 통한 인문적 사유의 가능성을 모색해볼 수 있는 계기가 되었으면 한다.

차례

책을 시작하며　　　　　　　　　　　　5

제1부
경성 사람

1장　카페 구경 가다　　　　　　　　15
2장　이발소에 가다　　　　　　　　　65
3장　미용실에 들르다　　　　　　　　95
4장　종로 야시에 가다　　　　　　　117
5장　인력거를 타고 가다　　　　　　137

제2부
경성 풍경

1장　유람버스에 오르다　　　　　　163
2장　동물원 구경 가다　　　　　　　179
3장　박람회에 가다　　　　　　　　193
4장　대학로를 거닐다　　　　　　　235
5장　도서관에 가다　　　　　　　　249

책을 마치며　　　　　　　　　　　281
참고 문헌　　　　　　　　　　　　292

제 1 부
경성 사람

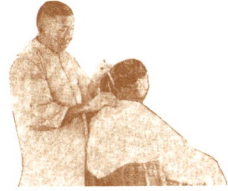
이발소에 가다

인력거를 타고 가다

미용실에 들르다

카페 구경 가다

종로 야시에 가다

1장
카페 구경 가다

최근 '잇걸it girl'이란 말이 패션계와 연예계를 중심으로 회자되고 있다. '인기가 높거나 화제가 되는 사람'이라는 의미로 사용되는 이 용어는 표현상 '올해의 잇걸', '오리지널 잇걸', '떠오르는 잇걸' 등과 같이 쓰이고 있으며, 속어로 성적 매력이 있는 젊은 여자를 지칭하기도 한다. 여기서 3인칭 대명사 이트(잇)는 또 다른 명사와 결합하여 다양한 유행어 버전으로 만들어지기도 하는데, '최신 유행 가방'이란 뜻의 '잇백it bag'도 그중 하나이다. 그런데 흥미로운 것은 이 용어가 일제강점기 조선 사회에서 이미 사용되고 있었다는 점이다. '모던 걸modern girl'처럼 많이 회자되지는 않았지만 유흥 접객업에 종사하는 여성과 그 여성이 지닌 성적 매력을 '이트'로 표현했던 것이다.

그렇다면 당시 경성에서 최고의 이트 또는 잇걸은 누구였을까? 단연 카페의 여급이었다. 당시 신문과 잡지에서는 카페의 풍경을 "세기말의 피로한 도회인의 신경을 날카로이 자극하는 칵테일의 향기와 고성 축음기의 청 높은 소리와 요태와 교태를 갖춘 여급들이 발산하는 이트!"의 공간으로 그렸으며, 고객들이 카페를 찾는 이유도 "카페 걸들의 노래와 웃음, 애교, 댄스와 에로와 이트를 발산하는 서비스" 때문으로 보았다(『조선일보』 1933. 11. 5; 김홍희, 1932). 여급들이 발산하는 이트에 이끌려 카페를 찾는 이들은 젊은 부르주아와 샐러리맨, 실업가, 심지어 교인과 학교 선생과 학생에 이르기까지 다양했다. 이처럼 이트의 이미지로 수많은 고객을 유인한 카페는 어떤 곳이었을까? 그 공간 속으로 들어가보자.

카페의 출현과 모던 보이들의 파라다이스

우리나라 최초의 카페는 1910년대 초반 남대문통 3정목(현 남대문로 3가)에 있었던 카페 타이거로 알려져 있다. 미려한 3층 양옥으로 지어진 이 카페는 1907년 조선으로 건너와 경성사진관(남대문통 2정목에 위치)을 개설한 바 있는 노노무라 겐조野野村謙三가 겸업한 곳으로, 1915년 출간된 『경성번창기』에 소개될 정도로 명소였다. 카페 타이거는 그때까지 경성의 유일한 카페였는데, 1920년대 초반까지만 해도 카페의 경성 진출은 미미한 상태였으며 1920년대 후반에 이르러서야 신문지상에 카페에 대한 본격적인 기사가 실리기 시작했다. 하지만 당시 신문기자의 눈에 카페는 "보통 음식점도 아니요, 색주가도 아니요, 파는 음식물은 일본 요리도 아니요, 청요리도 아니요, 조선 요리도 아니요, 이름도 알 수 없는 것을 파는" 곳으로 비칠 정도로 아직 대중화되지 않았다. 또한 "여자 급사라고 하는 것은 대부분이 밀매음녀로서 남 보기에는 처녀와 같이 꾸며가지고 불량소년들과 타락한 학생들을 유인하여 극도로 사회의 풍기를 문란하게 한다."며 카페의 보급과 함께 늘어난 여급에 대해 부정적인 인식을 보여주었다(『조선일보』 1927. 5. 19). 그럼에도 불구하고 1920년대 후반부터 기존의 요릿집과 음식점을 대체한 새로운 유흥 공간으로 부상하기 시작한 카페는 1930년대에 이르러 전성기를 맞이하게 된다.

01
조선 최초의 카페 타이거
(『경성번창기』 1915)

02
카페 부사의
여급과 고용인들
(1937)

1931년 인사동 계명구락부 아래층에 들어선 낙원회관은 종로의 대표적인 카페였다. 이곳은 영락정(현 중구 저동)에서 공작孔雀이란 카페를 운영하여 성공한 일본인 나카노 미치中野ミチ가 종로에 세운 카페였다. 충청도 명망가의 딸 김영자를 비롯하여 대구의 유명 기생과 공작에 있던 일본인 여급 그리고 연극과 영화에서 활동하던 여배우를 고용하여 화제를 일으켰으며, 이를 배경으로 종로에 성공적으로 진출할 수 있었다(이서구, 1932: 34). 당시 기자이자 극작가였던 이서구는 이곳에 대해 "여급의 황금시대에 그 총본영은 종로의 낙원회관"이라며, 그 이름을 빗대 "기생과 여배우와 실연한 젊은 여성들이 몰려드는 밤의 천국"이라 불렀다(이서구, 1934: 86). 하지만 모던 보이들에게 파라다이스가 비단 낙원회관뿐이었으랴! 당시 경성의 일본인 거류지인 남촌 일대에는 적옥赤玉을 비롯하여 공작, 국수菊水, 환비루丸ビル, 미인좌美人座, 바론baron, 백접白蝶, 본정 바bar, 부사富士, 살롱 아리랑, 송화松花, 은수銀水, 은좌銀座, 입강入江, 킹, 팔천대八千代, 화이트 런치 등의 카페가, 조선인 거리인 북촌 일대에는 낙원회관을 비롯하여 드래곤, 모란牧丹, 신세계, 엔젤, 올림픽, 왕관, 킹홀, 평화, 종로회관 등의 카페가 있었다.

식민지 수도 경성의 카페 풍경

1930년대 이러한 카페들의 본격적인 출현은 일본에 의해 변형 왜곡된 유럽의 카페 문화가 자본주의 소비문화의 하나로서 식민지 조선에 이식된 과정을 단적으로 보여준다. 이 과정에서 카페는 건전한 시민 공론의 장이 아니라 퇴폐적이고 향락적인 에로 문화의 생산지가 되었으며, 나아가 남성 고객들이 식민지 타자로서의 열등감을 이중적 타자(식민지 타자의 타자)인 여급을 통해 보상받으려는 심리와, 식민지 조선인으로서의 좌절된 욕망을 에로티시즘으로 발산하려는 욕망이 결합된 에로 문화의 전당이 되었다. 물론 이러한 에로 문화의 생산과 유포는 조선총독부의 식민지 문화 정책의 일환으로 기획된 측면이 있으며, 근대화 과정에서 자본주의와 결탁한 성 산업의 발달과 무관하지 않다. 이런 점에서 카페는 자본주의 소비문화의 축소판이라 할 수 있으며, 결국 각종 도시문제가 이곳에서도 그대로 재연되었다. 무엇보다도 카페는 근대적 범죄의 온상이 되어 카페에서 밀매음이 공공연하게 이루어졌을 뿐만 아니라 절도와 폭행이 자주 일어났으며 도박과 사취詐取 행위도 끊이지 않았다.

밀매음과 사칭 그리고 무전취식

먼저 1920년대 후반 카페가 일상 속으로 파고든 순간부터 여급과 고객의 밀매음은 사회적 문제가 되어 신문지상에 자주 오르내렸다. 1933년 종로 낙원동에 있었던 엔젤 카페의 여급 김명화는 계동에 사는 김태식과 사간동의 한 여관에서 밀매음을 하다 그곳을 순찰하던 경찰에게 현행범으로 적발되어 종로경찰서로 인치되었다. 종로경찰서 보안계에서는 종로 관내에 카페와 바 그리고 음식점 등이 늘면서 여기서 '에로 서비스'를 유일한 자본으로 하며 붉고 푸른 네온사인 아래서 재즈에 맞추어 노래하는 여급의 수도 증가하는 추세이므로, 앞서의 적발을 계기로 '에로 서비스의 전당'인 카페에 대해 정찰과 단속 활동을 강화하기로 했다. 당시 이 사건을 취재한 『조선일보』 기자는 "도시의 밤을 복숭앗빛으로 물들이는 에로의 병균은 표면 찬란한 현대 문명의 이면에 깃들인 영구한 암종癌腫의 하나"라고 경계하면서, 밀매음을 일삼는 여급을 "도색桃色 전사"라고 일컫기도 했다. 1934년에는 본정(현 충무로)경찰서원이 관내의 한 카페에서 정식 좌석이 아닌 별실을 설치해놓고 비밀리에 밀매음한 사실을 발견하고 그곳 주인에게 그 별실의 철폐를 명하는 동시에 벌금을 물리기도 했다. 이 외에도 카페 여급 네 명과 고용인 외 두 명의 남성이 두 대의 자동차에 나눠 타고 동대문 방면에서 종로로 들어오는 것을 그곳을 순찰 중이던 경찰이 발견하고 이들이 시외의 은밀굴에서 놀고 온 것으로 판명된다며 종로경찰서에 인치한 일도 있었다.

이처럼 밀매음이 잦아지자 1933년 5월에는 어떤 이가 단속 경찰을 사칭하는 일까지 일어났다. 술에 잔뜩 취한 중년의 한 일본인이 대도정(현 용문동)의 탱큐 카페에 들어와 형사를 사칭하며 단속을 나왔다는 둥 조사할 일이 있다는 둥 횡설수설하다가 마침 그곳에 있던 진짜 형사에 의해 경찰서로 인치되어 취조를 받고 유치장 신세를 지게 된 것이었다. 경찰 이외에도 다양한 신분이나 직업을 사칭하며 카페를 출입하는 사람들이 있었는데, 학생과 공산당원을 사칭하는 이들도 그중 하나였다. 1934년 정월 대학생 차림으로 엔젤 카페에 나타나 자신은 일본 공산당원이라며 권총으로 여급을 협박하여 무전취식한 후 도망친 일본인 한 명이 검거되었는데, 취조 결과 그는 그와 같은 수법으로 10차례나 무전취식한 일이 있었으며 그가 지닌 권총은 운동경기에 쓰는 장난감 총이었음이 밝혀졌다. 그리고 공산당원이라고 사칭했던 이 청년을 종로경찰서 고등계에서 엄중 취조한 결과 경성제국대학 의학부에 학적을 둔 대학생으로 밝혀져 큰 충격을 주었다.

이 일이 일어난 지 얼마 지나지 않아 시내 각 백화점에서 10여 차례나 귀금속만을 훔쳐 전당을 잡고 그 돈으로 여러 카페를 출입하면서 유흥을 즐기던 17세의 소년 김영석이 종로경찰서에 인치된 일이 있었다. 그는 모 상업학교의 교모를 쓴 채 학생을 사칭하며

03
카페 왕관의 외관
(1937)

이와 같은 범죄를 저질렀다고 한다. 이처럼 학생들의 카페 출입은 사회적 골칫거리로 대두되었지만 '불량 학생'과 '가짜 학생'들에게 카페는 사회적 금기로부터 탈주하고자 하는 욕망의 해방구였다. 이어서 같은 해 12월에는 모 고등상업학교의 제복을 입은 강재영이란 가짜 학생이 백화점의 여점원과 카페 여급을 농락하다가 본정경찰서에 검거된 적이 있었다. 그는 지방에서 주류 제조업을 하는 유수한 부호의 자식으로 두 달 전 취직을 구실로 서울에 올라와서는 정복 정모를 사 입고 그 위에 마크와 명찰까지 새겨 넣은 채 전문학교 학생 행세를 하며 그와 같은 일로 소일했다고 한다. 뭇 여성의 환심을 사기 위해 학생을 사칭하여 신분을 속인 그의 품속에는 여러 장의 여자 사진과 명함이 들어 있어 신문사에서는 그에게 농락당한 여성 피해자가 많았을 것으로 추측했다.

경제적 이유로 카페에 갈 수 없었던 이들이 무전취식을 하고 도망가는 경우도 많았다. 1933년 명치정 1정목(현 명동 1가)의 한 하숙집에서 숙박을 하면서 양화와 파스텔화를 교습하며 생활하던 일본인 화가 고케 마사오高下政雄는 11월 25일 밤 종로 2정목의 카페 목단에서 1원 30전어치의 음식을 먹고는 돈을 내지 않고 도망하다가 여급 데루코照子에게 붙잡혀 본정경찰서에 인치되고 말았다. 같은 해 12월에도 낙원동의 킹홀 카페에서 창기 2명과 함께 유흥을 즐기다 술값과 음식값 20여 원을 내지 않고 무전취식한 잡화상 김복환이 종로경찰서에 붙잡혔다. 한편 카페의 팁 문화를 잘 몰라 본의 아니게 무전취식한 사건도 있었다. 1934년 1월 사직동에 사는 두 명의 청년은 카페 출입 경험이 전혀 없었는데, 어느 날 관철동의 왕관 카페를 선술집인 줄 알고 들어가서 주머니에 있던 전 재산 2원을 선불로 내고 주는 대로 먹고 나오려고 했다. 그러나 선불한 2원은 팁이요, 먹은 술과 음식 값은 모두 11원 70전이니 따로 내놓으란 여급들의 말에 이를 지불하지 못하고 결국 무전취식 혐의로 종로경찰서 보안계로 끌려간 웃지 못할 희비극이 벌어졌던 것이다.

절도와 횡령, 사취

카페에 미쳐 절도와 횡령을 저지르는 사건도 빈번했다. 1933년 5월 평양 남경사진관에서 고용살이를 하던 최의건이란 소년은 주인 몰래 거액의 돈을 훔쳐 경성으로 도망 와서 카페와 식당을 돌며 100원짜리 지폐를 뿌리며 밤낮없이 유흥을 벌이다가 본정경찰서의 형사에게 붙들려 취조를 받았다. 같은 해 12월 8일에는 종로 관내의 여러 카페를 돌아다니며 유흥을 즐기던 대학생 이종증도 검거되었는데, 그는 메이지대학 예과 2학년생으로 시내의 각 백화점에서 물건을 훔쳐 그것을 전당하여 그 돈으로 카페 놀이를 했다고 한다. 또한 며칠 뒤에는 봉래정(현 봉래동) 염천교 부근에 있는 카추샤 카페 주인이 100원짜리 지폐를 이 집 저 집을 돌면서 교환하다가 서대문 경찰서원에게 붙들린 일이 있었다. 대현리(현 대현동)에 사는 신정휴라는 소년이 모친에게서 받은 장가 비용을 들고 이 카페에서 3원어치의 술을 먹고 거액의 지폐를 내놓자 그 카페 주인이 잔돈 교환을 위해 그렇게 돌아다녔던 것이다.

1934년에는 종로 2정목 우편소 위체계에 근무하는 한진경이란 청년이 공금을 횡령하여 유흥을 즐기다 경찰에 체포되어 취조를 받은 일이 있었다. 그는 관철동 왕관 카페에 출입하면서 횡령 공금 1,300여 원을 가지고 여급 4~5명을 상대로 유흥하다가 신분에 맞지 않는 소비를 하는 그를 의심한 동대문경찰서원에게 체포되었던 것이다. 같은 해 9월에는 영락정에 있는 카페 바론에 들어가서 백금 시곗줄 한 개, 회중시계 한 개, 손목 금시계 두 개, 상아 두 개 그리고 기타 값비싼 물건과 현금 55원 등을 훔쳐 전부 유흥비로 쓰고, 다시 엔젤 카페에서 어떤 손님이 갖고 있던 현금 300원을 훔쳐 술을 먹다가 서대문경찰서에 체포되어 절도죄로 취조를 받은 전과 4범 황순룡의 대담한 범죄 기사가 『조선일보』에 실리기도 했다. 10월에는 만주로 실업 시찰 간다며 거금 1,700원을 들고 떠났다가 경성에서 김 모에게 유인되어 낙원회관의 여급 은자에게 반해 살림을 차린 철없는 아들을 찾아달라는 청원이 종로경찰서에 날아들기도 했다.

집금원으로 있으면서 거래처나 고객에게서 수금한 돈을 횡령하여 유흥한 경우도 있었다. 1935년 크림코스타상회 집금원 김윤배는 각 카페 여급들에게 화장품을 팔고 받은 돈 720여 원을 횡령하여 유흥비로 쓰다가 동대문경찰서원에게 발각되어 취조를 받았으며, 석탄상환삼상회의 점원 일본인 아마노 이치로天野一郎도 각처에서 집금한 돈 1,000원을 가지고 도주한 후 부내 유곽과 카페를 순례하다가 용산경찰서 사법계 형사에게 체포되었다. 1938년 5월에는 본정 2정목의 한 시계점 점원으로 있던 일본인 청년이 우연한 기회에 친구들과 몇 번 발을 들여놓은 카페의 한 여급에게 반해서 유흥비를 마련하기 위해 모 사진 재료상에서 고급 사진기 3대를 훔쳐 약초정(현 중구 초동)에 있는 전당포에 팔아오다가 본정경찰서에 피체된 일이 있었다. 사진관이나 사진 재료상은 고가의 사진기 장비 때문에 늘 절도범들의 표적이 되곤 했다.

1940년 6월에는 좀 더 지능적인 범죄가 일어났다. 통인정(현 통인동)에 사는 박진옥이란 여성은 전차를 타고 집으로 돌아가는 도중 귀여운 어린 소녀가 다가와 자기는 일본에서 오래 살다가 오늘 조선에 처음 왔는데 조선 집안이 어떻게 생겼는지 보고 싶으니 좀 보여줄 수 없느냐는 말에 집 구경을 시켜주었다고 한다. 그런데 잠

04
카페 바론의 외관
(1937)

시 다른 방에 간 사이에 그 소녀가 현금 29원이 든 지갑을 훔쳐 도망한 것을 발견하고 전차 정류장까지 쫓아가 붙들어 종로경찰서에 넘기게 되었다. 경찰 조사 결과 그 소녀는 한강통 삼각정에 있는 스즈랑 카페의 여급 이정숙으로 밝혀졌으며, 놀랍게도 나이가 16살에 불과했다. 어린 나이에 어떻게 그런 교묘한 방법을 생각해냈는지 그녀를 취조한 경찰들조차 다들 혀를 내둘렀다고 한다.

폭행과 살인, 강도와 유괴

술을 마신 후 다른 고객들과 시비가 붙어 폭행으로 이어지는 사건도 잦았다. 1929년 잡화상을 하는 23세의 우태명이 황금정 2정목(현 을지로 2가)의 공작이란 카페에서 술을 잔뜩 마시고 옆자리에 있는 중앙관의 고용인에게 자기는 종로경찰서 형사라고 거짓말을 한 후 폭행을 하다가 본정경찰서에 인치된 일이 있었다. 술이 들어가면 신분과 계급에 상관없이 야료를 부리기 마련인데, 1931년 12월 12일 경성제국대학의 의학부 조수로 있는 두 명의 손님이 낙원회관에서 각종 집기와 유리창을 부수고 출동한 순사를 구타하고 야단을 치다가 경찰서에 붙들려가기도 했다.

1932년 25세의 박종오는 '마적'이란 폭력 단체를 조직한 후 경성 부내의 각 요리점과 카페 등지를 돌아다니면서 무전취식을 하고 걸핏하면 손님들에게 싸움을 걸어 술을 강요했다. 6월 15일 그는 낙원동의 태평양 카페에서 맥주를 강탈하여 모 상점에 1원 20전을 받고 판 돈으로 술을 먹고 돌아다니다가 종로경찰서에 검거되어 취조를 받았다. 폭력 단체의 난동은 여급을 둘러싸고 일어나기도 했다. 1933년 2월 27일 시내 일출소학교 운동장에서는 본정에 사는 두 일본인 미치시타 마사오道下正雄와 오쿠무라 겐로쿠奧村源六가 모 카페 여급을 동시에 사랑하는 것을 알고 격투로 승부를 내자며 일대결전에 나섰는데, 싸움에서 진 미치시타가 평양과 부산 등지의 동료 폭력배들에게 전보를 놓자 이를 첩보한 본정경찰서에서 그들을 검거하여 취조하였다. 이 사건을 취재한 『동아일보』 기자는 당시 소동에 대해 "에로와 테러의 쌍주곡"이라 표현했다.

05
카페 여급들과 손님
(『동아일보』1928. 3. 4)

술에 취하면 학교 선생도 행패를 부리기는 마찬가지였다. 1934년 10월 공평동의 평안 카페에 세 명의 취객이 들어와 술을 마시다가 차츰 여급들에게 트집을 잡더니 가오루, 요시에, 글로리아 등의 예명을 쓰는 조선인 여급 세 명의 옷을 찢고 폭행을 휘두른 사건이 일어났다. 이들을 종로경찰서에 인치하여 조사한 결과 시내 모 중등학교 교원들로 판명되었는데, 이는 교육계의 일대 불상사라 하여 이들을 더욱 엄중 처치하였다고 한다. 1935년에는 낙원회관에 예기藝妓와 함께 들어와 술을 마시다가 갑자기 폭행을 시작하더니 품속에서 권총을 꺼내 휘두르며 실탄을 예기에게 던지는 등 행패를 부린 취객 한 명이 종로경찰서원에게 검속된 일이 있었다. 취조 결과 그는 철도국에 근무하는 높은 신분의 일본인 관리로 판명되어 경고 후 석방되었다고 한다.

폭행은 가끔 살인으로까지 이어졌다. 1931년 대도정의 한 카페에서는 일본인 남성이 한덕희라는 28세의 조선인 남성의 머리를 술병으로 때려 뇌막염으로 숨지게 한 사건이 일어나기도 했다. 1935년 7월에도 대도정의 약생헌이란 카페에서 살인 사건이 일어났다. 이태석 외 수 명이 이곳에서 술을 마시다가 여급들을 상대로 말다툼 끝에 싸움이 벌어졌는데, 마침 그 앞을 지나던 일본인 두 명이 카페 안으로 들어와 자신들이 사랑하는 여급들을 폭행한다 하여 이태석의 복부를 단도로 찔러 결국 사망케 한 사건이 일어났다.

이 사실을 알게 된 용산경찰서에서는 살인을 저지른 그 둘의 신병을 확보하여 경성검사국으로 송국하였으며, 담당 검사는 취조를 끝마친 후 처음부터 살의를 품고 범행을 저지른 것이었다며 상해치사죄가 아닌 살인죄로 기소하여 공판에 회부하였다고 한다.

여급들을 대상으로 한 강탈과 유괴도 일어났는데, 1934년 6월 계동에 사는 손명환은 식당의 여급 이계월을 꾀어 손목시계를 보여달라 하고는 그대로 가지고 도망한 것을 포함하여, 종로와 명치정, 신정(현 중구 묵정동) 등지의 카페와 유곽을 돌며 같은 수법으로 밤거리 여성들의 물품을 무수히 강탈하고 도주하다가 본정경찰서에 체포되었다. 같은 해 8월 목포가 고향인 정규철은 인쇄 직공으로 있으면서 알게 된 이금순에게 서울에 가서 단란한 가정을 이루자는 말로 꾀어 상경했다. 그러나 취직자리를 구하지 못하고 돈이 떨어지자 고향에서 꿈꾸었던 스위트홈에 대한 생각은 아침 이슬처럼 사라져버리고 갑자기 변심하여 이금순을 카페 여급으로 들여보내고 자신은 만주 방면으로 도피하려다가 서대문경찰서원에게 검속되어 유인죄로 경성지방법원 검사국으로 넘겨져 취조를 받는 신세가 되었다.

여성을 유인해 카페에 여급으로 팔아넘기는 인신매매는 식민지 조선이 1930년대 후반 전쟁 상황에 빠져들면서 증가하기 시작하였다. 1938년 5월 6일 태평통(현 태평로)에 살던 모 기예학교 3학년인 일본인 여학생 야마베 요시코山部芳子가 모친에게 꾸지람을 듣자 같은 반 친구 모리 미치코森道子와 함께 가출한 후 모 카페의 여급으로 있던 같은 학교 졸업생 선배 후루마이 에쓰코古舞越子와 나가타 미사오長田操를 찾아간 일이 있었다. 그런데 그 여급들은 미더운 선배라 하여 찾아온 후배들을 감언이설로 속여 미치코는 본정의 쓰바메라는 카페에 소개해버리고 요시코는 인천의 한 카페에 팔아넘겼다. 이어서 같은 달 14일에도 인신매매 사건이 일어났다. 종로 5정목의 바bar 오월에서 손님에게 캐러멜을 팔려고 들어온 소녀를 감언으로 유인하던 괴신사가 동대문경찰서원에게 붙잡혔는데, 조사 결과 그는 죽첨정(현 충정로)에 사는 35세의 이응수로 14~15세 되는 소녀만을 골라 유괴하여 매춘을 시켜왔다고 한다. 그에게 걸려 무참히 정조를 유린당한 소녀는 파악된 것만 해도 여럿이었다. 학생 풍기 문제와 함께 이러한 어린 소녀들의 인신매매는 자녀를 둔 일반 가정의 새로운 사회문제로 비화되었다.

사상범과 학생 풍기 문제

한편 손님들에게 사회주의 사상을 유포하려는 목적으로 조선의 카페에 잠입한 여급들의 사례도 있었다. 1932년 5월 경기도 경찰부 고등과에서는 외지에서 들어온 요시코能子라는 일본 여성을 사상범으로 검거하였는데, 그녀는 다롄大連의 한 카페에서 여급 노릇을 하면서 좌경 운동자들과 긴밀한 관계를 맺고 연락을 취하며 그 운동에 가담한 전력이 드러났다.

    1933년에는 8월 1일 '반전 데이反戰Day'를 앞두고 낙원회관의 여급 전영란이 종로경찰서에 검거되었는데, 그녀는 연극계에서 5년간 활동하다가 생활난으로 어쩔 수 없이 모친과 동생을 위해 여급 생활을 시작하였으며 틈틈이 사상 서적을 탐독하여 소위 적색 여급이란 평판을 들었을 정도라고 한다. 구체적인 적색(사회주의) 활동에 대해서는 알려지지 않았으나 가택 수색을 받고 문서를 압수당하는 등 엄중한 취조를 받았다.

06
낙원회관 여급 전영란 관련 기사
(『조선일보』 1933. 8. 2)

같은 해 12월에는 고향에서 보내온 거액의 학비로 카페 여급을 적화하려다 붙들린 조선인 유학생이 있었다. 이 사건의 주인공인 박용칠은 경성중앙고등보통학교 5학년 재학 중 광주학생사건에 연루되어 보안법 위반으로 징역 8개월에 집행유예 4년의 형을 받고 퇴학당한 후 도쿄로 건너가 메이지대학에 입학, 예과 3학년에 재학 중이었다. 그는 반제국주의동맹 메이지대학 예과 책임자로 활동하면서 무산청년우회 등을 조직하여 회원 확보에 나섰다. 그러던 중 카페 은묘의 여급들과 여배우 등 십 수 명을 포섭하여 적화활동을 하다가 검거되었는데, 많은 여성이 미남자인 자신을 잘 따르는 것을 알고 미남계를 이용하여 포섭했다고 한다.

한편 학생들의 카페 출입이 잦아지고 불미스런 일이 발생하면서 학생 풍기 문제는 사회적인 골칫거리로 떠올랐다. 이러한 문제가 자주 일어나자 사법 당국과 학교 당국에서는 보도연맹을 만들어 불량 학생들에 대한 단속과 숙청을 강화하였다. 그러나 이 문제는 끊이지 않았으며 심지어 여학생들조차 카페 출입을 하였다. 1934년 1월 보도연맹에서 조사한 통계에 의하면 연말연시에 카페에 상시 출입한 전문학교생이 28명, 중학생이 27명이며 그 외에 여학생도 4명이나 있어 놀라움을 주었다. 또한 같은 해 7월에는 방학을 맞아 누그러들던 학생 풍기 문제가 다시 고개를 들더니, 정복 정모의 중학생이 종로의 은하식당이란 카페에서 술을 마시고 여급들을 희롱하는 것을 순찰 중이던 종로경찰서원이 발견하고 인치한 일까지 있었다. 그는 모 고등보통학교에 재학 중인 강의경으로 밝혀졌는데, 시내 모 관설 병원에 근무하는 의사의 아들이어서 그의 이런 탈선행위가 더욱 상서롭지 못하다 하여 엄중한 처치를 받았다고 한다.

일반 사회가 통탄할 정도로 학생 풍기가 극도로 문란해지던 1934년 11월 종로 2정목 엔젤 카페에 모 전문학교 학생 김열영과 노운환이 나타나 그곳에 있던 여급 박정자를 무수히 난타하고 이를 말리던 카페 보이 등과도 싸움을 하다 돌아간 일이 있었다. 감정이 상한 이들은 다음 날 각 전문학교에 재학 중인 15~6명의 친구들과 작당하여 다시 그 카페로 가서 학생으로서는 차마 하지 못할 폭행을 저지르다 종로경찰서에 체포되었다. 이처럼 경성부내의 각 카페에는 학생들이 매일같이 몰려와 폭음을 한 후 싸움을 하거나 여급에게 키스를 요구하다 거절당하면 폭행하는 등 학생들의 풍기 문제가 끊이지 않았는데, 이는 1930년대 중후반 카페의 진풍경 중 하나였다. 〈장군의 아들〉이란 영화에도 나오는 카페나 음식점을 배경으로 한 학생들 간의 폭력 장면이 신문지상에 수없이 반복 재연되던 그런 시대였다.

여급 이야기

'카페 걸', '여 뽀이', '웨이트리스' 등으로 불렸던 카페 여급은 자신의 몸을 밑천 삼아 고객들의 팁에 의존하여 살아가는 존재였다. 따라서 그들이 행하는 에로 서비스의 한계는 유동적이었으며 그들은 밀매음의 유혹에 늘 노출되어 있었다. 그러나 그들이 비록 홍등 아래서 녹주를 따르며 웃음과 노래와 몸짓을 파는 신세였지만 그들의 삶은 다양한 스펙트럼을 보여주었다. 무엇보다도 그들은 불특정 다수의 남성을 상대하는 여급이기 이전에 다양한 신분과 계층의 여성이었기에 저마다 개인 서사를 하나씩 지니고 있었다.

그리고 무엇보다도 사랑은 그들을 지탱해온 힘이었다. 그들은 자신들이 처한 신분과 상대와의 계급 차이 때문에 사랑에 울고 배신당하고 상처받는 일이 다반사였지만 역설적으로 그들도 한 인간이라는 점에서 다시금 사랑할 수밖에 없는, 사랑에 눈먼 부나방과 같은 숙명과 열정을 보여주었다. 따라서 지식인 남성과의 연애를 모티프로 한 여급의 이야기는 소설에만 존재한 것은 아니었다. 그것은 일상 현실에서 흔히 접할 수 있는 풍경이었으며, 당시 식민지 조선의 일반 여성들이 경험한 사랑 이야기와 크게 다르지 않았다. 하지만 자의든 타의든 이미 결혼한 유부남과의 사랑은 사회적으로 큰 문제를 야기했으며 더욱이 그것이 이루어질 수 없는 사랑일 경우에 결국 사회적 약자인 여급들을 자살로 내몰았다.

일반적으로 자살은 1920년대의 유행 풍조를 타고 1930년대까지 점증했던 사회문제 중 하나였으며, 자살률이 높아지면서 연애 관련 자살도 급증했다. 특히 실연에 의한 자살과 정사情死는 당시 사회적 이슈였다. 그럼 자살로 결말을 맺은 여급들의 사연을 먼저 들어보자.

엔젤이 된 여급, 한강 다리에서 뛰어내리다

07
엔젤 카페의 외관
(1937)

1933년 11월 5일 한강 인도교 밑에서 고기잡이하던 어부들은 자신들이 쳐놓은 그물에 무언가 이상한 물체가 걸려든 것을 발견하였다. 그물을 끌어 올려보니 겉에는 스프링코트를 입고 속에는 파란색 양장을 한 24세가량의 단발 미인이 걸려 있었다. 크게 놀란 어부들은 시체를 강가로 꺼내놓고 곧바로 경찰에 신고하였다. 경찰은 시체에서 특별한 사항을 알아내지는 못했으나 여러 정황을 들어 수일 전에 투신자살한 엔젤 카페의 여급 유순자로 보았다. 유순자가 한강에 뛰어든 것은 시체가 발견되기 4일 전인 11월 1일 새벽이었다. 영자라는 이름으로 여급 생활을 했던 그녀는 전날 밤 엔젤 카페에서 일을 마치고 노량진의 자기 오빠 집에 간다며 금강택시를 불러 타고 나갔다가 인도교에 내려 한강에 투신했던 것이다. 카페 동료들은 그녀가 인기 있던 여급으로 남편도 있고 애도 낳아서 기르던 몸이었으나 가정불화 때문에 그 같은 결정을 내린 것으로 보았다.

유순자와 같은 카페 여급의 한강 투신자살은 가을 들어 벌써 3번째였다. 이미 9월 27일에도 엔젤 카페에서 봉자라고 불렸던 여급 김갑순이 새벽 1시경 한강 인도교에서 투신하였고, 그녀와 연인 관계였던 의사 노병운도 그날 오후 4시경 그녀를 뒤따라 같은 장소에서 뛰어내렸다. 그녀는 오래전부터 모 공립병원의 조수로 있던 노병운과 정을 두고 지내오던 중 최근에 와서 그 남자에게 처자가 있음을 알고 비관 자살한 것으로 추정되었다. 김갑순의 자살 소식을 전해들은 노병운도 그녀의 부모와 카페 지배인과 함께 시신을 수습하러 한강으로 가던 중 카페 주인과 본처에게 유서를 남긴 채 정사情死의 주인공이 되었다. 그런데 여기서 흥미로운 것은 그 이름 때문인지는 몰라도 엔젤 카페에 소속된 여급들의 자살 소식이 유독 많았다는 것이다. 그녀들은 엔젤 카페를 떠나 한강 다리 위에서 엔젤이 되었다.

한강에서의 투신자살 소식은 해를 넘겨 1934년에도 이어졌다. 괴로운 삼각연애의 갈등을 해결할 수 없어 자살한 묘령의 여자가 있었으니, 종로 2정목 백마 카페에서 '다리아'라고 불리던 스물세 살의 유정순이 그 주인공이다. 5월 2일 새벽 한강철교 위에서 창파에 몸을 던진 그녀의 자살 동기는 이렇다. 그녀는 지난해에 왕관 카페에서 여급으로 있을 때 경성부청에 근무하는 김영복과 만나 사랑을 주고받다가 살림까지 차렸으나 남자의 변심으로 사랑의 상처만 받은 채 쓰라린 가슴을 안고 다시 백마 카페에서 여급 생활을 하게 되었다. 그리고 그녀는 백마 카페에서 카페 주인인 민준식의 동정을 받고 지내다가 우연히 주인과 사랑의 싹을 틔우기 시작하여 곧 부부 생활을 하게 되었다. 그러던 중 전남편 김영복이 카페로 찾아와서 다시 살기를 강청하자 그녀는 갈등에 빠졌고 또 카페 주인에게는 이미 아내가 있어 정상적인 결혼 생활을 할 수 없는 것을 비관하여 투신자살한 것이었다. 어떤 소설, 어떤 연극이 이보다 더 비극적일 수 있을까. 친일과 항일 사이를 오갔던 식민지 조선인의 내면적 갈등도 유정순과 같았으리라.

1936년 8월 24일에는 한강 인도교 옆에 있는 한 유선구락부遊船俱樂部에서 모터보트를 빌려 타고 강을 거슬러 올라가다가 몸을 날려 물속으로 뛰어든 두 남녀의 투신자살 사건이 발생했다. 정확히 10년 전인 1926년 현해탄에 몸을 던진 성악가 윤심덕과 극작가 김우진의 정사 사건의 재판이었다. 사흘 뒤 용산경찰서로 찾아온 가족들에 의해서 투신한 남녀의 정체가 판명되었는데, 남성은 황금정에 있는 경성택시 운전수 최승돈이었고 여성은 카페 여급 김갑진이었다. 그 둘은 두 달 전부터 알게 되어 정을 쌓았으나 남자는 이미 처자가 있는 몸이었고 그의 부모 또한 타락한 여자와 만나고 다닌다며 그를 집안에 들어오지 못하게 하므로 그들은 정식 내외가 될 수 없는 것을 비관하여 끝내 죽음의 길을 택했던 것이다.

자살로 얼룩진 여급의 사랑과 실연 그리고 배신

1933년 7월 엔젤 카페의 여급으로 있던 이성자는 1년 전부터 이남성(가명)이란 자와 관계를 맺고 동거해오고 있었다. 그녀는 이남성을 남편이라 생각하고 그동안 모아온 전 재산 1,000여 원을 주었는데, 남편이란 자는 엔젤 카페에 출입하면서 이군자라는 다른 여급과 정을 통하고 그녀를 학대하기 시작했다. 어느 날 돈을 모두 소비한 남편이 이군자와 동침하는 현장을 목격하자, 그녀는 너무 억울하고 분한 마음에 집에 있는 우물에 뛰어들어 자살을 시도하였다. 다행히 집안사람들이 발견하여 인근 병원으로 옮겨 입원 치료를 받고 목숨을 건질 수 있었으나, 그녀가 사랑했던 사람은 순간 원수로 바뀌고 그에게 바친 피 섞인 돈 1,000원만 날린 처량한 신세가 되었다.

1934년 8월에는 '기요미'라고 불렸던 엔젤 카페의 여급 홍순녀가 자기 집에서 담배 한 갑을 전부 물에 풀어서 독한 니코틴 액을 만들어 음독자살을 시도한 일이 있었다. 신음하던 그녀를 집안사람들이 발견하고 인근 병원으로 옮겨 응급치료를 한 결과 목숨은 겨우 건질 수 있었는데, 그녀가 자살을 결심한 이유는 이렇다. 14살의 이른 나이에 인근 부호의 집으로 시집을 갔으나 19살에 청상과부가 된 그녀는 새로운 인생을 찾고자 이듬해 상경했다. 그리고 모 전문학교 학생과 사랑하는 사이가 되어 아들까지 낳고 살았으나 지난해 2월에 남편은 자신을 버리고 고향인 대구로 내려가 다른 처녀와 혼인을 하였다. 생활난을 해소하고 양육비를 마련하기 위해 여급이 된 그녀는 다시 금년 봄에 시내 모 철공장에 다니는 이 모와 사랑에 빠져 동거하며 임신 3개월이 되었는데, 그 사람마저 그녀를 배신하고 다른 여자를 얻었다. 이렇게 번번이 배신당하자 낙심 끝에 박정한 남자들을 원망하고 세상을 하직할 작정으로 독한 니코틴 액을 마시게 된 것이었다.

하지만 사랑에 배신당한 쪽은 여급만이 아니었다. 앞서 소개한 경우와는 정반대로 남편이 버림받은 경우도 있었으니, 39세의 김연호가 바로 그 사연의 주인공이다. 1933년 5월 6일자 『동아일보』에 의하면, 그는 생활난에 쫓기어 미모의 아내인 박연규를 카페 여급으로 보내고 이발 직공 노릇을 하며 세 살 먹은 딸자식을 키우며 그날그날 생계를 이어가고 있었다. 어느 날 카페 백림홀로 출근한 아내가 이틀 동안 집에 들어오지 않아 이를 수소문해본 결과 그곳에 출입하던 다른 남자와 도망간 것을 알게 되었다. 그는 하루 종일 매달리는 어린 자식 때문에 이발 직공 노릇도 하지 못하고 먹을 것도 없게 되자 절망하여 죽기를 작정하고 한강에서 투신하려고 했다. 하지만 그곳을 지나가던 경찰의 제지로 그마저 뜻을 이루지 못한 채 거리를 방황하는 신세가 되었다.

그해 12월에도 박근수라는 청년이 애인을 찾으러 부산에서 올라왔다가 엔젤 카페의 여급이 된 애인 데루코가 변심한 것을 알고 엔젤 카페에 찾아가 술을 먹던 중 다량의 칼모친을 술에 타서 음독한 일이 있었다. 마침 당번으로 있던 여급의 신고로 경찰이 달려와 응급처치를 한 결과 생명만은 건졌다고 한다. 사랑에 배신당하고 상처받는 데에는 남녀 구분이 따로 없었다. 한편 같은 해 3월에는

08
기노모 차림의 카페
백접白蝶의 여급들(1937)

종로 4정목의 카페 신세계를 빈번하게 출입하던 손근환이라는 청년이 자기가 반한 여급이 사랑을 받아주지 않자 이를 비관해오다 3월 24일 초저녁부터 카페 신세계에서 술을 잔뜩 마시고 미리 준비해간 염산을 들이켜 자살을 시도했다. 그러나 그는 뜻을 이루지 못하고 목숨만 겨우 건졌는데, 돈만 있다고 여급의 사랑을 쉽게 얻을 수 있었던 것은 아니었던 것 같다.

연애 자살을 하는 것은 일본인 여급이라고 예외는 아니었다. 1933년 9월 카페 본마치의 여급 노나카 도미코野中富子는 경성부청 회계과에 근무하는 시바노芝野와 정이 들어 400원의 빚까지 얻어가며 남자에게 돈을 썼는데, 그가 다시 정부情婦를 얻고 자신을 박대하자 이를 비관하여 음독을 시도하였다. 그녀는 2차례나 독약을 마시고 자살하려고 했으나 번번이 뜻을 이루지 못한 채 용산경찰서에서 보호를 받는 신세가 되었으니, 눈먼 사랑보다 질긴 목숨이었다. 또한 1938년에는 국제 연애에 실패하고 자살을 기도한 사례도 있었다. 5월 12일 카페 올림픽의 여급 조춘자가 자기 방에서 칼모친을 먹고 신음하는 것을 주인이 발견하고 인근 병원에 옮겨 생명을 건진 일이 있었다. 그녀는 한 달 전부터 청엽정(현 청파동)의 중국 요릿집 효창루의 주인인 중국인 류 모씨와 사귀며 시내 각처로 밀월여행을 다니기도 했으나 사건 전날 류 씨의 청혼을 거절한 것이 발단이 되어 서로 싸우다가 남자가 그동안 자신에게 사준 사랑의 선물을 모조리 빼앗아 가지고 돌아가자 그것을 비관하여 자살극을 벌였던 것이다.

이 외에도 1933년 12월 27일 가정불화로 경성전기주식회사 와사탱크 부근에서 양장을 한 채 한강에 투신자살한 카페 문자文字의 여급 오타 후미코太田文子, 1934년 4월 6일 실연을 당한 뒤 동료들과 함께 자다가 염색약 '유리와'를 마시고 자살한 모던 카페의 여급 기미코君子, 같은 해 4월 13일 사랑하던 애인 윤병무가 굳게 맹세한 결혼 약속을 저버리고 다른 여자와 결혼하자 이를 비관하여 운명을 저주하는 장문의 유서를 써놓고 음독자살한 낙원회관의 여급 이정목, 같은 해 10월 27일 오래전부터 알고 지낸 남자가 변심하고 자신을 배척하자 이를 비관하여 칼모친 90개를 먹고 자살하려 한 모 카페 여급 정화선, 1935년 8월 2일 자기 집에 어떤 손님이 놀러온 것을 본 부모로부터 생활이 너무 방종하다고 꾸중을 듣자 이를 고깝게 생각하여 자살하려고 초산을 마신 금강홀의 여급 김정순, 1937년 3월 21일 모 백화점 점원과 연애하다 서로 뜻이 안 맞는 것을 비관하여 칼모친 60개를 먹고 자살한 바 뉴홈의 여급 김은자, 같은 해 8월 3일 의처증이 심한 정부情夫의 갖은 학대와 폭행을 견디지 못해 수면제 아다링을 다량 복용하여 자살을 시도한 카페 우가의 여급 계자 등 다양한 사연을 가진 여급들의 자살 사건이 1930년대 신문 지상을 수놓았다.

여급의 라이벌 또는 자유연애의 또 다른 피해자

카페의 여급이 이루어질 수 없는 사랑에 안타까워할 때 숨죽여 울어야 했던 또 다른 존재가 있었으니, 여급에게 빠져 처자식을 버린 유부남의 아내들이었다. 구식 여성과 사랑 없이 결혼한 남편들이 자유연애 풍조 속에서 모던한 분위기의 카페를 드나들면서 서구화된 여급들과 어울리며 그들의 에로 서비스를 받고 심지어 외도를 일삼게 되자 이는 곧 가정불화의 원인이 되었고 사회문제가 되었다. 1933년 1월 안석영은 「카페 성곽 점거」라는 만문 만화를 통해 당시 상황을 재미있게 풍자했는데, 카페 안에서 단발에 양장을 한

09
안석영, 「카페 성곽 점거」
(『조선일보』1933. 1. 15)

여급을 희롱하는 남편과 문 밖에서 구식 복장을 한 채 몽둥이를 들고 남편이 나오기만을 기다리는 마담(부인) 부대들의 모습을 대비시키면서 "앞으로 카페광들이 카페 출입을 위해서는 몽둥이세례를 당해낼 전략을 세워야 할 것"이라며 '33년식 가정쟁의'를 예고하였다.

하지만 부인이 구식 여성이든 신여성이든 할 것 없이 가부장적 사회구조 속에서 남편의 태도는 좀처럼 변하지 않았다. 결국 1934년 9월 16일에는 첩의 신세라 혼인신고도 못하고 남편만을 믿고 살아왔던 엄복희가 남편 최구용이 서대문정 천일식당의 여급 길자에게 반해 자신을 돌보지 않자 이를 비관하여 태평통의 자기 집 방에서 양잿물을 들이키고 자살을 감행하였다. 이는 한편으로는 자유연애를 즐기고 다른 한편으로는 구시대의 폐습인 축첩제도를 유지하려 한 조선인 남성의 이중적 욕망이 부른 화였다.

1937년 2월 17일자 『조선일보』에는 결혼한 지 1년 된 한 여성이 증권회사에 다니며 평소 얌전하고 술도 마실 줄 몰랐던 남편이 지난 연말부터 카페나 바에 자주 드나들면서 밤늦게 집에 들어오는 일이 잦아진다며 이를 어떻게 하면 좋을지 문의해왔다. 『조선일보』에서 답하길, 결혼한 지 얼마 되지 않은 남편이 이런 곳에 발을 들여놓기 쉽다며 아직까지 크게 걱정할 일은 아니며, 될 수 있으면 온건한 태도로 충고를 하되 결코 조급하게 강짜를 내어서는 안 되며 마음이 좋아 보일 때를 골라서 "이제는 어지간히 다녔으니 그만두는 게 어때요." 하고 슬쩍 웃음을 지어보라며 예의 남성 중심적 시각의 충고를 보냈다.

여급들의 삶과 현실

1932년 경성부내에 카페가 대거 출현하면서 그에 따라 여급들의 수도 늘어나자 『매일신보』에서는 그들의 교육 수준을 조사한 바 있다. 2월 1일 현재 종로에는 16개의 카페가 있었으며 각 카페 주인이 종로서에 신고한 여급의 수는 100명에 달했고 신고하지 않은 여급의 수를 합치면 140~50명 정도라고 파악했다. 이중 66명이 조

10
모 카페의 여급
(『조광』 1935. 10)

선인 여급으로 이들의 학력은 대부분 보통학교 졸업이었으며 무학은 3명에 그쳤다. 특히 낙원회관과 킹홀 등의 카페에는 숙명, 경성, 이화 등 여자고등보통학교 출신도 3명이나 있었다. 이들 인텔리 여급들이 점차 늘어나자 당시의 대표적 대중잡지인 『삼천리』와 『별건곤』에서는 각각 1932년 9월호와 11월호에 여급들을 소개하는 지면을 앞다투어 마련했다. 여급들은 이 지면을 통해 자신들이 여급이 된 사연을 소개하고 그동안 매음녀니 매소부니 하며 자신들을 천하게 여겼던 기존의 인식을 넘어 자본주의의 모순에 맞서는 당당한 직업여성으로서의 자존심을 드러냈다. 특히 살롱 은좌의 '헤레나'라는 여급은 『호남평론』(1935년 4월호)에 쓴 「여급도 직업여성으로서」라는 글에서 "모든 인생의 문제가 금전으로만 해결된다고 생각하는 너희는 영원히 금전의 종으로 굴욕과 유린 속에서 너희들의 운명을 마치리라."며 자본주의의 노예가 되어 돈으로만 여급의 환심을 사려는 남성들에 대해 저주를 퍼붓기까지 했다.

하지만 현실은 언론에 소개된 것과는 사뭇 달랐다. 여급들은 카페에서 일정한 월급을 받는 대신 손님이 주는 팁에 의존하여 생활해야 했기 때문에 자존심은 그들에게 사치였다. 그래서 에로와 이트의 강도는 높아질 수밖에 없었고, 밀매음의 유혹에서 벗어나지 못했다. 특히 월급쟁이들이 보너스를 받는 크리스마스나 연말이 오면 여급들도 덩달아 분주해졌는데, 월급쟁이들의 두둑한 속주머니를 노리고 여급들이 밤늦도록 영업에 나섰기 때문이다. 이런 카페의 팁 문화 때문에 웃지 못할 사건도 일어났다. 1937년 12월 16일 밤 명치정의 한 카페에 모 회사원 이관진이 만취한 상태로 들어와서 술을 마시다가 현금 30원을 잃어버렸다며 이를 찾아달라고 소동을 일으켰던 것이다. 경찰의 조사 결과 그가 술을 마시고 나올 때 팁 3원을 준다는 것이 만취한 관계로 그만 보너스 봉투에서 10원짜리 3장을 꺼내준 것으로 판명되었다. 그는 미안한 마음에 그대로 30원을 팁으로 주고 가버렸는데, 이는 본정경찰서 관내에서 팁으로는 최고액이었다고 한다.

전차금前借金 제도 역시 여급의 발목을 붙들었다. 이는 고용주가 여급에게 미리 수백 원씩 전차금을 주고 여기에 이자까지 붙여 장부에 올린 후 차후 손님에게서 받은 팁에서 변제하는 제도로 여급을 착취하고 영구적인 노예 상태에 두는 데 활용되었다. 전차금은 여급뿐만 아니라 그 가족들에게도 피해를 주었다. 1934년 8월 카페 올림픽의 여급 구교순이 전차금을 갚지 않고 사라지자 그녀의 남편이 카페 주인에게 불법 감금과 폭행을 당하기도 했다. 또한 1938년 5월에는 도화식당의 여급 이기순과 결혼하려던 한 청년이 자기 애인에게 전차금이 100원 있다는 것을 알고 그것을 변상할 길이 없어 고민하다 죽음으로써 청산하려고 한강에 투신자살하려 했으나 순시 중인 경찰에게 발견되어 구호된 일도 있었다.

전차금의 폐해는 여기에 그치지 않았다. 1938년 8월 본정경찰서 보안계에는 천복회관이란 카페의 일본인 여급이 찾아와서 몇 달 전 카페 주인에게 전차금 65원을 빌려 썼는데 그동안 40여 원을 갚았으나 아직도 원금이 그대로 남아 있고 지금까지 갚은 것은 모두 이자라고 하며 그 억울함을 호소하였다. 이처럼 카페 주인이 여급들을 상대로 악질 고리대금을 하다가 적발되는 일은 끊이지 않았고, 피해는 고스란히 여급들에게 돌아갔다. 이런 피해를 막기 위해 1934년 경찰 당국에서는 전차금 감액 대책을 강구하고 팁은 전부 여급의 수입으로 하는 카페 규칙을 제정하고 나아가 팁 제도를 폐지하고 일정한 봉급을 받는 샐러리맨이 되도록 하는 여급의 고용조건 개선안을 내놓았으나 결국 실현되지 못하고 말았다.

여급들은 이러한 불리한 고용 및 노동조건하에서 카페 업주의 부당한 처사에 대항하고 자신들의 권리를 보호하기 위해 동맹파업으로 맞서기도 했다. 1932년 7월 17일 살롱 아리랑이란 카페의 여급 22명은 총 결속하여 동맹파업을 단행하였다. 이 파업은 횡포와 폭력이 심한 카페의 지배인을 배척하기 위한 것이었다. 여급들은 자신들의 요구를 주인이 들어주지 아니하면 절대로 복업치 않겠다는 강경한 태도를 보였다. 경성에서 지금껏 여러 가지의 노동쟁의가 일어났으나 카페의 여급들이 결속하고 파업을 단행하여 업주를 곤란케 한 것은 이번이 처음이라 하여 일반 동업자들은 물론이고 사회에서도 관심을 갖고 사태의 진전을 주시하였다. 1934년 1월에도 본정의 모 카페 여급들이 자신들의 처우에 불만을 갖고 주인에게 처우 개선을 요구한 일이 있었다. 그러나 주인은 주모자인 마에다 도시코 외 2명의 여급을 해고하고 말았다. 이에 분개한 20여 명의 여급이 모두 결속하여 동맹휴업을 단행하고, 대우 개선과 해고된 여급의 복직을 완강히 요구하였다. 하지만 주인 측에서는 다시 휴업으로 맞섰다. 이에 본정경찰서에서 조정에 나서 여급들을 진정시켰으나 근본적인 해결이 없는 한 동맹휴업은 언제든지 다시 터질 수 있는 것이었다.

이런 어려움 속에서도 여급들의 미담 소식이 적지 않게 들렸다. 뜻하지 않은 적설로 큰 피해를 입은 울릉도 동포의 가여운 소식을 듣고 1934년 2월 7일 카페 올림픽의 본점과 지점 주인, 여급 그리고 종업원 55인이 현금 20원 76전을 모아 이재민에게 보내달라며 조선일보에 전한 것인데, 홍등녹주 속에서 몸이 녹초가 될 정도로 밤잠 못 자며 번 돈을 보내온 것이어서 더욱 동포애를 자극하였다. 이 카페의 여급 20명은 같은 해 8월에도 수재민 구제에 써달라며 9원 50전을 모아 조선일보에 보낼 정도로 구제 활동에 적극적이었다.

일본 카페의 경성 진출과 카페 간 경쟁

1931년 2월 일본 오사카에 있는 한 대형 카페에서는 3월부터 시내에 '여급 학교'를 설립하여 17~8세의 소녀 약 200명을 신시대의 여급으로 훈육시켜 이 학교를 졸업한 '여급 투사'들을 경성은 물

11
바bar의 내부 풍경
(『조선일보』1937. 2. 19)

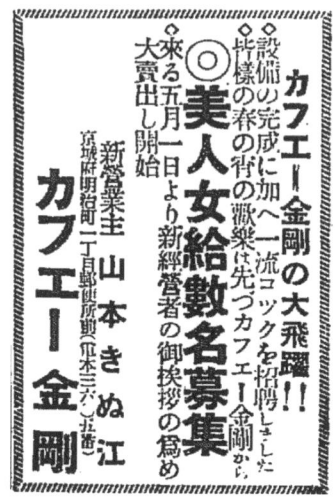

12
카페 금강의 여급 모집 광고
(『경성일보』1932. 4. 29)

론 다롄과 상하이에까지 파견할 계획을 세웠다. 이 학교의 수업 과목은 댄스와 영어 불어 독어등의 외국어, 그리고 음악 등 5~6과목이었다고 한다. 학교라는 이름을 내세웠지만 실상 카페가 기업 형성 산업의 전초기지 역할을 했다는 점에서 충격적이다.

또한 3월에는 그 대형 카페가 경성의 본정 2정목에 있던 미츠코시오복점三越吳服店 경성지점 자리에 진출할 것이라는 소문이 돌았다. 마치 오늘날의 다국적 기업처럼 대자본을 앞세운 일본의 대형 카페가 경성은 물론이고 구주나 다롄으로 진출할 계획을 세우고, 일본운수회사를 앞세워 상기 장소를 매수하여 경영하고자 교섭에 나섰던 것이다. 당시 언론에서는 만약 이것이 실현된다면 경성의 군소 카페들은 적지 않은 타격을 입게 될 것이지만 '에로당黨'과 '카페당'들은 자못 흥미를 가지고 기대하는 중이라고 전했다.

이러한 일본의 공세에 부응이라도 하듯 경성부내 북촌의 카페 수는 전년도까지 6개소에 불과했으나 1932년 봄에 이르러서는 17개소로 격증하였다. 이처럼 카페가 늘어나고 일본의 카페와 여급이 경성으로 진출하게 됨에 따라 카페 간의 경쟁은 치열해졌으며, 이로 인해 여급들의 에로 서비스의 강도가 높아지고 외국인 여급을 쓰는 사례까지 나타났다. 1931년 본정에 있던 미인좌美人座와 살롱 아리랑 두 카페에서는 고객들의 호기심을 끌기 위해 외국인 여성을 고용했는데, 소관 경찰서에서는 풍기상의 이유로 미인좌에 있던 러시아 여급 마리아 니나 그리고 아리랑의 독일 여급 릴테메를 내보내라고 경고하고 벌금 10원씩을 물린 일이 있었다. 카페 간의 경쟁이 치열해지면서 업주들이 매상을 올리기 위한 방편으로 외국인 여급을 고용한 것이었지만, 여기서 1929년 경제 대공황 이후 실업난 때문에 이역만리 조선으로 건너온 외국인 여성들의 엑소더스가 카페를 따라 이루어졌음을 확인할 수 있다. 이는 오늘날 경제난을 이유로 한국의 유흥업소에 취업하러 오는 동구권 출신 여성들의 이주 노동과 맥을 같이하며, 이런 점에서 과거 식민지 시대의 카페와 오늘날 유흥 주점의 풍경은 별로 다르지 않아 보인다.

또한 1935년 경기도 경찰부 고등계에서는 유흥업소에서 선전용으로 제작된 특제 성냥의 표장 의장에 "에로 미美를 발산하는 그림을 붙인"것이 많아지자, 카페와 바 그리고 여관에서 뿌려지는 성냥의 의장 주문을 맡은 인쇄업체를 수색하여 에로 성냥 포장 300여 종을 압수하고 관련 영업자들에게 경고 조치를 내리기도 했다. 요즘 유흥업소와 모텔 밀집 지역에서 흔히 볼 수 있는 반전라의 여성 사진을 넣은 명함 크기의 전단지의 기원을 당시 일그러진 카페 문화에서 발견할 수 있다.

카페의 단속과 쇠퇴

카페가 에로의 중심지로서 밀매음을 비롯한 각종 범죄와 탈법의 온상이 되자 사법 당국에서는 카페에 대한 각종 단속과 규제에 나섰다. 각 경찰서에서는 자체적인 내부 규정을 만들어 관할 카페를 단속했다. 1927년 본정경찰서에서 여급의 호객 행위 금지 등을 담은 고용 여성에 대한 9가지 조항을 만들어 단속한 것을 시작으로 1931년 경기도 경찰부 보안과에서 제정한 카페의 외관과 내부 시설, 영업시간과 고용조건 등에 관한 11개 항목의 단속령과, 1933년 조선총독부 경무국에서 일본 각지를 시찰하며 모든 결점을 신중히 고려하여 만든 총 16조의 카페취체규칙이 각각 시행되었다. 그리고 다시 1934년 경무국에서 '카페영업취체내용표준'을 제정하여 전국적으로 통일된 카페단속규칙을 마련하기에 이른다.

경찰이 가장 많이 단속한 사항은 밀매음과 학생의 카페 출입 등의 풍기 문제와 함께 폭리와 탈세 행위였다. 1935년 카페 미도리에서 청주 한 병에 30전을 받는 규정을 어기고 50전씩 받아오다가 과료를 문 적이 있었으며, 1939년에도 카페 백마에서 손님에게 시가 3원 50전 하는 매실주를 양주라고 속여 35원을 청구하여 10배 가까운 폭리를 취한 경우도 있었다. 이러한 폭리 행위가 잦아지자 경찰에서는 폭리취체규칙을 제정하여 엄중한 처벌을 내렸다. 하지만 카페 업주들은 이러한 단속 규정과 엄한 처벌에도 불구하고 불법 영업을 통해 폭리와 탈세를 일삼으며 카페의 전성기를 구가했다.

그러나 1938년에 총동원령이 내려지고 전시체제로 들어서면서 카페에도 전운이 감돌았다. 8월 27일자로 카페의 신규 영업과 여급의 신규 고용이 모두 불허되었고, 카페 안팎의 선전 및 환락 장치는 물자 절약 차원에서 호화롭거나 대규모인 것은 일절 허가되지 않았다. 그리고 비상시국하에서 심야 영업을 밤 12시로 제한했으며 영업시간 이후인 오전 1시부터는 네온사인 및 광고등을 소등하도록 했다. 특히 종로경찰서에서는 여급의 애칭과 카페의 외국어 명칭도 순 일본식으로 개칭하도록 했으며 여급들에게는 파마와 같은 서양식 머리 모양도 금했다. 또한 1940년에는 당국과 음식점 조합이 정한 공정가와 협정가 이상의 폭리를 취할 수 없었으며 '유흥세'까지 신설되어 폐업하는 곳이 속출했다. 같은 해 7월 23일에는 '사치품제조판매금지령'까지 내려 오전 영업은 금지하고 영업시간도 오후 6시에서 오후 10시까지로 한정했다. 결국 1936년까지만 해도 향락 산업을 이끌며 번창했던 카페가 1937년 중일전쟁 이래로

13
카페의 여급과 불야성 풍경
(『동아일보』1932. 11. 25)

전시 동원 체제가 구축되면서 점차 쇠락의 길을 걷게 된 것이다.

한편 여급들은 밀매음과 사창의 위험에 노출되어 있었기에, 작부나 창기와 마찬가지로 신체검사를 받아야 했다. 특히 1939년 화류병예방령의 실시를 앞두고 공창에 한하여 적용해 오던 검미檢黴 제도를 국민 보건의 확보라는 이유를 들어 각종 사창과 접객업 종사자들에게까지 적용시켰으며, 결국 카페의 여급에게도 신체검사라는 명목하에 방병제防病制를 실시하였다. 이는 식민 당국에 의해 통제와 관리를 받는 성노예를 의미했다. 결국 카페의 몰락과 함께 여급의 신체도 전시체제에 동원된 것이다.

오늘날 카페에서 커피나 음료를 마시는 풍경은 일상이 된 지 오래다. 사람들이 몰리는 곳에 어김없이 카페가 들어서 있고, 명동의 비싼 땅 위에도 수많은 대형 브랜드의 커피 매장이 들어서서 성업 중이다. 그만큼 카페는 현대인들이 가장 즐겨 찾는 대중적인 장소로 자리 잡았다. 하지만 해방 이전 우리에게 처음 다가온 카페는 오늘날의 그것과는 사뭇 달랐다. 그때의 카페는 오늘날의 단란주점이나 룸살롱에 가까웠다. 당시 커피숍이나 찻집의 의미로는 다방이 있었으며, 일본식 커피하우스인 끽다점喫茶店도 함께 쓰였다. 카페에 앉아 지금과는 많이 다른 모습으로 이 땅에 들어온, 녹록지 않았던 그 역사와 기원에 대해 음미해보는 것은 어떨지?

읽을 거리

나는 왜 이렇게 됐나, 나는 왜 여급이 되었나, 김정숙 金靜淑
(『별건곤』제47호, 1932년 1월호)

왜 웨이트리스가 되었느냐고요?

생각해보시면 알 일이 아닙니까. 하고 싶어서 하는 일은 아닌 것이 분명하지 않습니까? 뭇 사나이들을 상대로 하고 아양 떨어가며 술을 권하며 웃기 싫은 웃음을 웃게 되는 것이 무엇이 좋겠습니까?

그러나 지금 생각이라는 것이 그렇게 단순하게 저의 이상대로 뜻대로 프로그램대로 절개대로 되는 것이 아닙니다. 왜 그렇게 되는가 하면 말하지 않더라도 빤한 일이니까요.

내가 이런 데 나서게 될 때까지에는 생각이 많았답니다. 여러 가지로 앞뒤를 헤아려보고 옳고 그른 것을 다 생각해보았습니다. 그러나 사람이 환경의 지배를 받아서 될 대로 되어가는 것이란 어떻게 인력으로 막을 수 없는 것이니까요. 그렇다고 주책없이 분수없이 나의 일생 문제를 경솔히 처리할 리야 만무하지요. 그렇다고 나의 현재의 생활이란 것이 나의 일생에 있어서 수난기라고 보지는 않습니다. 몇 살까지 이런 일을 해먹을는지는 모르겠습니다. 지금 당장이라도 싫으면 말지요. 그러나 지금 당장에 싫어서 그만둔다면 그 대신으로 할 일이 있어야지요. 아직은 이 생활 이외에 더 고상하고 괴롭지 않은 생활의 길이 보이지 않습니다. 그러니까 당분간(정말 언제까지든지 이런 생활을 달게 받을 수는 없어요)은 이대로 계속해야지요. 이 세상에 지나간 사람이고 또 돌아오는 세상에 있을 사람이고 간에 누구나 환경의 지배를 벗어나서 그야말로 제멋대로 제 이상대로 되어본 사람이란 없고 되어볼 사람도 없을 것입니다.

그러니까 결국은 그것입니다. 내가 왜 영화배우로서 카페의 웨이트리스가 되었는가? 말할 것도 없이 그때 형편으로 웨이트리스라는 직업이 가장 손쉽게 걸려들었던 것입니다. 즉 생물이란 양분을 섭취하야 생명을 보전하는 것입니다. 나라는 일개의 생명이 양분을 섭취하기 위하야 즉 밥을 구하기 위하야 당분간은 웨이트리스가 아니 될 수가 없었던 것입니다.

하필 웨이트리스? 그러면 극계에 나서서 다소나마 극예술을 위하야 공헌이 있기를 바란다면 여배우들에게 우리 조선에서 얼마나 아량이 있고 후원이 있었습니까? 말의 장황을 피하고 웨이트리스가 무엇으로 나쁜 직업이랄 이유가 어디 있습니까? 남성들이란 공연히 제멋대로 저에게 필요한 해석을 붙이니까 탈이지요.

～～～～～～～～～～

여고 출신인 인테리 기생·여우·여급 좌담회
(『삼천리』제8권 제4호, 1936년 4월호)

일시: 2월 17일 정오부터 오후 4시까지
장소: 서울 종로그릴 이층 누상樓上에서
참가자:
◎ 복혜숙 (끽다점 마담, 29세. 경성 이화여자고보를 3년까지 마치고 요코하마 들어가서 고등여자기예학교 졸업, 그동안 토월회

의 멤버로 신극운동에 10년간을 종사하다가 최근은 영화 여배우로서도 활동)
◎ 신은봉 (여배우, 27세. 평양여자고등보통학교 졸업, 청춘좌 등 여러 연극 단체에 멤버로서 연극 운동에 분주한 지 장근將近 10년에 미치며 유행 가수로도 명성이 높다.)
◎ 김한숙 (기생, 25세. □명여자고등보통학교를 마친 후 수원 모교某校의 여교원으로 다년 교편을 잡고 있었다. 그동안 여러 운동에도 분주한 적이 있었다.)
◎ 김설봉 (댄서, 24세. □□여자고보 졸업, 대련大連에 들어가서 '□□딴스홀'의 댄서, 그동안 봉천, 상해, 천진 등 유력遊歷)
◎ 정수군 (여급, 23세. □□여학교를 졸업 후 천진여자학당과 북경고등여학당을 졸업, 현재는 시내 낙원 카페의 여급)
◎ 이광숙 (끽다점 여마담, 경성관립여자등보통학교 졸업, 현재 서울 수송동에서 끽다점 은령銀鈴을 경영)
◎ 정정화 (여급, 19세. 대□여자고등보통학교 졸업, 현재 서울 낙원 카페의 여급으로 직업선에서 활약)
◎ 조은자 (여급, 19세. □□여학교 졸업, 서울 파고다공원 부근 쯔바메 끽다점에 재근)
사회: 이서구
작성자: 서병주

남성을 어떻게 보나요

김동환(본사주간): 바쁘신데 와주셔서 감사합니다. 대체로 여러분들은 모두 서울이나 동경, 상해 등지에서 고등교육을 받은 인텔리 여성들로서 어째서 '거리의 천사'라고나 부를 이러한 염정艶情 방면의 직업선상에 나섰으며 또한 고등여학교를 다닐 때에 생각해오던 것과 지금 현재에 있어 우리 사회를 보는 방법이라든지 남성을 평가하는 표준이 많이 달려졌을 줄 압니다. 우리들 남성과 사회에서는 고등여학교 마친 기생, 고등여학교 나온 여급, 고등여학교 나온 배우들인 여러분의 연애관, 결혼관, 사회관, 인생관을 몹시 듣고 싶어 합니다. 듣고서 무엇이 '당신네들을 이렇게 거리에 피는 꽃'이 되게 하였나 하는 것을 다시 한번 생각해보려고 합니다. 그러니까 아주아주 툭 털어놓고 어느 모로든지 숨김없이 말씀하여주세요. 이제 사회는 고범孤帆 이서구 군이 하기로 하겠습니다.

이서구: 여러분 고등여학교를 마친 몸으로 어째서 이 사회의 맨 밑바닥인 이러한 직업을 택하여 나셨습니까. 여학교를 마쳤으면 그 배운 고등교육을 가지고 여학교 교사가 되든지 그렇지 않으면 학사, 박사의 아내가 되어서 아들딸 낳고 옥신각신하게 살아야 순서이겠는데 여급과 기생과 댄서와 여배우가 되다니, 여기 깊은 '인생의 일면'이 있는 줄 느껴집니다. 먼저 여러분이 여러 해 경험으로서 느낀 바, '대체 남자란 어떤 것이더라.' 하는 그 말씀부터 들려주세요. 여러분이 기생, 여급이 된 수수께끼를 여기서나 풀어봅시다.

복혜숙: 그야 교육이 있고 없고 간에 이성을 보는 방법이야 대개 어슥비슥하겠지만, 내 생각에는 사내란 술 먹고 주정하고, 계집 속이고, 없는 돈 있는 체하고, 천하 여자가 다 저한테 반했거니 우쭐거리고 밉살맞고 아니꼽고 건방지고……

이서구: 가만…… 가만…… 이거 대번에

이렇게 맹렬해서야 되겠어요. 그 급행열차 잠깐 멈추세요, 혜숙 씨이기로니 여학교에 책보 끼고 다닐 때부터 그런 아니꼬운 남성관을 가졌을 리야 없겠지요.

복혜숙: 서울서 이화학당 다닐 때는 입으론 괴테, 바이런의 시를 외우면서 『부활』의 '네류톱[네흘류도프] 공작' 같은 순정적 남성을 그렸지요. 셰익스피어의 『로미오와 줄리엣』에 나오는 그런 연애를 그렸지요. 사내란 상냥하고 다정하고, 깨끗하고, 착한 어른이거니 하였었지요. 이 생각은 요코하마에 유학할 때나 동경 유학생 시대까지 가지고 있었지요. 그때는 인생이 엷은 분홍 안개 속에 잠기어 판도라의 상자 모양으로 온갖 신비와 온갖 미지의 행복이 그 속 깊이 감춰 있는듯 하였지요. 내가 걸어야 할 거리거리에는 장미화가 송이송이 피고…… 에그 다 말해 무엇해요. 그러던 것이 사내들에게 속기 시작하여, 청춘은 덧없이 시들고 세상일은 내 뜻대로 안 되고 보니 '자유로운 새'나 된다고 여배우, 기생, 끽다점 마담으로 구을고 구을어 오늘에 왔지요. 이마엔 주름살 잡히고, 이제는 이성의 육체의 비밀까지 다 알고 나앉으매 세상의 대부분은 다 알아진 듯해요.

이서구: 다 그런가요.

김한숙: 무엇이?

이서구: 사내 보는 방법이.

김한숙: 몰라요.(호호호) 그러나 저는 무슨 세상이나 남성을 주저하고 싶은 생각으로 이렇게 기생 된 것은 아니래요. 다만 여자도 경제적으로 독립하고 보자는 생각에서 비교적 수입이 많은 이 방면에 뛰어들었지요. 수원 어디서 교원 생활할 때야 불과 4~50원 월급밖에 더 받을 수 있더래요. 그래서 교단에서 뛰어내려 여급이 되었더니 그도 수입이 그리 대단치 않아요. 그래서 가무를 조금 더 배워가지고 지금 기생이 되었지요. 기생이 자랑도 아니고 그렇다고 부끄러운 것도 아니고 그저 직업이지요. 직업이거니 하고 저녁마다 인력거 오면 연지 찍고 분 바르고 비단치마 갈아입고, 명월관이요, 식도원, 천향원이요, 온갖 요리점으로 가서 놀다 오지요.

신은봉: 그러나 꼭 돈만 목적하고 이 노릇 하는 것도 아니지요. 나는 평양서 여고 다닐 때부터 어쩐지 연극이나 음악이나 영화 방면을 개척하여보았으면 하는 열熱이 있었어요. 내가 만일 시나 노래를 지을 줄 알았다면 붓을 들고 여류 작가로 나섰을 것이지만 거기 천분天分이 없는 탓으로, 무대에 뛰어올랐어요. 또 우리 같은 좀 연극을 이해한다는 사람들이 뛰어들지 않으면 돈 안 생겨, 욕먹어 하는 그 연극 같은 예술 방면에 뛰어나오는 여성이 있을 까닭이 있나요.

이서구: 그것은 알겠는데 그러니 남성이 어떻게 보여져요.

신은봉: 1, 2년급 여학생들이라고 그런 말 물어요. 남성이란 사람이지요. 여성보다 잘나지도 않고, 못나지도 않고. (동양극장 출연시간 임박으로 곧 퇴석)

이서구: '못나지도 않고'는 좋지만 '잘나지도 않고'는 조금 재미없구만요.(일동 대소)

정수군: 실상 잘나지도 않았지요. 우리 있는 곳으로 가끔 놀러오는 손님들을 보면 잘난 분도 많지만, 못난 분도 수두룩하더구먼. 어디 내가 천진, 북경의 여학교 다닐 때야, 이런 광경을 몽상이나 하였을라고요.

김설봉: 그래도 남성은 역시 믿음직하고 다정한 어른들이지요. 나는 서울 온 지 얼마

되지 않아서 잘 모르겠으나, 대련의 내가 있는 '딴스홀'에 놀러오는 청년들을 보면, 모두 용모 잘나고 체격 좋고 돈 잘 쓰고, 여자 잘 사랑하여주고.

이광숙: 다정한 분이거니 하면 끝없이 다정하고, 매서운 분이거니 하면 끝없이 또한 매서운 것이 남성이지요. 우리들이 남성을 저주하는 생각이 있다면 그는 그러한 남성들을 우리가 불행이 접촉했기 때문에 그랬을 게 아닐까요. 착한 어른을 만나보았다면 우리의 눈은 깨끗하고 순했을 걸요.

조은자: 그럴 걸요. 교육 받은 여성이라고 별다른 생각이 있겠어요. 다 일반 세상 여성과 마찬가지이지요.

정정화: 그런 것이지요. 여러 가지 사정으로 이런 직업에 나와 있으면 언제나 마음은 진실한 남성을 만나 '스위트홈'을 꾸미려 하는 데 있지요. 그러니 사모하고 존경하는 점에는 다 마찬가지지요. 오히려 환경이 순조롭지 못하니만치 그 느끼는 열도熱度가 보통 가정 여성보다 10배, 100배 더할지 모르지요.

돈 잘 쓰는 손님 종류

이서구: 나는 내심에 요카난의 목을 달래서 생피를 빨며 기뻐 춤추든 '살로메' 같은 여성이 있지 않나, 또는 '나나'같이 '춘희'같이 순정을 이기지 못하며 일시 거리에 핀 꽃이 되지 않나, 그래서 '칼멘'같이 사내를 죽이기까지 하려 들지나 않았나 하였던데, 여러분의 대답 정도면 안심하기로 하죠. 하하하, 이제는 '직업장' 이야기나 합시다. 인생관이니 남성관이니 하는 철학 냄새 나는 그 멋없는 이야기는 집어치우고 내가 들으니 기생에 세 종류가 있는데 명월관이면 명월관에서 함께 놀다가 갈라져 나올 적에 손님을 어떤 것은 방 안에서 고개를 끄떡하여 인사하여 보내고 어떤 것은 현관까지 따라 나와 웃음 한 번이라도 더 웃어 보이고 보내고, 또 어떤 것은 자동차까지 따라 나와 야드라지게 인사하고 갈라지니, 그래 어떻게 돈 써야 1등 2등 3등 객 중 1등이 되어보나요.

김한숙: 그저 또 험구시지. 손님에 구별 있나요. 다 1등 손님이시지 그렇지만도요. 여러 번 만나서 아는 손님이라든지 첫 번이라도 챠밍을 느끼게 하는 그런 손님이면 암만해도 맨 버선 바닥으로라도 자동차 문 꼬리까지 따라 나가 보내고 싶지요. 그는 인지상정인걸 어떡해요.

이서구: 그 인지상정이란 돈 때문인 것은 아녀지요? 가령 하루 저녁에 1,000원 쓰는 놈팽이는 자동차 옆까지 바래다주고 100원 쓰는 작자에겐 현관까지 체면에 바래다주고, 아주 이노꼬리居殘り패에겐 방 안에서 고개 한 번 끄덕이면 그만 인사 아닌가요.

김한숙: 돈에 따르는 것은 아녀요. 그러나 어느 손님이든 다 자동차까지 모서드려야 좋겠지요.

이서구: 기생뿐 아니라 여급도 그러하다 더구만. 역시 팁 관계인가요.

정수군: 대개 그렇지요.

이서구: 얼마나 팁을 주면 과히 못나지도 않고 멋대가리 없게 쓰지 않는 놈팽도 되지 않는가요.

정수군: 당번에게는 2원, 방가이番外에게는 50전씩, 아마 이 정도가 보통일걸요.

이서구: 팁 10원 내는 녀석은 흑심 있고?

정수군: 몰라요. 호호호.

복혜숙: 나는 한번 우리 비너스에 천진서 온 손님이 고이 한잔 마시고 팁 10원 주고 가겠지. 그래도 아무 야심의 표현이 없는 걸 볼 때 1등 사내야 그이는 정말.

김설봉: 대련서는 딴스홀에서, 한 번 춤추고 나서 티켓을 50장. 100장을 한꺼번에 주는 이도 있어요.

복혜숙: 댄서는 춤추고도 티켓 안 주며 입을 쓱 씻고 나가버리는 사내들이 있으면 손을 요렇게 버리고 문간까지 따라나간다더군요.

김설봉: 그런 작자도 개중에는 있지요. 깍쟁이. (호호호) 그러나 또 한 번 추고 한 장 주고 또 한 장 주고 하는 건 너무 상업적이 되고 교환적이 되어서 서로 불쾌하기도 하지요.

이서구: 요지간 놀러 오는 손님의 종류는 어때요. 요리점이나 카페에는 역시 금광꾼이 대번창인가요.

정수군: 대중없지요. 늙은이들은 와서 술 많이 자시고 젊은이들은 와서 연애 걸자고 들고.

이광숙: 밤늦게 와서 우두커니 술 먹는 사람은 화가 나서 먹는 사람들이고.

복혜숙: 요즘은 시골 사람이 많은 듯하더구만요. 우리집에들 낯선 손님들이 많이 다녀가요. 모두 시골서 온 이들일걸요.

이서구: 으레 그렇지요. 서울 구경 와서 건물로는 경복궁 보고 인물로는 복혜숙이를 만나보고 내려가야 속이 시원하다든걸. (일동 웃음)

조은자: 그렇지만 요지간은 시골 사람도 약아져서 돈 잘 안 써요. 금광꾼들로 서울에 온 이라도.

김한숙: 우리가 보기에는 역시 은행회사 손님들이 많은 듯해요.

복혜숙: 그래도 아직까지는 금광꾼이지.

김한숙: 그리고 제일 눈꼴틀리는 것은 돈 많다는 자랑을 하느라고 공연히 돈지갑에서 10원짜리 100원짜리를 끄집어냈다 넣었다 하는 꾼들이지요.

복혜숙: 참 정말 따귀라도 갈기고 싶지요.

정정화: 그러나 우리는 서비스하여야 할 편이고 저쪽은 손님인데 그럴 수야 있어요. 다 참아야 하지요.

김설봉: 돈 잘 쓴다는 이야기 났으니 말이지 대련에 있는 조선 사람들, 주장 무역하는 사람들은 으레 큰돈이 생기면 일류 호텔에 들어 3~400원씩 하룻밤 쓰기 일쑤지요. 딴스홀에 와서도 정말 유쾌하게 화창하게 놀고들 가요. 퍽이나 유쾌해요, 야비하지 않고 댄서에게도 팁을 잘 주고요. 그러나 오래 그 지방에 있는 사람들이야 참으로 인색하고 깍쟁이 많지요.

정수군: 그런데 한 가지 이상한 일은 손님들이 기생에게는 돈 잘 쓰는데 카페에 와서는 돈 아까워 벌벌 떨어요. 참으로 알 수 없는 것은 사나이 마음들이여요. 다 같은 유흥장이요 직업여성들인데도.

정정화: 그는 아마 기생들은 노래와 춤, 조금 빛 다르게 말하면 예술가라고 보고 여급은 하잘것없는 매소부賣笑婦같이 보려는 관념이 있어 그런 듯해요.

정수군: 그래서 그런가요. 방가이로 팁 달라면 눈을 찡그리고 안 주는 사내가 수두룩하지요. 어쨌든 돈은 서울 사람이 잘 쓰고 시골 사람은 벌벌 떨어요.

이서구: 딴 생각 있는 사내들은 돌아 나올 적에 10원짜리를 꼬깃꼬깃 개켜서 악수하는

체하고 여금 손에 쥐어 준다더군요.

정정화: 그러나 한번은 이러한 일이 있었지요. 어떤 시체 남성이 술 먹고 나갈 때에 문간까지 따라 나갔더니 냅킨을 돌돌 만 것을 주겠지요. 기뻐서 돌아와 몰래 풀어보니 싸고 싸고 자꾸 싸고 5~6벌 종이를 싼 속에 10원짜리 두석장 든 줄 알았더니 마지막엔 아무것도 나오는 것이 없어요. 고런 깍쟁이 어디 있겠어요.

어떤 사내가 기질에 맞는가

이서구: 무슨 청인가, 안 들어주었던게지.(일동 웃음) 그런데 돈을 떠나서 말이에요. 여러분은 어떤 남성을 좋아해요.

김설봉: 내 취미에 맞는 사람이 좋아요. 어쩐지 다정한 사람이고.

정수군: 체격을 그리라면 키 크고, 건강하고 얼굴은 너무 숭하지 않고, 스포츠맨 타입이 좋아요.

정정화: 키 작은 사람이면 너무 바려서, 그 대신 뚱뚱한 사람은 미련해 보이고.

이광숙: 건강미가 있는 탐스러운 이지요.

복혜숙: 마치 클락 케이블[영화 〈바람과 함께 사라지다〉의 남자 주인공] 같은 남성이 좋아요.

정정화: 아니꼬운 것은 사내들이 기름 바르고, 분 바르고, 참 싫어요. 심지어 콤팩트를 쓰는 이조차 있으니깐요.

복혜숙: 체격이나 성격은 그렇지만 남자 치고 문학적 교양이 없는 이는 천하게 보여요. 예술적 향기가 도는 이가 좋아요.

이서구: 그런데 사내들이 얼마나 한 월급쟁이면 시집갈 생각들을 하겠어요.

김설봉: 단둘 살림이라면 60원이면 되지요. 그중에 화장품값 5원이면 족하니까, 가정부인이 되어서라도 반드시 화장할 필요는 있어요. 목욕도 가끔 하고.

조은자: 돈은 반드시 없어도 좋으니 모던 보이는 말고, 수수한 중년 사나이가 좋아요. 그러면 생활 같은 것도 정도에 따라 얼마든지 낮추고 높이고 할 수 있을 것 같아요. 저는 어쨌든 가면 쓴 사내는 싫어요.

수입은 얼마나 되는가

이서구: 여러분의 수입은 얼마나 됩니까. 한 달 잡고.

김설봉: 나는 적을 때가 300원은 되어요. 그중에 옷값이 100원은 들어요. 대련만스홀에 나와 같이 있는 한 아이는 월평균 700원을 벌었어요, 봉천 있는 내 동무도 댄서로 들어가 10달 만에 8,000원을 집에 내보내어 논을 샀대요.

정수군: 우리는 7~80원 정도여요. 잘하면 100원 정도는 되지만도.

이광숙: 바bar도 5~60원 정도는 되어요.

김한숙: 기생 사회에는 최고 수입이 7~800원이 되는 분도 있으니까 6~700원 넘는 이도 수두룩하기는 하지요.

조은자: 보통 100원은 되어요. 그러기에 동생을 여학교에 보낼 학비는 되는 터이지요.

이서구: 복혜숙 씨가 가장 많이 벌겠구만.

복혜숙: 그야, 벌기야 한 달에 1,000여 원 되지만 이것저것 쓸 돈이 많아서 생활비로 200원 정도를 떼어놓고는 모두 지출이지요.

이서구: 흥, 여女로군. 그래 어떤 때가 제일 괴롭습니까.

복혜숙: 빚쟁이 와서 돈 내라 성화시킬 때가 제일 고통이지.(일동 웃음)

정수군: 손님 화낼 때는 참 딱해요. 내가 괴롭고.

김한숙: 나는 처음 기생 나왔을 때 손님들이 장고 치고 단가短歌 하라 할 적에 정말 기가 막히고 땀이 빠졌어요. 지금은 안 그렇지만.

김설봉: 나는 언제든지 유쾌하여요. 손님들을 기쁘게 해드리겠다는 결심이 생긴 까닭인지 좋도록 웃고 지내지요.

김한숙: 나는 좀 불평이 있다면 여급들에게는 인격을 좀 높이 보는 듯하지만 기생은 완전히 상품으로 취급하려 드는 것이 불쾌하여요. 그 점을 일반 사회 인사가 좀 인식하여주기를 바라요.

이서구: 그런데 여러분들은 결혼을 아니 할 작정이여요.

복혜숙: 왜 안 해요. 사십까지만 제멋대로 살아가다가, 마흔한 살 되는 해에 가정부인이 되려고 해요. 결혼 생활은 꼭 하고 말겠어요.

김한숙: 여성으로서 최후의 목적이야 물론 결혼하는 일이지요.

이광숙: 그는 누구나 여성치고 다 공통한 관념이지요.

정조의 위기를 어떻게 물리쳤는가?

김한숙: 나 한 가지 수난하던 이야기를 하여 보지요. 처음 기생으로 나왔을 때 어느 요리점에서 손님이 부르기에 가서 놀다가 손님이 2차회를 하겠다고 저 장충단 가는 어떤 집으로 자동차를 몰고 가겠지요. 오사카서 나온 무역상이라든가요. 그래 갔더니 유명한 □□정이에요. 우리가 들어서자 하녀가 나와서 문을 꼭꼭 닫고 같이 갔던 내 동무는 다른 사내에게 끌려 2층으로 올라가고 나는 아래층 어떤 구석방으로 끌려 들어갔지요. 방에 앉자 봉투를 주어요. 펴보니 돈 100원짜리 5장이 들어있겠지요. 그제야 생각하니 나의 정조를 이 사내가 노리고 있는 줄을 짐작했지요. 그래서 나는 이 돈을 받을 까닭이 없으니 도로 드린다고 내주었더니 부득부득 내 핸드백 속에 집어넣고, 그러고는 치마를 강제로 끄르기 시작하겠지요. 참 기막힙데다. 소리를 아무리 쳐도 여주인이나 하녀의 그림자나 보입데까. SOS가 여기는 통용되지 않아요. 그래서 에그 숭해라. 치마는 벗기고, 단 속옷 바람으로 그 남자의 팔을 막아내다가 한 계교를 생각했지요. 자 인제 내가 옷까지 벗기 시작하였는데 딴 생각 가질 리 없은 즉 안심하라고 달래고 변소에 가는 체하고 곧 장장帳場에 나가서 전화를 권번에 걸었지요. 살려달라는. 그러고서는 나는 다시 그 사내에게 붙잡혀 온갖 감언이설로 시간 가기만 기다렸지요. 이럭저럭 약 30분 지나니까 바깥에서 자동차 소리가 붕 하고 나겠지요. 그제야 숨이 확 열립데다. 그래서 권번서 온 사무원과 함께 왔던 형사에게 구출되었지요. 아슬아슬합데다.

조은자: 직업이 직업이니만치 우리들은 가끔 그런 경우를 당하는 일이 많지요. 한번은 웬 사내가 와서 금반지를 사주겠지요. 몹시 고마운 어른이구나 생각했을 따름인데 한번은 와서 온천으로 여행 가자고 해요. 받은 것이 있는지라 안 가잘 수가 있어야지요. 따라갔더니 예기豫期하던 바와 같이 그 사내는 나의 정조를 노립데다. 겨우 핑계하고 그 위기를 피하여 나는 도로 서울로 올라와버렸지만.

정정화: 나는 한번은 낙원에 있으려니까 내게 웬 사내가 반해서 자꾸 다녀요. 와서는 어디 자꾸 산보 나가자고 그러겠지요. 돈도 흔하게 쓰면서요. 그래서 매양 거절하여 보냈더니 한번은 내가 복쓰[box, 칸막이 된 공간]에 앉아 있을 때에 그 사내가 술이 취하여 들어와 또 수작을 붙이겠지요. 그러던 차에 웬 여학생인 듯한 분이 들어와요. 그이가 부인이래요. 저한테 어떻게 감사하다고 치하하는지요. 내가 자기 남편을 유혹하지 않고 늘 집으로 고이 모셔 돌려보낸다고요.

취미와 독서

이서구: 가히 표창할 만한 미담이구만. 자아 이제는 여러분의 독서와 취미를 들읍시다.

복혜숙: 서울서 발행되는 조선잡지와 신문은 대개 다 보지요. 동경 것으로는 『부인공론』을 매달 읽어요. 취미는 골똘한 영화팬.

김설봉: 나는 『개조』, 『부인공론』, 『주부지우』, 『부인구락부』, 『킹그』, 『동아일보』, 『삼천리』, 개조사의 『문예』, 이러해요. 대체로 문학을 좋아해요.

이광숙: 저도 대개 그래요. 『부인공론』, 『조선일보』, 『삼천리』 등등 취미로는 고요한 세레나데 같은 음악 듣는 것이 좋아요.

김한숙: 나도 『조선일보』, 『부인공론』, 『킹그』, 조선서 나는 잡지 몇 종, 그리고 여교원 시절에 기타를 좋아해서 그를 늘 만지지요. 가야금이나 거문고보다 내게는 기타가 좋아요. 그 밖에는 럭비, 영화 그저 그렇지요.

정수군: 저는요 여행이 좋아요. 경치 좋은 곳으로 꽃철이나 단풍철에 놀러 다니는 것이 정말 좋아요. 읽는 것은 『중앙일보』와 『킹그』

조은자: 읽는 책은 『신청년』, 『오사카매일신문』, 취미는 스포츠와 음악이어요. 평범하지요.

정정화: 나는 등산이 좋아요. 공기 맑고 인가 드문 산곡山谷으로 아무 근심 없이 휘휘 돌아다니는 것이 어떻게 좋은지 모르겠어요. 보는 것은 『중앙일보』와 『후지富士』.

김동환: 오랜 시간을 두고 말씀해주셔서 대단히 감사합니다.

카페 여급 언파레드, 녹안경綠眼鏡
(『별건곤』 제57호, 1932년 11월 1일)

카페 여급 언파레드[온퍼레이드on parade, '총 출연'을 뜻함]! 굉장한 제목이다. 서울에 있는 여급을 총동원시키자면 이름만 벌려놓는다 해도 몇 페이지의 지면을 그대로 제공해야 될 것이니 할 수 없는 일이고 다만 종로 근방을 중심하여서 조선 사람의 웨이트리스만을 추려서 행령에 넣기로 하자. 그러나 종로를 중심하야 그 근방에만 있는 카페 수효만 해도 10여 곳이 되며 웨이트리스의 수효만 해도 모란牡丹에 스물하나, 낙원樂園에 쉰셋, 평화平和에 스물넷. 이렇게만 쳐도 그 수효가 역시 수백 명이나 되니 그 역시 좀 거창스러운 일임으로 여기에 몇 사람 웨이트리스(여급)라느니보다도, 에로미를 가진 서비스로 고른다느니보다도 환락경에서 난무하는 친구들의 술친구도 되고 말벗도 될 만한 몇 사람을 등장시키기로 하자.

지쓰코 千津子

현재 낙원회관樂園會館에 재적. 전기 축음기에서 소요스럽게 울려 나오는 재즈 소리에 젊은 손님 젊은 여급들의 엉덩이가 들먹거리는 그중에서 어깨 하나 끄덕이지 않고 진중하고 유유하게 아래위층을 오르내리는 얼굴은 그렇게 미인 축에 못 간다 해도 일본 옷 입고 적지 않은 키를 가진 '지쓰코'는 이 테이블 저 테이블로 다니면서 늘상 부리는 카페당黨이거나 추태를 부리는 주정뱅이거나 조금도 눈살을 찡그리지 않고 짜증 내지 않고 손님의 기분을 맞추어준다나. 그럼 그가 이름이 지쓰코, 옷이 일본 옷, 말도 일본 말이니 혹여 일본 여자로 알 사람이 있을는지 모르지만 그는 완전한 조선 사람이란다. 태생은 서울, 나이는 스물넷, 성은 정鄭가. 본 이름은 삼순三順. 이름이 세 번 순하여서 그러한지 모르나 어느 손님이고 그에게 대하야 욕이 없고 같은 여급들 중에서도 감정 두는 사람이 없고 다만 그를 따르고 칭찬할 뿐이라 한다. 그도 그럴 일이니 그가 여급 생활을 한 지가 금년까지 놀래지 말라. 열세 해 동안 서울 복판에 처음 은송정銀松亭이 생기던 그때부터 지금까지 이 노릇이란다. 말이 열세 해이지 그가 그동안 겪어온 온갖 경험과 모든 역사가 그를 나이보다 더 늙게 하였을 것이다. 그동안에 오사카까지 진출하여 수삼 년을 실지 견학(여급 노릇)하고 돌아와서 진고개 골목 큼직큼직한 곳이라면 거의 거쳐 오지 않은 데가 별로 없느니만치 그는 여급의 도道에 화했고 모든 팩팩한 여편네로의 성미도 다 죽었다 한다. 그는 지금 낙원회관의 여급 감독! 찾아오는 손님들에게 서비스를 하는 한편 여급의 꼴들을 살펴가며 또 한편 주인과 의논에 마주 앉는다. 그러나 산뜻한 에로를 찾는 희뚝거리는 젊은 친구들은 그를 겹눈으로도 아니 보고 지나치기가 십상팔구이니 그는 그의 서비스에서 산뜻한 맛과 새책지근한 에로를 찾으려야 찾을 수가 없다는 까닭이라 한다. 그의 열세 해 동안의 경력은 다만 그를 침착하게 만들었고 사무적으로만 만들어주었다 한다. 끝으로 그의 모든 성격과 일상생활을 말할 만한 것은 그의 집에 있는 양친을 비롯하여 열다섯 식구를 그가 먹여간다 하며 돈도 모았고 집도 한 채 사놓았다 한다. 남편이 있느냐고? 그런 것은 묻지 말라. 여기에 등장할 누구에게나 그의 지난 로맨스나 현재의 성생활은 건드리지 않기로 한 까닭이다.

김보신金寶信

스물일곱 살. 평북 정주에서 학교 공부도 하였더니 무슨 바람에 어떻게 불렸었던지 영화배우로 출세를 하여 김보신이란 이름이 알려지게 되었다. 남에게 지지 않을 만치 로맨스도 그럴듯하게 그의 그림자에 감춰 있고 풍부한 육체 뻣뻣한 자태 톱톱하고도 내쏘는 말솜씨! 역시 김보신은 김보신에게서만 볼 수 있는 특수한 꼴이 있다 한다. 여배우의 김보신은 예전 김보신이요, 현재는 모란牡丹 카페의 웨이트리스 김보신, 아니 자기들끼리 부르는 '호신상'을 가지고 보자. 그가 왜 웨이트리스가 되었느냐? 싫은 웃음을 웃고 없는 아양을 끄집어내야 하고 안 나는 모양을 억지로라도 내야만 되는 안 되든 벌이터로 나가게 되는 직업 중에도 남에게 권고 못할 그 노릇을 직업으로 갖게 되었느냐 묻지 마라. 그가 근본 방탕하야 그런 노릇이 좋아서 그랬는지 일생을 같이할 배우자를 고르다 고르다 끝에 그 술 취하고 시끄러운 세상에서 어리숭한 사나이를 고르려고 그랬는지 또는 그저 하루 세끼를 끓여 먹기 위하야 그리되었던지 그런 것은 여기서 캐어낼 필요도 없거니와 알 필요도 없는가 한다. 또 그가 내일에는 포근한 사랑을 찾아 우거지살 큰 불에다 인두를 꽂아놓고 남편의 솜옷을 꿰맬는지 그런 것도 생각할 필요가 없다. 그는 다만 한 개의 평범한 여급이다. 찾아드는 손님들을 맞아들이며 차를 달라면 차를 주고 술을 달라면 술을 부어주고 주인에게 술 팔아주고 손님이 떨어뜨리고 가는 몇 푼의 팁을 바라고 밤을 낮 삼아 직업에 충실한 한낱 웨이트리스라는 직함을 가진 '호신상'이다. 우리가 그(비단 김보신뿐 아니라)에게 무슨 기대가 있었던 바 아니며 따라서 그의 현재를 슬퍼해주는 것도 아니요 찬양하는 바도 ㅁㅁ니나, 한 개 인간 한 개 여성인 김보신 '호신상'도 인간 공도에 할 수 없이 여자로서는 늙어가는 편이다. 여편네 나이 스물일곱이면 '저도 늙었지 별수 있나.' 푸른 등 붉은 등불 밑에서 웅성거리는 술친구를 옆에 끼고 축음기 소리보다 한층 더 높이 지르는 그의 목소리는 에로를 느낀다느니보다 끔쩍끔쩍한 느낌을 준다. 엷은 가을볕에 억지로 고개를 버티고 있는 다리아꽃도 갔다 한다. 그의 하는 꼴은 아무리 보아도 떼카단[데카당스]의 바람이 분다. 술 잘 먹는 보신이! 욕 잘하는 보신이는 이때껏 보신을 못 본 사람 말 한마디 건네보지 못한 사람이라도 이름만은 넉넉히 알 수가 있을 것이다. 혹여나 보신을 보고 싶어 모란 카페를 들어서는 친구가 있으면 나는 이러한 준비를 부탁하고 싶다. 우선 말소리를 크게 할 것과 말 수효를 많이 준비할 것이오. 웬만한 주량이거든 애초에 술이라고는 권치를 말며 서투른 말주변이거든 덤적대지도 말라고 하고 싶다. 그렇다고 점잖은 체하다가는 도리어 망신을 당할 것이다. 그러고 보니 결국 보신의 흉만 집어내는 것 같으나 '보신 군, 행여 노여 말게, 이런 말이 흉이오, 욕이라면 쓸 말이 없지 않

은가.' 웨이트리스 보신을 한 개 서비스하는 계집사람으로 여긴다면 실수다. 만약에 본 '호신상'이 자기 테이블에 와서 앉아주거든 모름지기 이편에서 그에게 서비스를 할 각오를 잊지 말 것이다. 그는 유쾌한 술친구인 동시에 끊이지 않고 잡담을 잘하는 데는 놀랄 것이다. 웨이트리스 보신에게서 얌전, 교태, 수치심 즉 통틀어 에로를 찾는다면 그는 낙심을 하고 돌아설 것이다. 에로에 굶주린 총각들이 한 시간의 심적 위안을 얻고자 그를 찾는다면 그들은 반드시 한숨을 쉬고야 말 것이다. 그저 텀텀한 술친구들 2, 3인이 같이 앉아 권커니 잣거니 잡담 부스러기나 하며 텀텀하게 웃어가며 걸걸하게 한두 시간 벗하기에 다시없는 보신이라 한다. 그렇다고 젊은 친구들이 겹눈으로도 안 보게 된다면 '호신상'에게 그처럼 미안한 일이 없을 것이니 아예 이 언파레드에서 보았다고 덮어놓고 술만 권하지 마시오. 그의 심장은 아직도 뛰고 그의 이맛살은 아직도 펑펑하다니 그가 웨이트리스로 있는 날까지는 피차에 낙심은 맙시다. 한 에피소드로 안심을 하시오. 요다음 행력에 나올 조경희와 함께 일인데, 요 얼마 전에 조선주조조합대회가 경복궁 안 경회루에서 (장소가 확실한지 지금 기억에는 그렇소) 열렸을 때 모인 사람들이 술 조합 사람들이니만치 물론 술은 좋은 술이었을 것이며 주객도 많았을 것이다. 따라서 참석한 사람이 수백 명이 되었을 것이므로 서울 안 모모 한 카페에서 우수한 여급들만 추려서 이 많은 대회원을 접대하기로 되어 수백 여급이 뽑혀 간 중에 모란 카페에서도 다섯 사람이 뽑혀 가는데 물론 김보신과 조경희도 앞잡이로 갔었다. 대회원도 수백

명, 요염을 다한 여급들도 수백 명, 그때 대회의 청장을 받고 열석한 이가 정무총감 각하! 물론 높은 어른이 참석해준 영광을 입은 대회에서 술 안 권할 수가 없었다. 그리하여 정무총감 영감께 드리는 헌수를 여급 중에서 골라서 올리게 되었는데 자, 누가 뽑힌 것인가. 수백 명 중에 잘난 색시, 이쁜 색시가 많건만 그중에도 골라 뽑힌 것이 조경희와 김보신! 조경희의 말은 다음에 하겠으니 고만두고 술 잘 먹는 보신이! 욕 잘하는 보신이! 그것으로만 뽑혔을 것이 아니다. 욕 질하는 보신을 뽑아 정무총감 영감께 욕 한마디 권하자고 뽑은 것은 아닐 것이 아닌가. 그러고 보니 단연 보신 만세다.

조경희 趙敬姬

스물네 살. 경성 태생, 전신은 역시 여배우. 그가 웨이트리스가 되기까지의 경로는 약하기로 한다. 왜 너무도 남들이 잘 아는 일이니 내가 서투른 수작을 했다가는 조경희 당이 몽둥이를 가지고 덤비면 병원비가 문제이니까. 역시 김보신과 같이 모란에 출근하고 있다. 계집답게 된 계집이다.(계집이랬다고 상스럽다 욕하지 마소) 곱게 핀 봉선화가 오히려 고개를 숙일 만치 아담스럽고 곱게 생겼

다. 그렇다고 독자 제군! 어떤 놈인지 조경희한테 반했구나! 이런 오해는 행여 말라. 나는 조경희와 다정스러운 말 한마디 못해본 염복을 못 가진 사람이다. 그렇다고 또 소위 '가다오모히'도 물론 아니오. 하여튼 아담스럽고 깨끗하게 생긴 여자이다. 만약에 그가 돈푼이나 있는 집 막내며느리가 된다면 시어머니의 미움이야 종잡을 수 없으나 시아비의 귀염은 갈 데 없을 것이다. 근본은 그가 얼마나 말괄량이인지 어떤지 모르나 지금은 아주 아존雅尊[단아하고 존귀함]한 사람이다. 마치 봉선화 중에도 장독대에 핀 봉선화 같다 한다. 같이 있는 보신과는 됨됨이가 다르다 한다. 보신을 서글서글한 참배 맛 같은 여급이라 하면 경희는 조그마하고 빛 고운 향긋한 망고 사과 맛과 같은 여급이란다. 그는 어떠한 식으로 손에게 서비스를 하느냐고 그만하면 알 것이다. 소파 한구석에 상큼 앉아 높지 않은 목소리로 지저귀는 말은 여간해서 유성기 소리에서 골라 듣기가 어렵다 한다. 그러고 보니 퍽 얌전한 편인데 그 실은 그렇지도 않다나. 항용 여급들의 앉음앉음[앉음새]은 대개가 불안하고 '장차 이 작자가 일어설 때 팁을 얼마나 내던질까' 하는 생각에 매우 초조한 빛이 보이나 경희에게서는 그런 빛이 잘 아니 보인다고. 그러나 왔던 손에게 주어 보내고 싶은 마음이 있다는 것은 아니나 경희도 여급이다. 다만 하나의 웨이트리스다. 제 아무리 농하기로 내놓는 팁을 도로 줄 리 없고 쟁반을 싹싹 쓸어 잔돈까지 가지고 가는 그 손의 뒷모양을 반갑게 바라볼 이치는 없다. 그들이 흘리고 가는 몇 푼 팁을 모아야 인조견이나마 몸에다 두른다. 다 닳은 콤팩트의 분덩이도 바꾸어 넣는

다. 돈이 싫으면 그 노릇을 할 리가 없다. 그도 역시 남과 같이 로맨스도 많고 까닭도 많다. 돈 있는 남자를 따랐다가 호강도 해보았고 고생도 해보았다. 그러던 끝에 여급 생활을 하게 될 때 그도 생각이 많았을 것이고 망설이기도 많이 했을 것이다. 결국은 사랑도 좋거니와 돈이다. 돈 있는 사나이는 많기는 많건만 돈 있는 그는 나를 거들떠도 안 보고 내가 좋은 사나이는 돈이 없다. 비단 경희뿐이 아니다. 그들에게도 돈이 필요한 것이요 여급 생활이 좋았던 것이 아니다. 그러나 과연 얼마나 모아지겠는가. 제 몸 하나 장식해가기도 쩔쩔맬 것이다. 경희는 아직 틀이 안 잡힌 웨이트리스라 한다. 웨이트리스로서의 장기는 볼 수가 없으나 그저 전날 영화배우였던 조경희로서 서비스를 하는 것이오, 그의 그만큼이라도 아담스러운 태도로의 여급 조경희이지 그에게서 위의 두 가지를 마이너스한다면 여급으로의 조경희는 아무 말거리도 안 될 것이라 한다. 그러나 여자의 속을 말로만 들은 내가 그 속을 어찌 알며 그의 숨은 수완을 어찌 알랴.

마리코

마리코라면 얼른 몰라도 김명순金明淳이라면 얼른 알 수 있는 편일 것이다. 스물여섯 살.

별명은 말괄량이. 낙원 카페에서 어깻짓 엉덩이짓을 하며 깎은 머리를 너펄거리는 키가 훨씬 크고 상말로 날랜 백장이 덤벼도 살 한 점 못 추려낼 만치 마른 친구 마리코 김명순은 역시 한때 불리던 영화배우였다. 그러고 보니 여급 언파레드가 여배우 언파레드가 되는 감이 없지 않다. 그러나 그들이 현재 웨이트리스 살림을 하고 있으니 여급 언파레드의 조건이 확실하다. 말괄량이 김명순, 성미 까다로운 김명순, 바람둥이 김명순! 그도 둘째가라면 섧을 만치 염사艶史를 가졌다. 그러나 그 역시 여기에 들출 필요는 없고 이러쿵저러쿵하는 김명순이라는 이보다 낙원 회관 웨이트리스의 마리코를 가지고 보자. 현재의 마리코는 완전히 예전 김명순이가 아니라 한다. 그 회오리바람같이 갖은 먼지 갖은 못댁이를 휩쓸며 다니던 그 바람이 인제는 조용한 가을바람같이 되었다. 그 꽤 까다롭고 소위 깍쟁이 같은 성미가 아마 인제는 희미한 그림자만 남은 것 같다나. '그렇지 않으면 저는 별수 있나.' 한동안 고베, 오사카 등지를 근거 삼아 큰 무역상이나 같이 왔다 갔다 하며 갖은 냄새를 다 피우더니 인제는 겉으로 보기에는 낙원 카페에 생전까지 나 있을 것 같다 한다. 호리호리한 키에 어울리는지 마는지 한 양장은 오히려 조선 옷 맵시보다 낫게 보이는데 험상궂은 경력에 마음이 트인 것도 같고 썩은 것도 같다 하나 아무리 보아도 쌀쌀한 맛이 붙임성이 적은 것은 확실하다는 평판이다. 그럼 여급으로의 마리코 김명순의 서비스하는 꼴이 어떠냐고? 말 안해도 뻔히 알 수 없을까. 마리코에게서 에로를 찾는다면 또한 실수! 몸집 생김생김이 에로가 솟아날 곳이 없으니 만약 '에로' 비슷한 것이라도 털어내어 본다면 그것은 '그로'에 가까운 편이다. '회똑거리는 젊은 애들이 찾아오면 비린내가 나서' 이 말은 명순이 입에서 쑥 나오는 말이라니 말은 옳은 말이다. 나이 스물여섯이니 명순이도 비탈길을 내려가는 판이라 할까. 지금 그가 웨이트리스 노릇을 하고 있는 것이 결코 아직도 그 사나운 바람을 못 잡아서 바람을 불리려고 이 노릇을 하는 것은 아닐 것이다. '저도 인제는 할 수 없으니까.' 옳다, 아직 제가 바람이 남았다한들 얼마나 남았을 것인가. 인제는 때가 지났다. 진소위 일모모도궁이라(날은 저물고 갈 길은 멀다) 한참 동안 피던 바람도 바람을 피기 위한 바람이 아니었고 거친 세상살이를 위한 한 방도였던 것일 것이다. 이렇든 저렇든 그래도 제 손 제 몸으로 여기저기서 또 더 다길 오던 부모 노인은 고향으로 보내고 저 홀몸이 떨어져 살길을 찾고 있는 마리코 아니 김명순은 가긍하다 할까. 저도 할 수 없어 말로는 서울 한복판에서 잘하건 못하건 유탕아 기분아의 한 시간 두 시간의 서비스를 하고 그 잔돈 나머지를 바라고 있거니…… 그렇다고 그가 그 전에는 훌륭한 직업이나 점잖은 행세를 가졌었더란 말은 아니지만 내일의 생활이 어떻게 변할지 모르나 오늘까지라도 기왕 잡아놓은 직업이니 생활에도 충실하려니와 직업에도 충실하고 예전 그 버릇 그 성미를 내버리기 부탁하여둘까.

김메리

이 이름은 아마 얼마 동안 평화 카페에 발을 끊었던 사람은 잘 생각이 아니 날 것이다. 그럼 김현정金顯貞이라면 알까? 그래도 모른다면 김일송金一松이라고 해두지! 그래도 몰라, 쓰바키히메[춘희椿姬]! 조선의 발렌티노[이탈리아 태생의 미국 영화배우] 정기택鄭基鐸 군과 박인 활동사진 〈쓰바키히메〉[영화 〈춘희〉는 1928년 감독 이경손에 의해 제작]에서 쓰바키히메 노릇을 하던 그 여자 말이다. 옳지, 옳아. 저 □명여학교를 졸업했다던가, 다니다 말았더라는 그 여자로군! 한동안 못 보았으니 그동안 몸집과 얼굴 꼴이 어찌 변했는지 모르나 왜 좋지 얼굴도 환하고 살점도 많이 붙고 늘씬한 몸에 시원스럽고 복성스럽게 생겼지! 옳소, 옳아. 〈춘희〉를 백인[촬영한] 후에 정군과 상해로 건너가 그곳서도 인기가 있었다든가 없었다든가. 다마나가비 친구들의 눈요기를 많이 시킨다더니 들으니 고향으로 와 있다가 어느 틈에 평화로 왔어! 혹시 이래도 모를 사람은 모르겠지만 적어도 영화팬 치고 〈춘희〉를 모를 사람이 없을 것이다. 그럼 그 여자가 왜 카페로 나왔어? 허허 묻지 말라니까 또 묻는구면. 그만한 사정이 있으니까 그렇지 물어 무얼 하노. 그리 정 알고 싶으면 요담에 자세히 알려주지! 조선의 '쓰바키히메'는 이러한 인기를 한몸에 끌어안고 카페 평화에 처음으로 에로 직업 전선에 진을 치고 있다. 평화 카페 주인이 배가 부르려는 조짐인지 그 춘희 자신이 신세가 더 신산해지려는 시초인지는 모르나 하여간 그도 또한 이름 날리던 여배우의 하나로 끝장에는 웨이트리스로 처세하랴 결심한 것은 사실이란다. 그러고 보니 조선 영화의 몰락과 동시에 여배우의 몰락이라 볼 수밖에 없다. 따라서 서울의 카페라는 곳은 몰락 여배우의 수용소가 되고 말 것인가? 또 한 가지 문제는 전에 여배우 노릇을 못했던 여러 친구들의 후회는 고만두고 잘못하면 그들의 벌이 구멍이 막히니 총 결속을 해서 타도 몰락 여배우의 웨이트리스라는 소동이 생기지 않을까 또한 흥미 있는 일이다. 그러나 〈춘희〉의 행렬에서 다른 말이 나와 미안하나 그의 서비스하는 꼴을 아직 보지 못한 유감을 가졌으되 그러나 그가 아직은 처음이니만치 여급으로의 꼴은 틀렸을 것이다. 그러나 또한 알 수 없는 것은 상해 천지에서 배인 그 손속이 얼마나 능란할지 단언을 못할 것이다.

미네코

스물다섯, 본명은 이덕성李德成, 전신은 기생. 기생 때 이름은 금주錦珠. 경성 태생. 현재 낙원회관에서 에로 서비스의 직무를 가지고 밤마다 여윈 콧등에 분칠을 하고 나타난다 한다. 서울로 인천으로 순회기생업巡廻妓生業을 하다가 결국은 금년 정월에 떼치기 섬섬하고 정들었던 외입쟁이를 분연히 떨치고 태평양 카페를 최초의 출발점으로 올 4월에 낙원회관으로 재차 취직을 하게 되어 현재 그 직업에 충실하고 있다는데 그는 말하되 '나는 남달리 팔자가 유난하야 세상에 나오면서부터 갖은 풍상을 겪었으니 그 사실만 적어놓아도 훌륭한 장편소설이 될 것이라.'

고 한다 하며, 파리한 얼굴에 오똑하고 빼죽한 콧날이 미네코라는 이름을 지은 것 같다 한다. 에로 서비스를 할 웨이트리스로는 좀 지났으나 자기 말대로 하면 겪어온 풍상이 나이보다 몸을 더 늙게 하였다 한다. 그러나 기생으로의 서비스와 웨이트리스의 서비스! 그 성질과 방식이 판연히 다른 것을 그가 어찌 못 깨달았으리마는 아직도 풍이 남아 있다 한다. "나이 너무 젊은 손이 와서 수작을 붙이면 너무 얄팍하고 바라져서 재미가 없소." 옳다, 그게 그의 풍도이다. 술이나 권하고 은근한 이야기나 하고 자리 잡고 앉아서 시간을 보내는 그 맛이 그가 이때껏 지내온 버릇과 맛이라 한다. "놓아요, 가고 싶으면 어련히 갈라고 남의 옷을 잡아당겨요." 그 말이 결코 손의 감정을 건드리려 하는 말이 아니겠지만 그의 여급으로의 꼴이 엿보인다. 하여간 늙었다. 은근한 멋있는 나이 듬직한 사람 외에야 그런 곳에 출입하는 사나이란 젊은 색시, 아양 떠는 색시를 좋아하며 손을 당기면 끌려오고 무릎에 앉으라면 무릎에 안기고 그래야만 좋아하는 손이 늘고 그래야만 벌잇속이 더 나을 판인데 그러나 참아! 그렇다 하더라도 좀 더 나긋거리고 붙임성이 있어야 주판이 맞을 것이니 미네코는 좀 더 연구를 할 여지가 있다는 것이 카페 팬들의 평이란다. 속이 탁 트이고 수작할 맛이 있어 좋으나 찾아오는 그들은 에로를 찾다가 다소 실망을 하고 돌아간다지.

아이코

그에게는 여러 마디의 수작이 필요치 않다. 엔젤 카페의 단발한 여급, 그가 전 조선일보 임 사장의 따님이라는 것과 어째서라는 것까지도 역시 본지에 이미 소개되었었으니 더 들추려 않는다. 하여튼 이 언파레드에 안 참례할 수 없는 것이 그가 이렇다고 뽐내고 나선 아무개의 딸이라는 점으로만 보아도 참례 아니치 못할 것이고, 또한 대부분이 여배우 후신인데 그럴듯한 집안의 영양令孃으로 카페 진출을 했다는 점으로라도 빠질 수는 없는 일이다. 그러나 누구보다도 그중에 제일 안타까워 보이는 것은 사실 이때껏 누구누구 해야 등장식인 중 아니 모든 그네들 중에 그렇지 않아도 살 수가 있을 터인데 한때나마 신문사장님의 따님이 얼크러진 가정 사정을 얍삽히 세우고 참아 아버지, 어머니로서는 귀여운 딸을 내보내지 못할 그런 직업 터에 가게 되었다는 것이 더한층 이야기꺼리가 되는 것이고 이 언파레드에 섰다 만나러 가도 참례식일 자격이 있다는 것이다. 이를 웨이트리스로 취급한다는 이보다도 뉘 잘못이냐는 것이 생각키워진다.

유키코雪子

엔젤에서 하야시, 아이코와 어깨를 견주고 있는 미인. 이글이글한 두 눈에 눈雪과 같이 희고 고운 둥근 얼굴이다. 간간이 미소를 띨 때마다 뺨에 볼우물이 지는 것이 무엇보다도 젊은 손들의 마음을 이끌어. 나이는 금년 스물하나, 일찍이 고향인 목포에서 심상소학을 졸업하고 가정 살림으로 인해 서울에 와 카페 태평양에 재직하였다가 엔젤이 개업하자 곧 그곳으로 전근. 하여튼 젊은이를 끌기 알맞은 산뜻한 미인이다. 본명은 김향임金香任.

인테리 여급 애사哀史, 여자고보 마치고 어째 여급 되었노?

(『삼천리』제4권 제9호, 1932년 9월 1일)

카페! 카페는 술과 계집 그리고 엽기가 잠재하여 있는 곳이다. 붉은 등불 파란 등불 밝지 못한 샹들리에 아래에 발자취 소리와 옷자락이 비벼지는 소리, 담배 연기, 술의 냄새 요란하게 흐르는 재즈에 맞춰서 춤추는 젊은 남자와 여자, 파득파득 떠는 웃음소리와 흥분된 얼굴! 그들은 인생의 괴로움과 쓰라림을 모조리 잊어버린 듯이 즐겁게 뛰논다. 거기는 눈물도 없고 슬픔도 없고 고민도 없는 행복한 인간들만 모이는 장소같이 보인다. 무겁게 떠도는 공기 속에서 밤이 늦어도 입술의 접촉하는 소리와 한가지로 화려한 흥분은 어느 때까지든지 계속된다. 젊은 남자! 그리고 어여쁜 웨이트리스는 서로 얼싸안고 '마셔라, 먹어라.' 하며 술 취한 붉은 얼굴에 겨우 뜨여지는 눈으로 서로서로 쳐다본다.

대체 카페란 곳을 찾는 자들은 어떤 자들이며, 그들을 맞아 상대해주는 웨이트리스들은 어떠한 자들인가. 사교를 목적하고 가는 사람도 있으며 한때의 멜랑콜리를 없이하려고 가는 사람도 있겠지만 대개는 돈 있는 사람들의 자제가 계집과 술을 얻으려고 가는 것이다. 왜? 카페의 여급을 천하다고 욕하는가? 혹자들의 말을 빌면 카페 여급은 ㅁㅁㅁ녀라고까지 한다. 표면으로 보아서 누가 그렇게 말하지 않으랴? 부르주아들의 한 개 상품감이 되어가면서 갖은 아양을 피우고 빼앗아낸 돈으로 겨우 값진 옷과 화장품 밖에는 살 줄 모르니 누가 그들을 가리켜 정정당당한 직업 부인이라고 할 것인가? 차금借金은 늘어가며 자기의 몸과 혼을 진흙 구덩이 속에 집어넣은 그들이다. 너무나 비참한 그들의 생활! 카페에는 여자와 에로의 명암색明暗色이 가득 차고 있다.

그러나 카페의 웨이트리스라고 덮어놓고 매음녀니 천한 여자니 하고 욕설함은 인식 부족이라고 말할 수밖에 없는 일이다. 그들 중에는 훌륭한 직업의식을 가지고 철저하게 모순된 자본주의사회와 대항하는 맹장도 있으며 생활난에 쪼들려 어찌할 수 없이 뭇 남성의 갖은 폭력을 받아가며 견디는 가엾은 눈물의 히로인도 있다는 것이다. 그들의 표면 생활을 보아서 누가 고민이 있을 거라고 말하랴? 그러나 화려한 이면에는 반드시 눈물이 있고 비극이 숨어 있다는 것만은 알아두어야겠지. 이제 앞으로 몇 사람의 웨이트리스를 소개하련다. 그들은 무엇 때문에 세상에서 천하다는 웨이트리스가 되었을까?

왕관 편
북국北國 항구에서 연인과 애처롭게 이별한 최다순 양의 애화

카페 왕관 우미관 건너편에 높다랗게 서 있는 양옥에서 요란하게 돌아가는 레코드에서 흘러나오는 왈츠곡이 오고 가는 사람들의 머리를 어지럽게 하였으리라. 빈궁한 조선 사람의 경영이나 그다지 음산해 보이지 않으며 여급들도 그렇게 적지 않은 모양. 그런데 이 집에 드나드는 손님들의 이야기를 들으며 거기에는 몹시도 눈물겨운 비화를 가진 최다순이란 열아홉 살 먹은 어여쁜 여성이 있다고 한다. 충청남도 출생으로 아홉 살 적에 사랑하는 어머님을 이별하고 곱지 못한 계모 밑에서 갖은 학대와 아픈 매를 이기지 못하여 열 살 못 되는 어린 다순은 고향을 등지고 멀리 타관으로 도망하였다. 부모 외에 누가 다순을 완전히 지도해줄 것인고. 물에 뜬 부평초 모양으로 오늘은 동으로 내일은 서로 어린 방랑객은 의지할 곳 없이 이리저리로 흘러 다녔다.

세월이 흘러 가을이 가고 봄이 몇 번 오니 어리던 다순도 철이 나고 몸이 굵어져서 이성을 알게 되었을 때는 극단 현성완玄聖完 일행에 가입하였었다. 그리하여 저 멀리 함경북도까지 순행하게 되었는데 그 당시 웅기 갔을 때에 극단 일행이 경제적으로 몹시 고통을 받게 되자 그곳에 오래 머물게 되어서 어떤 젊은 남성과 알게 되었는데 그 남성은 지방에서 □□운동을 위하야 자기 몸을 희생하려는 청년 김□봉이란다. 김 군은 홀어머니의 외아들로서 □□고등보통학교에 통학하다가 □□사건으로 중도 퇴학하고 사회과학에만 열중하던 터였다는데 최 양을 알게 되기는 하루 전에 동모와 함께 연극 공연에 구경 갔던 것이 인연이 되었다 한다.

그러나 최 양은 이미 남편을 가진 몸이라 자유스러울 이치가 만무했다. 김 군은 남의 사정도 모르고 최 양을 만나서 자기의 동지인 동시에 사랑하는 아내가 되어달라고 간청하였다. 웬 까닭이었던지 남편 있는 그였으나 김 군을 만난 뒤로는 남편에게 대한 정(이해로 합치된 남편이 아니다)이 살짝 돌아서고 김 군에게 대한 열정의 도수만 하루이틀 높아갈 뿐이었으니 비록 나이는 어렸으나 최 양의 가슴엔 남모를 고민과 사랑의 불꽃이 성해갈 뿐이었다. 김 군의 동지들이 최 양한테 와서 '다순 동지, 김 동무를 위하야 희생하시오.'라고 몇 번이나 굳게 부탁하였다. 어린 최 양은 남편의 날카로운 눈은 무서워하면서도 어떻게 하면 그 무서운 손아귀에서 풀려날까를 몹시 생각했다.

그러나 좀 더 세상을 알고 좀 더 힘이 세고 좀 더 나이 먹었다면 사랑하는 김 군에게로 달려갔을 것이나 겨우 나이 열일곱 되는 최 양은 그렇게 판단력이 강하지 못했으므로 김 군의 애타는 것도 동지들의 권유도 들어주지 못하고 싫은 남편을 따라서 성진항에까지 이르렀다. 그러나 참 사랑하는 사람은 떠나서 어찌 맘의 안정이 있으며 일의 성과가 있을 것인가. 일주일간 흥행하는 중에도 맘은 북쪽에 있는 김 군한테만 갔으므로 최 양은 하는 수 없이 한 장의 편지를 그에게 보내었다. 최 양을 떠나보내고 몹시도 맘을 태우던 김 군은 최 양의 편지를 받자 곧 성진으로 달려 나왔었다. 성진에는 김 군의 동지인 방규성이란 사람이 있었는데 그는 그곳에 투숙하였었다.

그러나 벌서 어느 틈에 김 군이 성진 왔다는 소문이 극단 일행에 쭉 퍼졌으니 최 양은 농籠 속에 갇힌 모양으로 바깥 하늘 보기도 어려울 지경이었다. 그러나 어린 최 양은 어떻게든지 김 군을 만나려고 남몰래 밤길을 헤매면서 방규성 씨 집을 찾았다. 겨우 찾은 방 씨 집 방 안에 나타난 김 군은 술에도 취했었다. 그러나 정신은 맑았던지 최 양을 보고 반가이 맞으며 '함께 가자.'고 굳게 소리를 치더라고. 최 양도 함께 가기를 굳게 맹세하고 슬금슬금 준비했으나 남편의 눈은 너무도 밝아서 최 양의 행동을 조금도 빼놓지 않고 눈치챘으니 가련한 최 양은 또한 벗어날 길이 아득하였었다. 떠나는 날 저녁이 왔다.

사랑하는 김 군과 한가지로 북행차를 타려고 하던 최 양은 싫은 남편을 따라서 남행차를 타게 되었다. 겨울밤에 내리던 눈도 조용히 그치고 달빛이 몹시 밝게 눈 위에 비춰주던 날 저녁이었다.

최 양의 극단원 일행은 성진역에 나왔다. 최 양이 떠나는 줄 아는 김 군과 방 씨 부부도 그리고 그 외에 여러 동지도 정거장에 나갔었다마는 김 군만은 숨어서 그리운 최 양의 얼굴도 만나볼 수가 없었던 것이다. 방 씨와 그 외의 동무들이 '최 동무, 떨어지지 못하겠소.' 하고 권유할 때 그는 '기차가 떠날 적에 뛰어내리겠다.'고 대답했다마는 남편과 그 외 단원 일행은 자기를 에워싸고 꼼짝하지도 못하게 했다. 그러니 어쩌랴? 기차가 떠나면 내리려니 하고 기다리던 김 군의 가슴은 말할 수 없이 답답했으며 눈앞이 캄캄했을 것이다.

그 후 얼마 안 되어서 최 양이 원산서 불행한 환경에 있을 때 김 군은 그를 데려가려고 했었다마는 그때에도 뜻대로 되지 못해서 끝끝내 최 양은 오늘에 있어서 서울 한 모퉁이에 있는 카페 왕관에서 옛날의 일을 추억하고 있다. 하룻저녁에 몇 사람의 남성과 상대하고 웃으며 이야기하며 노래 부르고 춤추지만 가슴속엔 깊이 박힌 옛 기억이 풀리지 않을 것이다.

최 양의 최후의 원이 자기의 최대의 희망은 멀리 북국에 있는 김 군을 다시 만나는 것이라고. 그는 몇 번이나 김 군에게 레터를 보냈었으나 지금은 아무 회답도 없다고 섭섭해하더니 그의 동지들한테서 들으니 김 군은 ▢▢의 몸이 되어 있다고 뜻 없이 시간을 허비하며 손님을 대하는 다순 양은 동정할 바지만 ▢▢에서 옛날의 기록을 되풀이하면서 그리워하는 김 군의 정성도 가엾다. 최 양은 언제든지 김 군에게로 간다고 모조리 짓밟힌 몸이지만 김 군과 한가지로 모순된 사회를 위해서 일해보겠다는 것이 양의 희망이라고 한다.

엔젤 편
외국어 공부하는 인테리 여급 김절자 양, 이 ▢ 씨 매妹, 애자 양의 절조

카페 엔젤에 출입하시던 양반들은 이야기의 히로인을 벌써 발견하였을 것이다. 후리후리한 키에 탐스럽게 생긴 얼굴에 총명하고 이지적으로 움직이는 눈동자, 상냥스럽고 똑똑 굴러 나오는 말소리 어느 것이나 카페의 문에 발 들여놓은 남성들은 누구를 물론하고 그로 하여서 뇌살당했을 것이다.

나이는 스물한 살, 함경남도 함흥 태생으로 고향에 있을 적부터도 인물이 남보다 뛰어났으므로 근거 없는 비평도 받고 지내기 한두 번이 아니었다. 내가 여기에 쓰지 않아도 알겠지만 카페 엔젤 ▢組에 절자節子라면 인테리 여급으로 이름이 높다. 그와 한 번 이야기해본 사람으로서는 '응, 그래.' 하고 고개를 끄덕거릴 것이다. 그는 누구보담도 더 한층 슬프고 애처로운 이야기의 주인공이다.

겨우 스물한 살 되었으나 세상에 가진 파란은 하나도 남기지 않고 모조리 겪어본 인물이다. 몸맵시는 다른 여급들과 마찬가지로 꾸몄으나 그의 행동과 사상과 있어서는 그를 따를 사람이 없으리라. 그의 일상 하는 말이면 "나는 웨이트리스 하는 자체를 조금도 부끄러워하지 않는다. 다른 직업도 있겠지만 현재의 내 입장으로서 다른 직업보다 이 직업이 제일 적당하기 때문이니까. 돈이 필요치 않은 때 하고자 하는 일을 해보겠다."고 자기를 이해하는 손님과는 이렇게 이야기한다고.

그는 좋은 동무를 가졌다. 함께 자고 함께 먹고 또 한곳에서 함께 일한다. 동무 되는 '유리코' 양도 마찬가지로 상당한 의식을 가진 이라고 한다. 카페서 돌아가면 선량한 가장이 되고 또 학생도 된다. 그들은 현재 외국어학교를 다닌다. 그는 언제나 과거에 철없이 날뛰던 때 일을 후회하면서 앞날의 힘을 양성한다고. 그의 이면에는 남보다 더한 고민과 비애가 숨어 있으나 세상이란 어떻다는 것을 파악한 절자 양은 웃음과 울음을 똑똑히도 분간하고 있다 한다.

현재 만주국에 육군 □□로 취임한 이□ 씨, 과거에 있어 그를 아는 사람이 장안에도 여러 사람 되리라. 그의 누이동생도 역시 변동이 많은 모양이다. 한때는 영화배우가 된다고 하더니 요새는 카페 엔젤의 웨이트리스가 되었다. 노서아[러시아] 바람을 쏘이고 돌아와서 서대문 밖 어떤 부호의 마누라로 있다고 어린애까지 낳았다더니 어린애 어찌하고 지금은 홀몸으로 미스 행세를 한다. 카페에 불리기까지는 여러 가지 많은 역사가 있었으나 이제부터 과오를 청산하고 한 사람의 직업 부인으로 진출한다면 더욱 기뻐할 일이겠다. 현재 카페 엔젤에서 애자라는 이름을 가지고 분주히 노력한다고.

낙원 편
생활난에 부대껴서 웨이트리스가 된 전영란 양과 김송금

하루의 밤이 시작되었다. 우미관 뒷골목 커다랗게 서 있는 근대형의 건물 안에는 오늘도 폭스트로트[foxtrot]에 발맞추는 남자 여자, 위스키, 담배, 실과, 케이크, 찌는 듯한 여자의 압박 기염, 질투 그리고 노래, 또 노래 수십 명의 웨이트리스들은 언제나 마찬가지로 힘껏 재주껏 몸맵시를 꾸몄다. 분을 진하게 바르고 눈썹을 까맣게 그리고 연지를 찍었다. 그것이 그들의 생활이며 그들의 최고의 무기다.

얼굴 넙적하고 키가 알맞게 자란 여기에 주연할 인물, 전기봉 양도 그곳에서 하루하루의 생애를 보내는 가엾은 '돈'의 노예다. 나이는 20세라니 많지도 않은 나이다마는 여러 식구의 입을 혼자서 먹여가는 힘 굳센 스스란ススラン[영란]의 히로인인 줄은 아무도 몰랐으리라. 어릴 때는 소년군의 총지휘장 조철호 씨의 제자로 기근 구제금 모집하러 다니느라고 북간도까지 다녀온 의협아였었다. 춤 잘 추기로 유명하고 연극 잘한다고 소문이 자자하던 전기봉 양이다.

그는 5년간이란 긴 세월을 극계에서 지냈으나 조선의 극계가 빈약하니 그에게 한 푼의 보수도 돌아가지 않았었다. 집은 몹시 가난하다. 어머님이 허리가 굽어지고 어린 동생들이 밥 달라고 조르는 소리가 하루 이틀 심해갈 뿐이었다. 그는 불쌍한 어머님을 위하고 배고파 우는 동생들을 구하려고 극계에서 뛰어나왔으나 여러 식구의 생명을 구할 만한 직업을 얻지를 못했었다. 여러 식구의 밥, 입 그것 때문에 전 양은 웨이트리스 생활에 발을 들여놓게 되었다.

직업의식은 파악치 못하고 다만 웨이트리스란 것이 천한 물건이라고 인식했던 전 양은 자기 자체를 비열하게 보았다. 그리고 옛날에 알았던 동무들과도 발을 똑 끊었었다. 길에서 동무나 아는 사람을 만나면 천 리나 만 리나 도망하였었다. 그는 카페의 밤 오색 등불이 켜지고 레코드가 돌아가는 밤 남자들이 몰려드는 카페의 밤이 제일 무서웠다. 추한 손님에게 얼싸안겨서 갖은 모욕을 당한 뒤 제 집에서 자기 돌아오기만 기다리는 동생과 늦도록 잠 안 자고 울고 계신 어머님의 얼굴이 끊어진 필름처럼 나타났다 사라진다. 그는 무대에서 여러 사람의 환영을 받던 천진한 시대와 오늘의 자기를 대조해보았다. 그러고는 울었다. 세상의 악착함과 모순을 하루 이틀 깨달았었다. 그리하여 전 양은 웨이트리스란 것을 이해하는 동시에 자기 자체를 이해하게 되자 앞으로는 부끄럼 없이 한 직업 부인으로서 맹진하겠다는 것이 그의 포부라고 한다.

밤 3시까지 순전히 남자들 손에서 부대끼다가 돌아가는 그들 웨이트리스의 안식처가 어디냐? 서울에 집 있는 사람은 자기의 집을 찾아간다마는 멀리서 떠나온 사람들은 쓸쓸한 셋방, 빈방을 찾아가고 나머지는 카페 위층 음산한 방에 몸을 던진다. 피곤한 몸이라 잠이 들면 모든 것을 잊어버리겠지만 그 잠이 깨어지는 때, 얼마나 외로우며 얼마나 쓸쓸할 것인가.

낙원회관에 드나든 사람은 키가 알맞게 크고 얼굴이 몹시 복성스럽고 어여쁘게 생긴 단발 양, 김송금 양을 보았을 것이다. 그는 고향을 함경북도 회령에 두고 2년 전 열여섯 살 적에 서울에 와서 연극 시장과 여러 가극단에 다녔다고. 그는 나이 열여덟 살 소녀로 왜 카페까지 들어오게 되었던가?

아버지는 안 계시고 늙으신 홀어머니와 오빠 두 분이 있었는데 그의 오빠는 돌아가셨다고. 그렇게 되니 나이 어린 소녀의 생각에도 자기가 생활을 하지 않으면 안 된다는 것을 깨닫고 극계에 몸을 던졌었다마는 그가 생각했던 극계와는 너무나 엄청났던 것이다. 그리하여 김양은 카페까지 굴러왔었던 것이다. 멀리서 어린 딸이 돈 보내주는 것을 기다리는 어머님의 가슴인들 여북하리마는 어머님을 떠나서 천리타향의 외로운 객으로 세상에 갖은 파란을 맛보는 김양도 어지간히 동정할 바이다.

그는 꾀꼬리보다도 더 아름다운 목소리의 주인공이다. 인물 잘나고 소리 고운 그가 조선에 태어나지 않았다면 귀엽고 훌륭한 인물이 되었을 것이다. 그가 제일 무서워하는 것이 주정뱅이들에게 괴로움 받는 때란다. 어린 김양도 세상을 다 알았단다. 그는 울 일이 있어도 속으로 울 줄 알고 웃기 싫어도 웃을 줄 안다. 눈물을 흘리면서도 웃음 띠어야 하는 자기 자신을 이해하게 되었다. 그의 최대의 목적은 음악을 더 배우는 것이었다. 지금이라도 어머님을 맡길 곳이 있다면 음악을 공부하겠다고.

2장
이발소에 가다

최초를 찾아서, 단발과 이발사의 기원

예나 지금이나 '최초'에 대한 보도는 독자들의 호기심을 자극한다. 1928년 『별건곤』(12월호)은 「각계 각면 제일 먼저 한 사람」이란 기사를 통해 근대적 신문명의 의식을 갖고 단발한 조선 최초의 사람으로 이동인을 지목했다. 우리에게 개화승으로 잘 알려진 이동인은 1895년 단발령이 내려지기 전인 1879년 김옥균의 밀명을 받고 국정 시찰차 일본에 건너가 단발의 필요를 느껴 머리를 깎았는데, 이로써 이 분야 최초의 인물이 되었던 것이다. 또한 여성으로는 기생의 신분으로 실연 후 사회주의자로 변신한 강석자(강향란)가 최초의 단발랑斷髮娘이라고 이 잡지는 소개했다.

그렇다면 조선 최초의 이발사는 누구인가? 정확한 출처를 알 수는 없으나 지금까지 알려진 바로는 김홍집 내각의 주도로 단발령이 선포되고 고종의 상투가 잘리자 궁에서는 국왕의 머리를 손질할 전담 이발사와 이발소가 필요하게 되었고 이때 군수 벼슬을 하다가 왕실 이발사로 발탁되어 궁에 들어간 안종호가 최초의 이발사라고 전해진다. 한편 이규태에 따르면 조선인이 운영한 최초의 이발소는 유양호라는 이발사가 1901년 서울 인사동에서 개업한 동호이발소라고 하며, 후에 광화문으로 옮겨 이름도 광화문이발소로 바꿨는데 머리를 깎기보다는 잔 머리를 길러 상투를 다시 짜주는 일을 했다고 한다.

1926년 5월 9일자 『매일신보』에서도 이발과 관련된 '최초'에 대한 기사를 살펴볼 수 있어 흥미롭다. 이 신문에서는 순종 승하

대원수복과 원수복을 착용한 고종과 순종
(1900년경)

후「융희황제를 모시던 사람들」이라는 특집 기사를 연재하면서 왕실 이발사로 있었던 홍경희의 대담 기사를 게재했다. 그에 의하면 순종이 단발한 것은 1907년 7월 20일의 일로, 고종과 영친왕과 함께 종묘에서 단발고유제斷髮告由祭를 올린 후 조선인 이발사 홍경희를 덕수궁으로 불러 삼부자가 차례로 머리를 깎았다고 한다. 대한문 앞에서 대안이발관을 경영하던 홍경희는 그날 이후 이발업을 폐하고 궁궐로 들어가 왕실 이발사로 근무하다 1919년 고종이 승하한 후에는 순종의 거처인 창덕궁으로 옮겨 1926년 4월 순종이 승하할 때까지 20년간 순종의 머리를 한 달에 두 번씩 깎아왔다고 한다.

하지만 이 기사와 상이한 내용이 있는데『순종실록』에 의하면 1907년 8월 15일 "황제 즉위식 날에 머리를 깎고 군복을 입겠으니 신민들은 잘 알고 짐의 뜻을 잘 따르라."는 조서를 내린 것으로 보아 순종이 단발한 날은 고종의 양위식이 있던 7월 20일이 아니라 조서가 내려진 8월 15일과 순종의 즉위식이 치러진 8월 27일 사이인 것으로 보인다. 물론 1895년 고종이 단발령에 따라 상투를 자를 때 당시 태자였던 순종도 함께 머리를 깎았다는 기록이 있고 대한제국 선포 이후 1899년 제정된 원수부 규칙에 따라 황제인 고종과 태자인 순종이 각각 대원수복과 원수복을 착용하고 함께 촬영한 사진에서도 단발한 순종의 모습을 확인할 수 있다. 따라서 앞의 신문 기사는 단순히 순종이 최초로 단발한 시기를 말하는 것인지 아니면 순종이 대한제국 황제에 즉위하면서 이발한 사실을 말하는 것인지 불분명한 부분이 있다. 하지만 분명한 것은 순종이 원수복을 입고 고종과 함께 사진을 촬영한 1900년경과 육군대장 복장인 대한제국 황제복을 입고 촬영한 1907년 8월경(즉위식 당시) 사이에 그의 모습을 담은 사진은 곤룡포와 익선관 차림의 사진이 유일하다는 것인데, 이것으로 미루어 보아 즉위식 직전 순종의 머리카락은 일본 황실의 복식 제도에 따라 단발을 해야 할 정도로 긴 상태였던 것 같다.

이발관의 대중화

유교적 신체관과 일본에 대한 적대감 속에서 한바탕 홍역을 치른 민중들의 단발은 20세기에 들어서면서 점차 정착되어갔다. 1896년 배재학당을 시작으로 각급 학교에서는 위생과 편리성을 이유로 머리를 깎기 시작했으며, 1904년에는 시골 사람들이 밤마다 진고개(현 충무로)에 있는 이발소에 가서 수백 명씩 단발했다는 기사가 신문에 실리기도 했다. 또한 1906년 농상공부에서는 관인 중에 여전히 상투 튼 주사主事가 많이 있자 각부 대신들이 나서서 단발하지 않으면 관직에서 물러나게 하겠다고 명령하니 이에 주사들이 이발소로 몰려간 일도 있었다.

이처럼 자의든 타의든 머리를 깎으려는 사람들의 수요가 늘자 이발소 개업 및 선전 광고가 신문지상에 자주 게재되었다. 먼저 1904년 10월 24일자 『황성신문』에는 이발사 김인수가 종로 광교 남천변 수월루 아래 양옥에 제일이발소를 개업하면서 '머리 깎고 백호 치고 상투 짠'다는 내용의 광고를 실었다. 여기서 '백호'는 놋쇠로 만든 면도칼을 지칭하는데, 결국 '백호 친다'는 것은 대머리처럼 머리를 빡빡 민다는 뜻이다. 당시의 이발소는 오늘날처럼 머리를 깎기만 한 것이 아니라 고객의 요구에 따라 상투를 다시 짜주거나 머리를 미는 등 다양한 머리 손질을 해주었던 것이다.

이러한 사실로 미루어 볼 때 1907년 당시 경성의 이발소가 진고개에만 있었고 조선인 이발사로 홍경희가 유일했다는 1926년 5월 9일자 『매일신문』의 기사 내용은 사실과 달라 보인다. 1907년 9월 4일자 『대한매일신보』에는 광교 남천변에서 이발업을 하던 임춘원이 종로전기회사 웃골목 면자전으로 이사한다는 이발소 이전 광고가 실렸으며, 1908년 2월 20일에는 물가 상승으로 이발 요금을 인상하겠다는 동아이발조합소 명의의 광고도 이 신문에 실렸다. 여기서 언급된 동아이발조합소가 언제 어떻게 설립되었는지는 알 수 없지만 조합의 존재 자체는 이미 서울에 여러 이발소가 영업하고 있었음을 말해준다. 이런 점에서 당시 이발소의 수는 지금까지

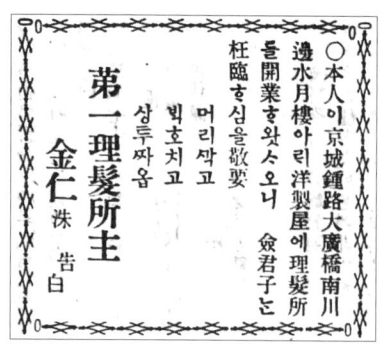

15
제일이발소 광고
(『황성신문』1905. 10. 24)

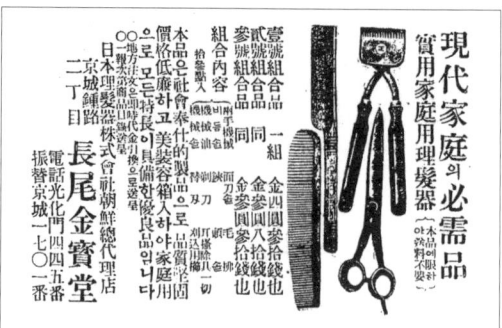

16
장미금보당長尾金寶堂의
이발 기구 광고
(『동아일보』1927. 3. 19)

의 기록보다 훨씬 많았을 것으로 추측된다.

또한 동아이발조합소와 동일한 곳인지 확인되지는 않지만 같은 해 2월 21일자 『대한매일신보』에는 이발조합소라는 이발소 조합이 서울에 설립되어 정기 모임을 갖고 기계를 청결히 하는 방법과 체발을 정미케 하는 방침을 연구하여 전국적으로 이발 영업을 확장하려는 계획을 밝혔다는 기사가 실렸다. 이 조합은 1909년 창립 1주년 기념식 관련 기사에서 경성이발조합소라는 이름으로 표기되기도 했으나, 1910년 창립 2주년 기념식 관련 기사에서는 다시 이발조합소라는 기존 이름으로 표기되었다. 정식 명칭이 어떻든 지 간에 우리나라 최초의 이발소 조합이 설립된 것은 1908년 2월의 일로, 이 조합은 조선이 강제 병합되기 전까지 지속적으로 조합원 간의 친목을 도모하고 요금 인상에 공동보조를 취하고 이발 기술 개발을 위해 정보교환을 해왔음을 알 수 있다.

한편 단발을 하려는 고객이 이발소에 몰리자 이발 기계를 제대로 소독하지 않아 두부백선이라는 기계총(일명 기계충)이 옮거나 기계독이 오르는 등의 문제가 불거졌으며, 이에 따라 이발소 광고 내용에도 변화가 찾아왔다. 1908년 10월 종로 어물전 뒤 고등이발소의 홍종운은 '이발 졸업생을 고빙雇聘하고 소독 기계를 특별 신설한다.'는 내용의 광고를 실었으며, 1910년 3월 서대문의 장창식이발소에서는 특히 소독을 잘하고 이발도 잘하며 값도 헐하다는 특별 광고를 내기도 했다. 같은 해 4월 14일자 『대한매일신보』에는 대한문 앞의 진문환이발소의 광고가 실렸는데, 이발충(기계충)을 소독하는 약이 있어 위생적이라는 내용 외에 백발환흑白髮換黑되는 약을 파는데 한 번 바르면 검은 윤채가 영구불변한다는 염색약 홍보도 함께했다. 이 광고는 염색이 이발소 영업의 경쟁력 있는 아이템이 되었음을 보여주는 최초의 사례인데, 염색을 진문환 자신이 외국 의원에게 배운 백발환흑하는 비방秘方으로 소개한 대목에서는 실소를 금하지 않을 수 없다.

이발 영업의 단속규칙과 이발사 시험제도

1911년 5월 1일 조선총독부에서는 단발이 대중화되고 이발소가 점증하자 이발업을 통제하고 관리하기 위해 경무총감부령 제6호로 전문 11조의 '이발영업취체규칙'(이하 이발규칙)을 제정 발포하였다. 이 법령은 경성부에만 적용되었기 때문에 각 시도에서는 이를 기초로 지역적 특성에 맞는 독자적인 이발규칙을 제정하여 시행하였다.

이 법령이 발포된 이후 각 경찰서에서는 관내 이발업자를 불러 위생 청결 및 기계 소독 그리고 조합 설립에 관한 규칙 내용을 훈시하고 관리 감독에 나섰다. 하지만 이발규칙을 위반하는 사례가 끊이지 않아 각 경찰서에서는 이를 단속하는 데 골머리를 앓았다. 1921년에는 경기도 경찰부 보안과의 명령으로 이발 후에 코와 귀를 후벼주는 서비스를 금지시켰는데, 코와 귀를 잘못 후비다가 상처가 나서 병들어 죽는 사례가 발생했기 때문이었다. 세수수건도 여러 사람이 통용하면 도라홈Trachom[트라홈]이라는 전염성 만성

결막염에 걸릴 수 있다 하여 이발소의 수건을 쓰지 말고 손님이 각자 수건을 가지고 오도록 했다. 또한 1922년 종로경찰서에서 관내에 있는 이발소 50여 곳을 대상으로 조사를 벌인 결과 소독 방법이 불안전하고 위생상 청결하지 않아 이발규칙을 위반한 사례가 370여 건에 달했다. 이에 종로경찰서에서는 이대로는 위생 관리가 안 된다 하여 관내의 이발업자 120여 명을 불러 위생계 주임으로부터 교육을 받게 했다. 1923년 본정경찰서에서도 관내의 이발소 97곳과 종업원 340여 명을 대상으로 조사를 하여 조선인 33건, 일본인 34건, 중국인 24건 등의 이발규칙 위반 사항을 적발했는데, 이발 기계와 기구를 소독하지 않고 사용한 경우가 대다수였다. 지속적인 단속과 훈시에도 불구하고 가장 기본적인 소독과 위생 소홀 및 설비 부족이 반복적으로 지적되자 당국에서는 이발규칙을 개정하여 이발사의 자격을 강화하려고 했다.

이발규칙은 1915년 6월 11일 일부 개정되어 시행되다가 1923년 7월 27일 부령府令에 따라 7월 30일 자로 폐지되고 8월 1일부터 도령道令으로 새로 발포되었다. 이는 기존의 이발규칙이 경성부에만 적용되고 있어서 경기도에서도 함께 적용할 새로운 규칙의 제정이 요구되었기 때문이다. 그리고 이발규칙을 개정한 가장 큰 이유는 영업에 제한을 두기 위해서였는데, 이발사 자격시험을 실시하고 이 시험에 합격한 자가 전체 고용인의 삼분의 일 이상이어야만 영업 허가를 내주었다. 기존의 영업자에게는 1년간 유예기간을 두어 그 사이에 시험에 합격하든가 아니면 다른 합격자를 고용하게 했다. 이렇게 시험제도를 통해 이발 영업의 허가 기준을 높인 것은 위생상 이발사의 전문성을 요구하기 위한 측면도 있었지만 다른 한편으로는 경성의 조선인 및 일본인 이발사들의 수입에 막대한 지장을 준 중국인 이발사들을 퇴출시키기 위한 방편이기도 했다.

값싼 노동력으로 경쟁력을 갖춘 중국인 이발소는 위생상 다소 불결하기는 했으나 저렴한 이발료와 귀를 잘 후벼주고 어깨를 잘 주물러주는 부대 서비스 때문에 조선인과 일본인조차도 그곳으로 몰려들었으며, 상대적으로 조선인 및 일본인 이발업자에게는 큰 타격을 주었다. 그래서 경무국 위생과에는 "시내에 있는 23개소의 중국인 이발소로 인하여 70여 곳의 다른 이발업자가 살 수 없다."는 진정이 날아들기도 했다. 이에 따라 경무국의 위생과장은 이발업자의 수험용 교과서를 저술하여 각 이발소의 이발사에게 배부하고 유예기간인 1년 안에 시험에 합격하도록 했다. 해부학과 위생학, 생리학, 소독학 등의 내용을 담은 수험용 교과서는 중등 과정보다는 전문적이었지만 일본어에 능통한 일본인과 조선인은 1년 정도 공부하면 합격하는 데 지장이 없었다. 그러나 까막눈인 중국인의 낙제는 불 보듯 뻔한 일이었다. 중국인 이발업자 사이에서는 이발사 시험이 자신들을 박멸하기 위한 간접 수단이라며 대공황이 일어났으며, 그들의 우려는 곧 현실로 나타났다.

이발사 시험은 1923년 10월 1일 처음으로 시행되었는데 조선인 58명, 일본인 45명, 중국인 2명 등 모두 105명이 지원하여 조선인과 일본인이 각각 27명 합격했으나 중국인은 글을 모른다 하여 한 명도 합격한 자가 없었다. 1924년 1월 23일에 열린 제2회 이발사 시험에서도 140명의 지원자 중 조선인 38명, 일본인 16명 등 총 54명이 합격했으나 중국인은 한 명의 지원자조차 없었다. 여기서 흥미로운 것은 합격증서를 받은 일본인 가운데 2명의 여성이 있었다는 것이다. 1924년 4월 경기도에서는 제3회 이발사 시험 이후부터는 합격증서가 없는 자에게는 영업을 허가하지 않고 전체 고용인 중 삼분의 일 이상이 합격증서가 있어야 영업을 할 수 있다는 새 방침을 내렸다. 1년간의 유예기간을 거쳐 1924년 8월 1일 새로운 이발규칙이 본격적으로 실시되자 이발사 시험에 합격하지 못했거나 영업허가를 받지 않은 채 이발을 하던 무허가 이발사에 대한 경찰의 단속이 집중되었다. 1926년 12월 종로 5정목에 사는 송종현이라는 이발사는 이발업 허가 없이 머리를 깎다가 동대문경찰서원에게 발각되어 취조를 받고 구류에 처해졌으며, 1927년 1월 하왕십리에 사는 백만룡도 허가 없이 이발을 해주다가 이발규칙 위반으로 동대문경찰서에서 일주일의 구류처분을 받았다.

무허가 이발사들은 자기 집에 임시 영업소를 차려놓고 고객을 맞기도 했지만 이발 행상을 하는 경우도 많았다. 1932년 10월 중구 임정林町(현 산림동) 사는 박용석은 허가 없이 5전짜리 이발 행상을 하다가 용산경찰서원에게 발각되어 과료 3원의 처분을 받기도 했다. 1933년 시내외로 돌아다니며 노상에서 이발 행상을 해오던 한봉춘도 종로 3정목에서 사람을 모아놓고 이발을 하다가 동대문경찰서원에 체포되었다. 1938년에는 본정에 사는 송장원과 그의 아들 송기준 부자가 3년 동안 무허가로 모두 1만 6,000여 명의 손님에게 이발을 해주다가 본정경찰서에 발각된 일도 있었다고 하니, 하루에 평균 14~5명씩 머리를 깎을 정도로 무허가 이발사를 찾는 고객들의 수요가 대단했다. 이처럼 고객들이 불법인 줄 알면서도 무허가 이발사에게 몰리는 것은 그들도 가난했기 때문이다. 1등급 이발소의 경우 요금이 45전, 2등급은 40전, 3등급은 35전, 4등급은 30전 하는 것에 비해 무허가 이발사는 보통 15전의 이발료를 받았으니 등급이 가장 낮은 4등급 이발소보다도 반이나 싼 가격이었다. 영세민 고객들의 요구에도 불구하고 시험제도에 의해 하루아침에 범법자가 되었다는 점에서 무허가 이발사들 또한 피해자였다.

이발소 조합과 이발 단체의 설립

이발업자들은 이발규칙 제9조에 따라 영업조합을 설립하고 경무총장에게 신고하여 허가를 받아야 했다. 이는 개별 이발업자를 각 지역의 조합으로 묶어 통제와 관리의 효율성을 기하기 위한 것이었지만, 이발업자들의 입장에서는 자신들의 권익을 보호하고 이해관계에 따라 공동으로 대처할 수 있었기 때문에 조합에 적극 가입하였다.

최초의 이발소 조합인 이발조합소가 1908년 개설된 이래로 수많은 조합과 단체가 생겨났다. 초기에는 주로 이발업자로 구성된 사용자 조합이 지역별, 인종별로 조직되었으며, 1920년대에 들어

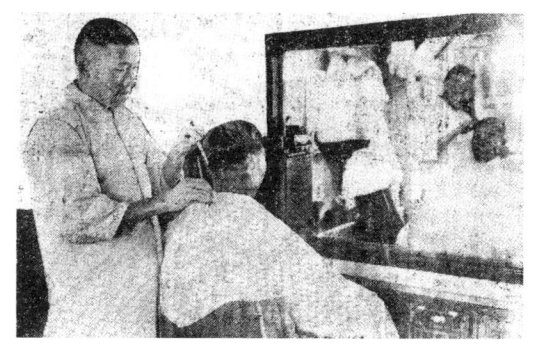

17
18년간 이발업에 종사해온
화개이발소 주인 박창기의 머리
깎는 모습(『동아일보』 1926. 1. 6)

서면서부터는 이발소 종업원들의 권익을 대변하는 노동조합도 생겨났다. 정확한 조합의 명칭이나 설립 연도는 불분명한 경우가 많지만 1911년 이발규칙이 제정된 이후 신문지상에 실린 이발소 조합과 단체를 일별하면 다음과 같다. 먼저 1913년 조선인으로 구성된 경성조선인이발학습회라는 단체가 등장했다. 이 단체는 11월 17일 정기총회를 열어 이발사들이 이발할 때 머리카락이 눈에 들어가지 않도록 안경을 쓰게 하고, 깎은 머리카락은 모아두었다가 한 달에 한 번씩 팔아 그 이익금으로 단체 운영 경비를 보충하기로 결정하는 등 조합의 역할을 수행하고 있었다. 또한 1915년 9월 본정이발조합과 종로이발조합에서 별도 규정을 만들어 이발료를 정가대로 받지 않으면 벌금을 징수하고 외상은 일절 거절하기로 결의했다는 신문 기사를 보면 당시 구역별로 이발조합이 조직되어 있었음을 알 수 있다.

이후에도 수많은 조합이 이해관계에 따라 조직되고 해체되는 모습을 살펴볼 수 있다. 1917년 종로이발조합의 조합원 100여 명은 종로청년회관에서 정기총회를 열고 모든 사무는 조합원 간의 협의하에 결정한다고 결의하였으며, 1921년 5월 동대문이발영업조합에서는 정기총회를 열고 지난 1년간의 경과보고를 한 후 새 임원진을 선출하였다. 1921년 8월 9일에는 종래 일본인 조합, 조선인 조합, 중국인 조합에 각기 소속되어 있던 종로경찰서 관내 이발업자들이 하나의 조합으로 합치기로 하고 동흥이발관에 모여 총회를 개최하자 본정경찰서 관내의 이발업자들도 당국의 지시에 따라 1922년 자신들이 속해 있던 각각의 조선인 일본인 중국인 이발조합을 하나의 이발조합으로 통일하였다.

1924년 8월에는 경성부내 이발소에 근무하는 일본인 종업원 60여 명이 모여 회원 상호 간 연수와 기술 및 위생 지식의 증진에 노력하고 그동안 받아온 열등한 처우를 개선하기 위해 조합의 설립을 계획하였는데, 이는 본격적인 노동조합의 등장을 예고했다. 1926년 8월 1일 창립 대회를 개최한 경성이발종업자친목회가 그것으로, 7월 8일 이발업자들의 친목 단체인 경성이발업자친목회가 창립 대회를 열자 그에 대응하기 위해 조직되었다. 경성이발종업자친목회는 이발 종사자들의 노동조합으로 동대문 밖 숭인관에서 창립 대회를 개최하자 경성인쇄직공조합, 신흥청년동맹, 한양청년연맹 등 수많은 노동조합과 유관 단체에서 축전과 축문을 보내왔다. 인사동에 사무실을 둔 경성이발종업자친목회는 1927년 경성이발직공친목회로 이름을 바꿔 활동했으며, 같은 해 6월에는 종로이발업자조합에서 이발 직공을 고용할 때마다 직공에게 조사비라는 명목으로 50전씩 징수하려고 하자 이런 조치가 부당하다며 징수를 반대하는 분규를 일으키기도 했다.

1936년에는 대규모의 조합연합회가 경성에서 조직되었는데 그 설립 과정은 다음과 같다. 동년 3월 경성부내에는 동부, 종로, 서대문, 용산, 본정 등 각 구역별로 조선인 이발조합이 조직되어 있었고 그 조합들의 총대總代로서 경성이발조합이라는 총연맹이 있었다. 마찬가지로 일본인 이발조합은 본정과 용산을 중심으로 조직되어 있었고, 그 조합들의 총연맹이 있었다. 그런데 일본인 측 총연맹에서 조선인 측 총연맹에 제안하여 두 단체를 합친 전경성이발총연맹을 만들기로 하였으며, 결국 경성이발영업총연합조합이란 거대 조직이 탄생되었다. 이는 차등화된 이발료를 받아오던 조선인과 일본인 이발업자가 서로 담합하여 이발 요금을 통일하고 전체적으로 인상하는 결과를 가져왔다. 이러한 부당한 요금 인상에 일반 시민들의 불평이 쌓여갔고 이발소 종업원들도 자신들의 처우는 조금도 개선치 않고 요금만 인상한다고 하며 임금 인상을 요구하였다. 그러나 당시에는 종업원들을 대표할 단체가 없어 노사 협의는 물론 적절한 대응도 하지 못했다.

일제 말기가 되면서 모든 개별적인 문화예술 단체와 사회경제 단체가 전국 규모의 통일된 조직체로 묶여 조선총독부의 효율적인 관리와 감시의 대상이 되었던 것처럼 지금까지 살펴본 수많은 이발조합도 결국에는 일본인 주도하에 하나의 거대한 총연맹체가 되어 어용단체로서 그 명맥을 유지하게 되었다.

이발 요금을 둘러싼 이발업자 간의 경쟁

이발 요금은 영업이익에 직접적인 영향을 주었기 때문에 이발업자들은 요금 문제를 가장 예민하게 받아들였으며 조합에서도 요금 문제를 가장 중요하게 취급했다. 따라서 이발소 간의 경쟁은 위생시설이나 이발 기술에서보다는 이발 요금에서 더 첨예하게 나타났다. 이발 요금을 둘러싼 분쟁의 씨앗은 이미 1910년 이전부터 엿볼 수 있다. 1908년 2월 한성 내 이발소 조합에서는 조합원들이 협의하여 이발료를 상등에 20전, 중등에 15전, 하등에 10전씩 받기로 결정하고 이를 여러 달 동안 실시했다. 그런데 같은 해 4월 한 일본인이 이발소 일좌一座를 설립하면서 상중하를 막론하고 7전 5리씩 받자 그곳으로 고객들이 몰려들었다고 한다. 요금 인하가 가장 경쟁력 있는 무기였던 것이다. 1909년에는 후지타藤田라는 일본인 이발업자가 중부 사동에 이발소를 개설하면서 이발소 조합이 정한 규칙에 반대하여 요금을 염가로 받겠다고 광고하자 이발조합소원인 조준성이 항의하는 일도 있었다.

이발 요금 문제는 조선인 이발업자 사이의 분쟁으로까지 발전했다. 1915년 4월 경성의 중국인 이발소에서 헐값으로 고객을 유인하자 가장 비싸게 받던 일본인 이발소가 조선인 이발소 수준으로 요금을 내렸고, 이에 황금정의 조선인 이발소 남부조합에서는 기

18
「멍텅구리 련애생활」
(12) '피로연'
(『조선일보』
1924. 12. 20)

존 요금보다 이발료를 더 내리게 되었다. 이를 알게 된 북부조합 대표 유양호는 남부조합 대표 장상기를 찾아가 다른 조합과 상의하지 않고 요금을 인하한 것에 대해 힐문하고 경성의 5개 이발조합 임원 연합회를 열어 이 문제에 대해 상의했으나 조합 규정과 벌금에도 불구하고 조합마다 입장이 달라 결론을 내지 못하고 서로 경쟁적으로 이발 요금을 인하하는 사태에 이르렀다. 결국 많은 이발소가 영업상의 손해를 보게 되었고 수입이 줄어 폐업하는 곳이 늘어나자 본정경찰서에서는 관내 중국인 이발업자 일동을 불러 주의를 주기도 했다.

중국인 이발업자의 저가 공세가 계속되고 영업점 수도 점차 늘어나자 이에 대한 뚜렷한 대응책도 없이 조합 사이의 의사소통도 원만하게 이루어지지 않던 조선인과 일본인 이발업계의 불안은 커져만 갔다. 1916년 7월에야 비로소 일본인 이발업자가 방어책을 강구하였는데, 조선인 조합을 일본인 조합으로 합병하고 여기에 중국인 이발업자들도 합병하여 하나의 통일된 조합을 결성하자는 제안이었다. 이에 따라 중국인은 합병 절차를 밟아 일본인과 같은 요금을 받을 계획이었으나, 조선인 조합에서는 구역마다 의견이 달라 결정을 내리지 못했다.

1920년대에 들어와서도 이발 요금 문제는 사회적 이슈로 오르내렸다. 1921년 2월 일반 물가가 떨어지고 쌀값도 하락한 상황에서 유독 이발료와 목욕료만 내리지 않자 대중들의 불평은 나날이 높아갔고 서민들은 경성부를 향해 공설 이발소와 목욕탕의 설치를 요구했다. 하지만 행정 당국에서는 이발료가 비싼 것은 사실이나 공설 이발소를 두세 군데 세운다 하여 30만 경성 주민이 골고루 혜택을 받을 수도 없고 부영府營으로 하게 되면 민간 영업에 영향을 줄 수 있기 때문에 공설 이발소의 설치는 불허하고 그 대신 이발조합에 요금 인하를 권고할 뿐이었다.

　이러한 권고에도 불구하고 이발 요금이 내려가지 않자 같은 해 6월 경기도 경찰부 보안과에서는 각 지역 조합 관계자를 불러 다시 권고하여 용산 지역 이발소의 경우 이발 요금을 10전씩 내리게 했으며, 경성이발조합에서도 조합원들이 모여 요금 인하를 협의하게 했다. 하지만 이에 대해 대다수의 이발조합에서는 요금은 내리지 않은 채 등급만 변경하여 신청하는 편법으로 맞섰으며, 보안과는 그 청원서를 두 번이나 각하고 제3차로 요금 인하를 권고하면서 이발업자와의 밀고 당기기를 계속하였다. 이렇게 1년 이상 끌던 이발 요금 문제는 1922년 11월 경찰 당국의 물가조절 개입에 힘입어 이발소의 등급에 따른 차등적 인하로 일단락 지어졌다. 그러나 요금 인하는 경찰의 간섭만으로 해결될 수 있는 문제는 아니었으며, 일제 말기 물가통제 정책이 전방위에 걸쳐 시행될 때까지 이발 요금은 자본주의 시장경제의 상황에 따라 등락을 반복하였다.

장안 최고의 조선인 이발소, 중앙이발관

이러한 요금 경쟁에서 살아남은 경성의 이발소 중 조선 사람이 운영한 최고의 이발소는 어디였을까? 1928년 7월 『별건곤』에서는 독자들을 대상으로 '이발소 투표'라는 흥미로운 현상 모집을 하였다. 경성, 평양, 개성, 원산, 대구, 인천 등 주요 도시에서 조선인이 경영하는 '제일 나은' 이발소를 투표용지에 적어 보내면 당선된 투표자에게는 면도기와 비듬약 등의 상품을 증정하고 당선된 이발소는 기사와 사진으로 지상에 소개하는 행사였다. 7월 25일까지의 중간 집계를 보면 경성의 경우 종로 2정목의 중앙이발관이 115표로 일등을 달렸다.

　사실 중앙이발관에서는 이보다 3년 앞선 1925년 11월 26일부터 한 달간 전 조선 안에 있는 이발 동업자同業者를 파악하기 위해 독자들을 대상으로 이발관 많이 적어 보내기 현상 모집을 진행하

19
중앙이발소 광고
(『동아일보』
1932. 2. 14)

여 12월 28일 경관과 신문기자 입회하에 1등부터 3등까지 추첨하여 상품을 주는 행사를 치른 적이 있었다. 그런데 이 행사가 있던 날 중앙이발관에서는 당대 최고의 인기를 끌던 연재만화의 주인공 '멍텅구리'의 영화 촬영이 있어 더욱 화제가 되었다. 우리나라 최초의 연재만화로 알려진 「멍텅구리의 연애생활」은 1924년 10월

13일부터 『조선일보』에 연재된 4컷 만화로, 당시 별다른 볼거리가 없었던 독자들에게 폭발적인 인기를 끌며 2년 5개월 동안 총 501회나 연재되었다고 한다. 그 인기에 힘입어 조선영화연구회(감독 이필우)에서 이것을 영화화한 것이며, 마침 중앙이발관에서 촬영하게 된 것이다. 그날의 촬영은 주인공 멍텅구리(최명텅)가 이발소에서 머리를 깎다가 마침 그 앞을 지나가는 미모의 기생 신옥매가 거울에 비치자 옥매를 쫓아간다고 날뛰다가 그만 거울을 깨뜨리고 이발관 주인과 거울 값 문제로 다투는 장면이었다. 이를 구경하기 위해 수많은 군중이 중앙이발관에 모여들어 종로 일대가 인산인해를 이룰 정도였다. 이 영화는 1926년 1월 우미관에서 개봉되어 만화 이상의 인기를 끌었다고 하는데, 우리나라 영화사상 만화를 각색한 최초의 영화였다.

1931년 중앙이발관은 일제강점기 주식왕으로 명성을 떨쳤던 조준호가 이발 기구를 제조 판매하는 '동아이발기구주식회사'를 설립하면서 그 직영으로 운영되었다. 1932년 『동아일보』에 실린 광고를 보면 그 규모를 짐작해볼 수 있는데, "관원은 전부 이발계 숙련자이오며, 설비는 신선하옵고 완비되어 있습니다. 친절 접대하오며 이상적 조발調髮을 하오니 많이 이용하옵소서."라는 광고 문구와 함께 화면 상단에는 이발소 내부 모습의 사진을, 하단에는 고용주와 이발사의 인물 사진을 실어 최고의 규모와 시설 그리고 최고의 기술을 뽐내고 있다.

이렇듯 장안 최고의 이발소였던 중앙이발관은 그 명성에 걸맞게 이발업자와 이발소 종업원 모두의 중심지였다. 앞에서 언급한 1926년 경성이발업자친목회의 창립 대회와 경성이발종업자친목회의 임시총회가 이곳에서 개최되었고 이후에도 노사 양 단체의 회합 장소로 자주 제공되었다. 이를 통해 이발계에서의 중앙이발관의 영향력을 짐작해볼 수 있으며, 다른 한편으로는 이발 기구의 판매를 목적으로 한 동아이발기구주식회사의 고도의 홍보 전략도 읽을 수 있다.

이발소에서 생긴 일

1923년 2월 경기도 당국의 통계에 따르면 경성의 이발업자는 조선인이 168명, 일본인이 59명, 중국인이 2명으로 전년에 비해 20%가량 증가했다. 그리고 1924년 8월 경기도 경찰부 위생과에서 조사한 바에 의하면 경성과 인천을 합쳐 조선인 이발소가 128곳, 일본인 이발소가 65곳, 중국인 이발소가 33곳 등 총 226개소에 달했다.

이렇게 이발업자와 이발소의 숫자가 늘자 이발소를 대상으로 한 범죄 사건도 점증했는데, 특히 이발 도구를 훔치는 절도 행위가 단연 수위를 차지했다. 1924년 11월 29일 새벽 5시경 낙원동의 조선이발관에 도둑이 들어 잠가놓은 열쇠를 부수고 들어가 체경體鏡 1개와 수건 5개 약 10원어치의 물건을 훔쳐간 일이 있었다. 이발관 주인은 전에도 이런 일을 당한 적이 있어 일을 마치면 중요한 것은 전부 싸가지고 자신의 집에 갔다두어 다행히 값비싼 이발 기구의 피해는 입지 않았다고 한다. 또한 제일 큰 체경도 도둑이 떼어놓기는 했으나 주인이 단단한 철사로 벽 뒤에 묶어놓아 가져가지 못했는데, 경찰은 그 체경 근처에 이발사로 있던 김치연의 저금통장이 떨어져 있어 그를 이 도난 사건의 유력한 용의자로 체포하여 취조하였다. 1927년 1월에도 종로 수은동(현 묘동)의 송죽이발관에 도둑이 들어 체경 2개와 이발 기구 전부를 훔쳐 달아난 일이 있었는데, 종로경찰서에서는 그 도둑을 잡아 전당국에 잡힌 기구 전부를 피해자에게 돌려주었다 한다. 1929년 12월 숭인동의 임창현이발관에서 조수로 있던 김정현은 새벽 3시 주인집에 들어가 현금 7원 50전과 시가 10원 되는 구두 한 켤레를 훔쳐 달아났다가 동대문경찰서원에게 붙잡혔다. 1936년 1월에는 이발 기구만을 전문으로 훔치는 절도범이 잡히기도 했다. 봉래정 4정목의 송죽이발관에 윤오준이 침입하여 시가 50여 원 상당의 이발 기구 13점을 훔쳐 달아나다 경성역 대합실에서 서대문경찰서원에게 체포되어 취조를 받았는데, 그는 오래전부터 시내 각 이발소를 대상으로 20여 회에 걸쳐 동일한 수법의 범행을 저질러왔으며 피해액만 1,000여 원에 달한

20
1937년 시로 히가시노白東之가 부민관 내에 개설한 부민이발관 실내 모습.
숙련된 이발사 10여 명을 둔 이 이발소는 현대적인 위생 및 전기 시설을
갖추어 고객들의 큰 반응을 얻었다고 한다.

다고 한다. 같은 해 2월에도 신당리(현 신당동)에 거주하는 오희영이 실업자 신분에 어울리지 않는 차림으로 다니다가 본정경찰서에 피체되어 취조를 받은 적이 있었다. 그는 이발소 공휴일인 매월 3일을 이용하여 광희정(현 광희동)의 강인남이발소에 들어가 현금 14원과 이발 기계 한 개를 절취했던 것이 드러났다.

이발사가 실수로 고객에게 피해를 주는 상해 사건이 일어나기도 했다. 1935년 7월 카페 종로회관의 보이 김경호는 중앙이발관에 이발을 하러 갔다가 면도를 하는 도중 그만 코를 1촌가량 베이고 말았다. 화가 난 김경호는 종로경찰서에 고발하기에 이르렀는데, 가해자인 이발사 김태선이 피곤과 더위에 깜빡깜빡 졸면서 수염을 깎다가 일어난 사건이었다. 여름의 더운 날씨와 함께 하루 16시

간 이상의 무리한 노동시간이 원인이었다. 같은 해 10월에는 종로 4정목에 사는 이발 직공 장명준이 숭이동(현 명륜동 2가) 노상에서 우유 행상을 하는 이흥복과 말다툼을 벌이다 자신의 이발 도구인 가위로 그를 찔러 전치 2주의 상처를 준 사건이 발생했다. 미용 도구가 흉기로 변하는 순간이었다. 이발 도구를 이용한 상해 사건은 1936년 5월에도 일어났다. 황금정 4정목 소재 영화이발관의 직공 최덕만이 밤 11시경 술에 취해 들어와서는 때마침 외출했다 들어오는 홍순철에게 "왜 이제야 들어오느냐."며 폭언을 하면서 면도칼로 위협을 가하고 이를 피해 도망가는 홍순철을 추격하여 오른쪽 손몸에 깊은 상처를 낸 일이 있었다. 가해자인 최덕만은 술만 취하면 폭행을 일삼아 경찰 신세를 여러 번 진 일이 있어 이번만큼은 단호한 처벌을 받게 되었다. 1937년 5월에도 신당리에 사는 임석률이 상왕십리에 있는 최귀봉이발점에 들어가 마침 이발하고 있던 김희포의 왼쪽 가슴을 이발 가위로 깊게 찔러 중상을 입힌 일이 있었다. 평소 난폭한 성격의 임석률은 이날도 사소한 언쟁 때문에 그러한 일을 저질렀는데, 피해자인 김희포는 인근 병원에 옮겨져 입원 치료를 받았으나 생명이 위독한 상태였다.

　1920~30년대 유행 풍조의 하나였던 자살은 이발사에게도 예외가 아니었다. 1936년 1월 명치정의 남대문이발관에서 이발사로 근무하던 박성복은 위병에 걸려 고통스러운 나날을 보내다가 이를 비관하여 집안 식구들이 모두 잠든 틈을 타서 극약인 아다린 120정을 먹고 음독자살을 기도하였다. 음독한 지 2시간 만에 신음하고 있던 그를 가족이 발견하여 인근 병원으로 옮겼으나 끝내 숨을 거두고 말았다. 1938년 11월에는 남산 신궁 뒤 송림 속에서 나뭇가지에 목을 매고 늘어져 있던 청년 1명이 절명 순간에 본정경찰서원에게 발견되어 구조되었는데, 함남 지역에서 이발업을 하던 박원덕으로 밝혀졌다. 그는 자살하기 10년 전 처자를 남기고 정평으로 가서 이발업을 하다가 느낀 바 있어 1933년 다시 봉천으로 건너가 그곳에서 이발사로 고용되어 생활했으나 생각한 것처럼 돈이 모이지 않자 경성으로 들어왔다. 남대문 근처의 대남여관에 머물고 있

던 그는 가족을 대할 면목이 없자 본정경찰서 서장에게 현금 20원을 보내며 자신이 죽으면 화장해달라는 유서 1통을 남겨놓았는데, 경찰서장이 이를 보고 그를 구조하려 경찰서원을 보냈던 것이다. 1939년 4월에도 다량의 칼모친을 마시고 음독자살을 기도한 사건이 일어났다. 무교정(현 무교동)의 모 이발관에 근무하던 이발사 이순성이 그 주인공인데, 계절은 4월로 접어들어 즐겨야 할 봄이 찾아왔건만 생활은 더 궁핍해지고 모든 일이 여의치 않자 세상을 비관하여 자살을 선택했던 것이다. 그는 음독 후 바로 동료들에 의해 발견되어 곧바로 병원에 옮겨져 응급조치를 받고 생명은 건질 수 있었다. 이처럼 이발사들은 정사의 주인공이었던 카페의 여급들과는 달리 병에 걸리거나 궁핍한 생활을 못 이겨 자살을 택하는 경우가 대다수였다.

하지만 이러한 어려움 속에서도 이발사나 이발업자들의 미담은 끊이지 않고 이어졌다. 1908년 5월 윤상훈, 한경수, 어흥화, 이윤기 등의 이발업자들이 평남 영유군의 이화학교 학생 64명에게 무료로 머리를 깎아주었으며, 1909년에는 용산에서 이발소를 운영하는 이중환이 인근 문창학교에 분필 1상자를 매월 기부하기도 했다. 1910년 6월에도 죽동(현 인사동) 사는 최달순이 이발 기계를 사다가 근처 학생들에게 무료 이발을 해주었다. 1925년 8월 용산에서 이발업을 하는 서봉길은 수해로 효창공원 가가假家에 수용되어 있던 피난민들을 위해 무료로 이발을 해주었다. 이렇게 돈이 없어 이발조차 할 수 없는 빈민들과 영세민들을 위한 개인 및 기관의 대민봉사 활동은 이후에도 계속 이어졌다. 1932년 7월 일종의 사회복지관이었던 동부 인보관隣保館에서는 동부 방면에 거주하는 영세민들을 위해 위생적인 시설의 대중 이발소를 신설하여 대인 10전 소아 5전의 이발 요금을 받고 머리를 깎아주었다. 이에 질세라 1933년 종로이발조합에서는 실비 이발부를 사직공원 앞에 설치하고 가난한 사람들을 위해 이발 봉사에 나섰는데, 이발료로 어른 10전 소아 5전의 실비를 받고 '더벅머리'와 '막 깎는 머리' 두 종류의 이발을 해주었다.

한편 이발사들의 과중한 노동시간이 이발 서비스의 질을 떨어뜨리고 스트레스를 주어 각종 사건의 원인이 되자 정기 휴일 제도를 도입하였다. 이발소의 정기 휴일이 언제부터 정해졌는지 확인되지는 않지만 종로 소재 이발소의 경우 1917년 7월 17일 이전에는 한 달에 한 번, 즉 매월 17일에 한하여 쉴 수 있게 하였으며, 그 이후로는 한 달에 두 번, 즉 첫째 일요일과 셋째 일요일을 정기 휴일로 결정하여 정신 건강에 해가 안 가도록 배려했다. 하지만 이발소의 정기 휴일과 영업시간은 조선인과 일본인 그리고 중국인 이발업자마다 달라 통일되지 않았다. 이에 1926년 6월 경기도 위생과의 알선으로 경성부내 이발업자들은 대표자회의를 열고 영업시간은 밤 11시까지로 정하였으며, 정기 휴일도 1월 1일과 2일, 10월 30일, 그리고 매월 5일과 17일로 정하여 통일하였다. 이후 정기 휴일은 매월 첫째 일요일과 17일로 바뀌었다가 1933년 8월에 열린 이발조합 총회에서 매월 3일과 17일로 다시 변경하였다. 1935년 4월에는 두 번째 공휴일인 17일을 맞아 경성부내의 이발사 500여 명이 장충단에 모여 제1회 대운동회를 열었는데, 일반 관객 등 수천 명이 모여 성황을 이루었다. 오랜만에 머리 기계와 가위, 빗, 면도칼을 집어던진 이발사들은 이날 가족과 함께 운동경기를 하며 그동안 쌓인 피로와 스트레스를 풀기도 했다.

이발사 양성기관의 등장

이발사를 양성하는 전문적인 교육기관이 등장한 것은 1931년의 일이다. 아현리(현 아현동)에 있던 경기도공립사범학교가 폐교되고 그 자리에 실업교육기관인 경성공립직업학교가 들어섰는데, 5월 1일 개교한 이 학교는 그동안 실업교육을 담당해왔던 어의동공립공업실수학교를 확대 개편한 곳으로 독일의 퀼른직업학교를 모델로 만들어졌다. 여기서는 기존의 어의동공업실수학교에서 설치했던 학과 외에 특설과를 두어 전차 운전수, 백화점원, 관청 급사, 전차 차장, 철도국원 등 온갖 방면의 직업인을 양성했으며, 각 방면의 요구에 따라 점차 시계과와 자동차과 그리고 이발과 등의 특설과도 증설하였다. 이로써 고등보통학교 수준의 전문적인 이발 교육이 시작된 것이다. 이 학교에서는 1933년에 다시 전수과를 신설하여 1년 수업 과정으로 10명의 이발과 학생을 새로 모집했으며, 응모 자격은 소학교나 보통학교 졸업자 혹은 동등 이상의 학력을 가진 자로 제한했다. 그런데 이발과의 등장으로 학교 당국은 기존 이발소와 마찰을 일으키기도 했다. 1932년 학교 당국에서는 일정 시간 교육을 받은 이발과 학생들에게 실습을 시키고자 일반 주민들을 대상으로 무료로 또는 5전의 이발 요금을 받고 머리를 깎게 했다. 그러자 이것이 발단이 되어 시외 용강면(현 용강동) 일대의 이발업자 50여 명이 사활 문제에 직면했다며 용산경찰서에 진정하였던 것이다. 내용인즉 학생들이 거의 무료로 머리를 깎아주자 용강면에 소재한 23개소의 이발소에서 기존에 균일하게 받아오던 이발료를 10전, 5전 등 경쟁적으로 인하하게 되어 영업상의 손실을 입게 되었다는 것이다. 결국 이발업자들은 결속하여 명원이발관 김주완 외 23명의 명의로 소관 경찰서인 용산경찰서에 진정서를 제출하기에 이르렀는데, 그 내용은 무료 이발 시간을 단축하고 제한해 달라는 것이었다. 용산경찰서에서는 학교 당국에 이러한 일은 위법이라며 단속에 나서기도 했지만 1932년에 이어 1933년에도 이 문제가 해결되지 않고 반복되었다.

앞에서 살펴본 것처럼 이발 교육이 직업학교의 교과과정의 하나로 제도화되어 전문적인 이발사를 양성하게 된 것은 1931년 이후에 일이지만, 그러한 노력과 시도는 일찍부터 있어왔다. 1913년 6월 경성조선인이발학습회에서는 매월 10일 회원 이발사들을 대상으로 한 이발 교육을 실시했는데, 두 명의 일본인이 기술 강사로 선정되었고 서양 의사 유병필劉秉珌이 위생 강사로 초빙되었다. 또한 1923년 5월 21일 경성이발조합에서는 같은 해 10월 1일 처음으로 시행되는 이발사 시험을 대비하여 이발 강습회를 개최하기도 했다. 기술 전수 외에도 위생 사상 보급을 목적으로 개최된 이발 강습회는 약 165명의 회원이 시외 영도사에 모여 간담회 형식으로 진행되었으며, 경기도 경찰부의 스오 마사스에周防正季 위생과장(후에 소록도갱생원장으로 부임)이 강사로 초빙되어 대성황을 이루었다. 이발 강습회가 큰 호응을 얻자 경기도 경찰부에서는 시내 네 곳에서 이발 강습회를 직접 운영하기도 했으나, 1924년 8월 이발사 시험이 끝난 이후에는 강습회를 폐지했다. 그러나 조선인 이발조합에서는 학습회의 필요성을 깨닫고 시내 소재 이발소 140개소에서 매일 10전씩 거두어 3,000원의 자본금을 적립하여 다시 운영할 계획을 세웠다.

이발사의 기술 향상을 도모하고 이발사 시험을 대비한 이러한 이발 교육이 이발사 자신들의 현실적인 필요에 의해서 이루어졌다면, 이발사를 양성하기 위한 본격적인 교육기관의 설립은 1924년 조선전도이발업자연합조합에 의해 시도되었다. 전 조선의 26개 이발업자조합으로 조직된 이 연합 조합에서는 6월 16일과 17일 양일간 원산공회당에서 대회를 열고 경성에 이발학교를 설립하는 문제를 논의하였으며, 수업 연한 1년과 2년 과정을 두고 40명을 모집하여 운영할 계획을 밝혔다. 부산의 이발동업조합에서도 같은 해 12월 그동안 이발사 시험제도 실시에 대비하여 부산 상업야학교에서 강습해오던 것을 확대하여 이발사 도제학교의 설립에 나섰다. 또한 1926년 2월 경성조선인이발조합에서는 이발사 양성을 위한 학관學館 설립 계획을 세우고 필요 경비를 마련하기 위해 경품 행사를 벌이기도 했다. 결국 이러한 이발업자들의 이발 교육에 대한 요구와 노력들이 1933년 경성직업학교의 이발과로 결실을 맺게 되었던 것이다.

지금이야 이발이 멋을 내거나 개성을 살리기 위한 한 방편이 되었지만, 한때는 단발에 목숨을 걸 정도로 이발이 전통과 근대의 충돌 지점이었던 적이 있었다. 또한 근대적 자각 속에서 자기 표상의 한 방법으로 단발을 감행한 적도 있었다. 그래서 단발의 대중화는 초상 사진의 대중화를 견인하기도 했다. 즉 처음에는 단발 전 온전한 신체를 사진을 통해 보존하고 기억하기 위해서 사진관을 찾았지만, 점차 모단毛斷(단발)을 모던과 동일시하면서 근대적 주체로서의 자기 표상을 남기기 위해 사진 촬영에 나섰던 것이다. 이처럼 이발 행위 속에 배태된 근대성이 체화되고 내면화되면서 머리 깎는 일이 더 이상 낯선 풍경이 아닌 오늘날, 내 몸의 기원이 근대성의 기원이 될 수도 있다는 점을 환기한다면 이발소나 미용실을 방문하는 일이 결코 가벼운 행보만은 아닐 것이다. 머리를 다듬는 짧은 시간 속에 우리의 지난 100년의 역사와 문화가 흐르는 것이다.

읽을 거리

각계 각면 제일 먼저 한 사람
단발을 제일 먼저 한 사람, 관상자 金靜淑
(『별건곤』제16·17호, 1928년 12월호)

조선 사람으로 단발을 누가 제일 먼저 하였느냐고 물을 때에 고려의 충렬왕이 몽고풍을 모방하야 머리를 깎은 것을 말한다던지 (충렬왕 4년에 왕이 친히 원복元服과 개체開剃를 하고 국내에 일반 시행을 명함) 그렇지 않으면 부처님의 수제자인 승려들이 머리 깎은 것이나 머리가 묵사발같이 풍종風腫이 난 환자가 머리 깎은 것을 말한다면 그것은 일종의 억설이라 아니할 수가 없다. 여기서 소위 단발이라 하는 것은 적어도 근대식 신문명의 의식을 가지고 단발한 사람을 말함이다. 지금에 와서는 여자까지도 단발을 하여 왈 단발 미인이니 왈 단발랑斷髮娘이니 하는 신술어新術語가 어린아이들 입에까지 오르내리지만은 건양 원년(거금 32년 전 병신丙申)에 단발의 칙령이 내릴 때까지도 일반의 조선 사람은 두발을 아끼기를 자기의 생명 이상으로 중하게 생각하여 소위 차두此頭는 가단可斷이언정 차발此髮은 불가단不可斷이라는 유학자의 소장疏章이 궐문 안에 빗발치듯 들어오고 심지어 관동關東에서도 단발령 반대로 의병까지 일어나서 대소동을 일으켰다. (병신년 12월에 단발령으로 인하야 춘천에서 정인회, 박현성 등이 의병을 일으켜서 일시 대소란 하였다.) 그러나 이 병신년보다 훨씬 이전 거금 51년 전(고종 14년 정축년) 바로 일본과 소위 수호조약(고종 13년 병자 2월에 소위 운양함 포격 문제로 기인하여 일사日使 흑전청륭黑田淸隆, 정상형井上馨과 수호조약 12조를 체결하였으니 차즉此卽 강화조약이다)을 체결하던 다음 해에 일본에 가서 대담하게 단발을 먼저 한 이가 있었으니 그는 당시 호조판서로 조선의 개혁운동을 개시하려고 암중 활약하던 김옥균 씨(시년時年 27)의 밀사 탁연식과 동행한 이동인 씨이다. 탁 씨는 원래 강원도 승려로 위인이 침묵하고 두뇌가 명민한 중에 또한 개혁의 사상을 가졌으므로 김 씨가 신임하고 이동인은 파주 흥국사에 기류하는 서생이었는데 다재능변하므로 김 씨가 또한 신임하여 정축년 봄에 소위 일본의 불교 시찰이라는 명의하에 이 두 사람을 밀사로 일본에 보내서 경도에 있는 서본원사에 체류하며 일본의 신문화를 시찰하며 또 정계 여러 사람들과 교결하였다. 그런데 탁 씨는 원래 여승이니까 단발이 문제도 아니지만은 이 씨는 비록 승려와 추축追逐하여도 그때까지 단발을 아니하였다가 일본에 가서는 단발의 필요를 느끼고 용감하게 즉시 단발을 하였다. 그는 일본에 있은 지 불과 얼마 동안에 일본 말을 능통함은 물론이고 원래 교제술에 능하고 변사인 까닭에 당시 일본 정계의 중요 인물과 교제가 많아서 그후 이유원이 수신사로 갔을 때에도 그가 통역 외에 국교상 만반의 알선을 하였었다.

그러나 그 뒤에 그는 귀국하다가 부산에서 불행히 수구파 관리에게 개화당 지목으로 잡혀 죽었었다. 그리고 여자 단발로는 본지 작년 11월호에 단발 여보女譜라는 제하題下에 자세히 소개한 바와 같이 강석자(원명 강향란)가 그 만조曼祖이다. 그러나 그도 지금은 다시 퇴속승退俗僧이 되고 말았다.

행상 이발사, 유의탁
(『비판』제5호, 1931년 9월호)

공장으로부터 돌아온 나는 머리 깎으러 김 서방의 집으로 갔다. 그는 5전만 주면 머리를 깎아주는 행상 이발꾼이다. 빈민만이 모여 사는 우리 거리의 사람들은 대개가 김 서방에게서 머리를 깎는다. 그래서 우리 거리에 있는 이발관 주인은 그를 미워할 뿐 아니라 직접 파출소 순사에게 일러 허가 없는 그의 이발업을 못 해먹게 하려고 방해한 적이 한두 번이 아니었다. 그러나 김 서방은 실업자로 아무리 이발관 주인이 방해하더라도 이 업을 그만둘 수는 없었다. 김 서방에겐 처자가 있었다. 그리고 김 서방 자신이 있었다. 사람이 흙이나 물을 먹고 살지 못하는 이상 그가 손 묶어놓고 가만있을 수는 없었다. 미워하는 이가 있고 감시하는 눈이 있더라도 행상이발업 즉 허가 없이 머리 깎는 업을 안 할 수는 없었다. 나는 그의 집 퇴방 위에 상자를 의자 대신 놓고 앉았다. 김 서방은 기계 소제를 하고 그의 아내는 석유 등불을 켜가지고 바로 내 옆에 섰다. 기계 소제를 한다. 김 서방은 수북이 돋은 내 머리를 깎기 시작하였다. 그러더니 그는 오늘 지난 이야기를 꺼냈다. "내 참 별 놈 다 보았지 도적놈 같으니라고, 내가 죽기 전에야 네놈의 그 대갈통을 거저 둘 줄 믿지 말아." 김 서방의 목소리는 원망스럽게 떨려 나왔다. 그리고 그 말하는 사람이 옆에 서 있는 것처럼 말하였다. "누구하고 싸웠소." 이렇게 나는 물었다. 김 서방은 말을 계속하여 내게 대답하였다. "바로 한두어 시간 전이외다. 언제 한 번 본 적도 없는 자가 와서 머리를 깎아달라 안 하겠소. 그래 그놈의 머리가 하이칼라길래 깎아주면 15전 받으니까 저녁 벌이나 될 것이 기뻐서 바삐 깎질 않았겠소. 그놈 또 잔소리란 여간 아니지요. 기계가 나쁘니 이발이 서투르니 면도는 잘하라거니, 그놈이 그렇게 지껄이기에 잘 깎고 면도를 하지 않았겠소. 그리고 집사람더러 대야(세면기)에 물을 떠 오래. 비누로 머리도 잘 씻겨주고 또 물을 떠다 세수까지 안 시켰겠소. 그랬더니 이것 좀 보소. 세수를 하고 나더니 돈을 안 넣고 와서 날더러 자기 집까지 가자고 하겠지요. 그래 그자의 뒤를 따라 한참 가도 그놈이 그냥 자꾸 가길래, 집이 그렇게 머냐고 물어보니까 이제 조금만 더 가면 된다고 하며 따라갔더니만 아, 그놈이 죽일 그놈이 길옆에 있는 이발관으로 쑥 들어가버리겠지요. 이를 어떡합니까? 닭 쫓아가던 개 모양으로 그놈을 바라볼 뿐이지. 쫓아 들어갈 수가 있소, 그렇다고 그놈을 능욕할 수가 있겠소. 내 생전 그런 놈은 처음 만나보았소. 에, 참 씹어 먹어도 시원치 않을 놈, 내 언제든지 그놈을 원수를 품 갚고야 말이지 그냥 둘 줄 압니까!" 내 머리 위에 석석 가던 기계가 그의 분노의 떨리는 손목과 같이 덜덜 떨었다. "그런 생 눈알 빼먹을 놈이 글쎄 세상에 또 어디 있겠소. 그놈이 바로 못 되지요." 이 말은 김 서방의 아내의 분한 말이었다. 나는 나도 모르게 이 분노의 분위기에 동화한 사람이 된 것을 깨달았다. 일을 죽도록 시켜먹고 당연히 주어야 할 공전을 미뤄가며 잘 주지 않는 공장 주인 놈이 내 머리에 떠올랐다. "그놈의 대갈을 찍어주고 말지 그냥 두었소." 나는 이렇게 말하였다. 김 서방 내외는 이 말에 위로나 받은 것처럼 둘이 다 웃었다. 바로 이때다. 어둠컴컴한 앞 골목으로 순사의 칼 소리와 구두 소리가 들렸다. 머리 깎던 김 서방, 등불 든 그의 아내는 화석이 된 것처럼 멎즉 서며 움직이지 않았다. 의외의 공포, 아니 절박한 이 무서운 지옥의 사자가 그들 내외를 산 화석으로 만들어버렸다. 나도 늘어섰다. 세 사람은 시선만이 부딪힐 뿐이지 아무 말이 없었다. 김 서방은 순사에게 빌었다. 그는 토방으로 내려서며 '나으리 용서하라.'고 큰 범죄나 지은 사람같이 애걸하였다. 그러나 순사는 그를 앞세우고 파출소로 갔다. 그의 아내는 남편과 순사의 뒤를 따랐다. 혼자 남은 나는 하늘에 별같이 아무 말 없이 컴컴한 마당에 한참 서 있었다. 김 서방, 행상 이발꾼. 공장에 일 다니는 직공이나 이름만 다르지 한가지로 괴롬 받는 이라는 것만은 깨끗이 알았다. (1931. 7. 29)

개의 이발소
(『조선일보』 1938. 11. 18)

개의 병원이 있는 것은 알지만 개의 이발소가 있다는 것을 아십니까. 미국 로산젤스[로스엔젤리스]란 데에 처음 생겼다합니다. 아무리 구지레한 개도 이 개 이발소에를 다녀 나오면 아주 말쑥해진대요.(글 쓴 사람 방한희)

부인 이발사 김언년이 양
(『매일신보』 1930. 3. 11)

둔탁한 아침볕이 모든 집 동남 벽을 물들인 때였다. 기자는 견지동 부인이발소를 찾았다. 유리창으로 흘러드는 아침볕은 맞은편 체경에 반사되어 눈이 부시는 방 안에 흐르는 향수와 온몸을 부드럽게 엄습한다. 기자는 따뜻한 봄 기분을 느끼면서 우선 언년이 양에게 말을 건네었다. 퍽 풍후한 몸연집[몸집]의 주인공인 그는 수저운[수줍은] 미소를 머금고 침착한 어조로 말하였다. "이 이발소에는 여자가 둘이야요. 저기 선 저 김꽃남이하고 (그는 저편에 서 있는 17, 8세 된 어린 색시를 가리키면서) 저하고…… 그리고

남자 주인이 계십니다. 제가 이렇게 이발업에 나선 것은 벌써 3년이나 됩니다. 그것도 엊그제 같은데 벌써 3년이 됩니다. 처음 나오니 어떻게 부끄러운지 손님이 들어오시면 머리가 올라가지 않고 귀밑만 붉어지겠지요. 그러던 것은 하루 지나고 이틀 지나니 괜찮아요. 처음 이렇게 나선 것은 이발업에 취미가 있다는 것보다 생활 문제이지요. 지금 저는 양친시하兩親侍下이고, 또 아우까지 있습니다. 그 식구들을 생각하면 이만 괴롬을 괴롬이라고 하겠습니까? 일은 시간이 없어서 못하는 일입니다. 아침 8시에 문을 열면 밤 12시까지는 꼭 서서 지냅니다. 명일 때 같은 때에는 새벽 한두 시까지 밥 먹을 사이도 없지요. 지금도 일이나 바쁜 때이면 밥을 밥대로 못 먹습니다. 그뿐입니까, 의복 음식까지 제 손으로 짓게 되니까요, 잠자는 시간이란 겨우 4, 5시간밖에 못 됩니다. 한 달에 첫공일하고 17일하고 이틀은 놀지요. 하지만 논다는 날이 별로 신통하게 느껴지지 않습니다. 그리고 밖에서 생각하시는 바와는 퍽 달습니다[다릅니다]. 이렇게 여자 직업으로는 드문 직업을 가지고 있으니까 혹 '히야카시[ひやかし, 희롱]' 같은 것도 없지 않으리라고 생각하시겠지만 이때까지 그런 일은 없습니다. 간혹 가다가 약주 취한 손님도 오시지만 그런 비신사적 손님은 없습니다. 또 저도 그래요, 히야카시를 받으려야 시간도 없습니다. 안손님들도 가끔 옵니다. 단발하시는 이는 물론이지만 그렇지 않은 이도 가끔 오셔서 면도를 합니다. 지금 같아서는 장차 우리 조선 여자들은 단발을 많이 할 것 같습니다. 그렇게 된다면 부인 이발사의 필요도 범위가 넓어질 줄 믿습니다. 그리고 인제는 처음과 달라서 이 직업이 재미도 납니다. 또 장래 생각도 차츰 나게 됩니다. 한평생 혼자 살 수도 없는 일이오, 그렇게 시집을 가더라도 자식이 생기고 남편이 무슨 사고로 벌이나 못하게 되면 온 식구가 멀건이 앉아 있겠으니 그 노릇을 어쩝니까. 또 남편 한 사람의 손만 바랄 수는 없는 일이 아니야요. 어떻게든지 경제적 독립을 얻어서 제 손으로 벌어서 자식들까지 교육을 시키려고 애는 씁니다마는 그렇게 될런지요." 하고 그는 좀 부끄러운 듯이 방긋이 웃으면서 말을 마치었다. 골목골목이 이발소가 많아도 모두 남자만이 점령인 그 속에 여자 이발사의 그림자가 나타난 것은 실로 만록총중일점홍萬綠叢中紅一點[많은 푸른 잎 가운데 한 송이 붉은 꽃]이라 하겠다.

3장
미용실에 들르다

여성의 단발과 미용실의 등장

앞 장에서 남성의 단발과 관련해서 이발소의 기원과 그곳을 둘러싼 일상의 모습들을 살펴봤는데, 그렇다면 여성들은 어디에서 이발을 했을까? 흔한 일은 아니었지만 미용실이 정착되기 전에는 여성들도 이발소를 이용했던 것으로 보인다. 1933년 10월 20일자 『동아일보』에 소개된 "부인들이 찾아와 머리를 깎아달라고 애원을 하거나 협박을 하기도 하고 입에서 거품이 나도록 시비를 걸어왔지만 50년 동안 한 명도 빠짐없이 내쫓아버렸다."는 한 이발사의 회고담에서 여성들의 이발소 출입 사실을 확인할 수 있다. 하지만 여성들의 단발에 대한 남성들의 반응은 냉담했다. 1927년 5월 3일자 『조선일보』에는 런던의 한 영양연구소에 근무하는 엘 윌리암 박사의 말을 인용하여 여자가 단발을 하고 남자와 같이 모자를 쓰면 30~40대에 이르러 금쪽같은 터럭이 모두 빠지게 된다며 그때 미용사에게 달려가 아무리 야단을 친다고 하여도 아무런 효과를 얻지 못할 것이라는 허무맹랑한 내용의 기사가 실렸다. 당시 여성의 단발을 바라보는 남성의 편견을 단적으로 드러낸 억측 보도였다.

1920년대 초반 최초의 단발랑이었던 강향란을 비롯하여 신여성들의 단발이 사회적 이슈가 되어 크게 회자되기는 했으나 여성들의 단발의 대중화는 상대적으로 더디게 진행되었다. 그것은 미용실에 대한 신문 기사가 이발소에 비해 현저하게 적게 실린 것에서도 확인된다. 1920년대 중반 이후 신문과 잡지에 간헐적으로 실리기 시작한 미용실 관련 기사는 1930년대에 들어서면서 본격적으로 등장하기 시작한다. 따라서 미용실이 일상 속으로 파고든 것은 1930년대의 일이라는 것을 알 수 있다. '검붉은 얼굴을 희게 하는 미용법' 등 단순한 미용법의 소개에 머물렀던 1920년대와는 달리 '봄철에 필요한 크림 이야기', '조선 옷에 어울리는 단발', '몸맵시 얼굴 따라 어울리는 화장', '생활 전선에서 싸우는 직업 부인의 미용은 어떻게 창조할까' 등 전문적인 미용법으로 독자의 시선을 사로잡은 것도 1930년대 미용실의 변화였다.

현재까지 우리나라 최초의 미용실은 경성미용원으로 알려져 있다. 1920년 7월 28일자 『동아일보』에 실린 경성미용원 광고가 지금까지 확인된 가장 오래된 미용실 광고인데, 미용학과나 미용업계에서는 이 광고를 근거로 경성미용원을 여성미용을 전문으로 한 조선 최초의 미용실로 보고 있다. 그러나 본정 3정목에 있던 본정미용실이 개업한 것은 1916년의 일이며, 그보다 앞서 아마코尼子미장원이 1908년에 창업되었다는 기록이 남아 있어 일본인 여성들을 상대로 한 미용실은 이미 1920년 이전에 영업하고 있었다는 것을 알 수 있다. 따라서 1920년에 등장한 경성미용원이 우리나라 최초의 미용실이라는 기록은 수정될 필요가 있으며, 최소한 종전의 기록보다 12년 앞선 1908년 이전에 미용실이 들어왔던 것으로 보인다.

　한편 우측의 신문 광고에서 살펴볼 수 있듯이 경성미용원의 주소가 경성 운니동 87번지로 되어 있어 새로운 의문을 불러일으킨다. 앞에서 언급한 미용실들이 주로 일본인 거류지인 본정이나 명치정 그리고 용산에 있었던 데 반해 경성미용원이 조선인 거주 지역에 있었던 것 자체가 매우 이례적이며 그것도 조선인 단발 여성이 등장하기 전인 1920년에 영업하고 있었다는 점에서 상당히 이른 감이 있기 때문이다. 이는 바꾸어 말하면 조선인 단발 여성 고객이 이미 존재했을 가능성을 말해주며, 그것이 사실이라면 우리나라 단발 여성의 역사도 앞당겨질 수 있을 것이다. 하지만 경성미용원은 "얼굴을 곱게 하는 곳이올시다."라는 광고 문안에서 짐작되듯이 단순히 미안술美顔術에 관련된 업무만을 취급했던 것 같다. 따라서 단발이나 파마와 같은 머리 손질은 하지 않고 화장이나 마사지와 같은 기초적인 미용술만을 제공했을 가능성이 있어 본격적인 미용실의 등장으로 보기는 어렵다.

　그런데 최근의 연구에 의하면 경성미용원은 소설가 현진건의 당숙으로 근대극 운동의 선구자로 알려진 현희운玄僖運(1891~1965)이 개설한 미용술 및 향장품(화장품) 연구소였으며, 이곳에서는 우리나라 최초의 미용 잡지인 『향흔香痕』도 발행한 것으로 알려졌다. 1920년 개벽사에서 창간한 『개벽』의 학예부장으로 있다가 1922년

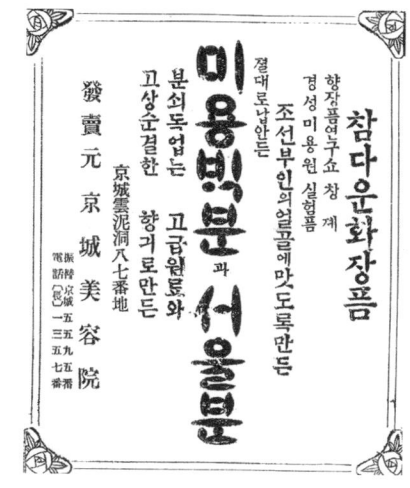

21
경성미용원 광고
(『동아일보』 1920. 7. 28)

22
경성미용원에서 개발한 '미용백분'과
'서울분' 광고(『동아일보』 1922. 3. 5)

같은 출판사에서 발행한 『부인』의 학예부 주임으로 옮겨간 현희운은 주로 연극을 중심으로 이론 및 평론 활동을 해왔으며, 『상공세계』를 비롯한 다양한 잡지를 창간하며 출판인으로도 활동했다. 그는 이러한 문예활동과 별개로 여러 해 동안 취미로 해오던 미용술과 화장품에 대한 연구를 경성미용원의 개설을 통해 본격적인 사업으로 발전시켰으며, 기관지인 『향흔』을 통해 미용 관련 정보와 지식을 대중에게 전달하려고 했던 것 같다. 경성미용원이 언제까지 운영되었는지는 확인되지 않지만, 그는 1931년 9월부터 1932년 12월까지 경성라디오에 출연하여 '미용 강좌'를 진행했으며, 『매일신보』에는 1932년 1월부터 1932년 4월까지 '화장 강좌'와 '백분 강좌'를 각각 6회와 37회에 걸쳐 연재했다. 『조선일보』에도 1932년 4월 5일부터 9일까지 총 5회에 걸쳐 「봄철에 필요한 크림이야기」라는 제목의 기사를 실었다. 그는 자신의 소속을 경성미용원으로 밝혔는데, 1927년 5월 1일자 『동아일보』의 내용과 다소 혼동되는 부분이 있다. 독자의 질문에 답해주는 '가정고문'이라는 신문 기사를 보면 '경성미용원은 어디 있습니까.'라는 독자의 질문에 신문사 측에서 '경성미용원이란 것은 없어졌습니다.'라고 답하고 있는데, 이것이 사실이라면 경성미용원은 1927년 5월 현재 존재하지 않았다. 그 이후에 경성미용원을 다시 운영한 것인지 아니면 직함에만 경성미용원을 사용한 것인지 확인할 수 없지만, 현희운은 미용술과 화장품을 이 땅에 소개하고 올바른 사용법을 대중에게 알리고자 했던 우리나라 미용계의 선구자라 할 수 있다.

1924년에는 경성미장원이라는 또 다른 미용실이 명치정 2정목 75번지에 개설되었다. 경성미용원과 상호명이 유사하여 그것의 후신이 아닌지 추정해볼 수 있지만 현재로서는 둘 사이의 관계에 대해 밝혀진 바가 없다. 다만 1929년에 발행된 『조선은행회사조합요록』을 보면 경성미장원은 원장인 야시키 고토屋敷コト가 일본 및 서양식 결발結髮, 얼굴 화장, 혼례 수발 등을 목적으로 1927년 11월 18일에 설립한 합자회사라고 적혀 있어, 경성미용원과는 무관한 별도의 미용실로 보인다. 그것이 어떤 것이든 1937년 현재 25명의 종업원을 둔 경성미장원은 미쓰코시三越백화점(현 신세계백화점) 앞에 지점까지 열었을 정도로 경성 최고의 일본인 미용실이었다.

23
경성미장원의 실내 모습
(1937)

조선인 최초의 미용사, 오엽주

그렇다면 머리를 손질했던 조선인 최초의 미용실은 어디였을까? 지금까지의 통설로는 1933년 화신상회(화신백화점의 전신) 2층에 개장한 화신미용실로 알려져 있으며, 그곳을 운영한 오엽주吳葉舟가 조선인 최초의 미용사라고 알려져 있다. 그런데 이보다 4년 앞선 1929년 7월 조선인 최초의 미용원이 경성에 개설되었다는 기록이 있어 흥미롭다. 7월 8일자 『동아일보』는 황금정 1정목 29번지의 문명상회에 일본서 새로 발명된 '가자린' 미안술 화장료 조선총대리점을 설치하고 '가자린' 화장료를 사용한 미용원을 부설했는데, 조선 사람 경영으로는 처음이라고 적고 있다. 기사 내용으로 보아 이 미용원은 경성미용원처럼 미안술만을 취급하고 미발술美髮術은 행하지 않은 일종의 피부 관리실이었던 것으로 보인다. 그런데 그 미용원을 개설한 조선인이 누구인지 확인되지 않아 현재까지는 오엽주가 조선인 최초의 미용사라는 영예를 안고 있다.

현재까지 알려진 오엽주에 관한 최초의 기록은 1925년으로 거슬러 올라간다. 12월 4일자 『매일신보』를 보면 「인습을 벗어나 강하게 살려 하는 미모의 엽주 양, 목하 본정빌딩에서 미용술을 연구한다」라는 제목으로 그녀에 관한 인터뷰 기사가 실렸다. 이 기사는 오엽주가 황해도 사리원 출생으로 평양여자고등보통학교(이하 평양여고보) 졸업 후 오사카大阪로 건너가 쇼인고등여학교樟蔭高等女學校를 졸업한 재원으로, 귀국 후 뜻한 바가 있어 본정빌딩에 있는 정용구락부整容俱樂部(미장구락부로도 불림)라는 미용학원에서 견습생으로 미용술을 배우는 중이라고 전했다. 그녀를 인터뷰한 기자는 조선 여자의 생활 개조와 비위생적인 화장술을 혁신하고자 노력 중인 오엽주를 인습을 타파하고 여성해방을 부르짖는 선구적 인물로 추켜세웠다.

그러나 이 기사가 실린 지 얼마 지나지 않아 같은 신문에 그녀에 대한 기사가 또다시 실렸는데, 「가면의 그늘에서 요기를 뿜고 있는 마성의 본색, 죄악은 가면으로 가리우고 입으로는 사회개조를 제

창」(『매일신보』1925. 12. 13)이라는 기사 제목에서도 알 수 있듯이 앞서의 기사와는 달리 부정적인 면을 부각시켰다. 이유는 이랬다. 오엽주의 본명은 오죽송吳竹松으로, 평양여고보 졸업 후 명륜보통학교의 여교원으로 재직하던 중 같은 학교 교원이었던 절친한 친구의 남편과 사랑에 빠지게 되었다. 하지만 얼마 지나지 않아 이 사실이 학교에 알려져 간통이라는 죄명을 쓰고 학교에서 쫓겨나게 되었다. 그래서 사랑의 도피처로 선택한 것이 일본이었으며, 정부情夫와 함께 오사카로 건너가게 되었던 것이다. 그곳의 고등여학교에 보결 입학하며 공부를 하게 된 것도 이런 이유에서였다. 그렇게 정부와 함께 지내던 중 그녀가 다니는 학교에 남편을 잃은 옛 친구가 찾아와 교장에게 불륜 사실을 알리게 되었고, 오엽주는 또다시 학교에서 쫓겨나게 되었던 것이다. 이러한 사실을 알게 된 매일신보 기자는 결국 오죽송이 오엽주로 이름을 바꾼 것도 자신의 과거를 숨기기 위한 것이라며, 기생이나 창기가 아닌 이상 사람으로 씻지 못할 죄악을 저지른 그녀가 독신주의를 부르짖으며 사회제도 개혁을 떠드는 것은 조선의 여류 사회에 큰 치욕이며 가증스러운 일이라며 도덕적인 단죄를 내렸다. 신여성의 등장으로 제기되기 시작한 자유연애 사상과 남녀평등 사상 그리고 여권신장 등 당시 사회적 담론을 바라보는 남성 기자의 불편한 시각을 단적으로 보여주는 기사이지만, 독신 여성을 바라보는 당시 조선 사회의 보편적 시각과 편견이 엿보이는 대목이기도 하다.

오엽주에 대한 기사는 6개월 후인 1926년 6월 25일자 『동아일보』에 다시 실렸는데, 졸업을 앞둔 그녀의 근황과 함께 향후 진로에 대한 인터뷰 내용을 보도했다. 당시 그녀는 정용구락부에서 견습생을 지도했던 미용실 원장인 히라야마 우메코平山梅子에게서 6개월간 미용술을 습득한 후 6월 말 졸업을 앞두고 있었다. 인터뷰를 통해 3가지 미용술, 즉 미안술, 미조술, 미발술 등을 소개한 후 졸업을 하면 유학을 가거나 개업을 할 예정이라는 오엽주의 말에 기자는 그녀가 개업하여 미용사가 되면 조선 최초의 여자 직업이 될 것이라고 보도했다. 그러나 그녀는 졸업 후 바로 유학을 떠나거나 개업하지는 않았다. 다음 해인 1927년 1월 1일과 2일 양일에 걸쳐 『동아일보』에 '경성미장원 미용사'라는 신분으로 「검붉은 얼굴을 희게 하는 미용법」이라는 기사를 연재한 것으로 보아 당시 경성 최고의 미용실에 취업을 하여 실무 경험을 쌓았던 것으로 보인다.

그리고 다시 오엽주에 대한 기사가 실린 것은 그해 7월의 일인데, 이때 그녀는 미용사가 아닌 일본의 유명 여배우로 변신해 있었다. 불과 6개월 만에 미용사에서 영화배우로 전업한 그녀는 모로구치 쓰즈야諸口十九가 새로 설립한 모로구치프로덕션이라는 영화사에서 선발한 200여 명의 배우 지원자 중 가장 우수한 성적으로 뽑혀 입사했는데, 그해 가을 그곳에서 제작한 첫 번째 영화에 출연 예정이었다. 『동아일보』는 조선 여성으로서 일본 영화계에 스타로 서는 것은 그녀가 처음이며, 그녀의 나이 21세라고 보도했다(그러나 그녀는 실제로는 1904년생으로 당시 24세였다). 1928년 10월 9일자 『매일신보』에서도 오엽주를 무용가 최승희와 비행사 박경원과 함께 '이향異鄕에 피는 삼륜명화三輪名花'의 한 명으로 소개하면서, 모로구치프로덕션에서 마쓰다케松竹키네마로 옮겨 활동 중인 그녀의 근황에 대해 전했다.

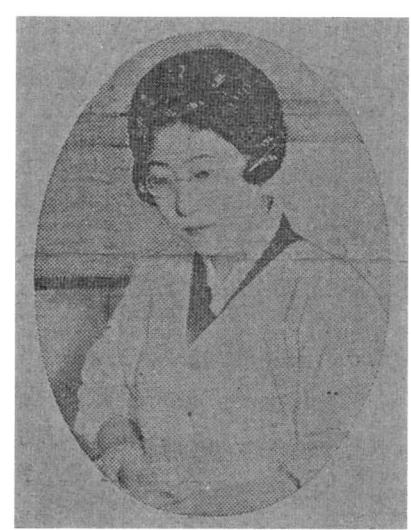

24
미용학원에서 견습 중인 오엽주
(『매일신보』1925. 12. 4)

그후 그녀의 이름이 다시 언급된 것은 1933년 3월 15일의 일이다. 이 날짜 『동아일보』에는 '화신상회에서는 다년간 일본에서 미장을 연구한 오이격吳二格 여사를 초빙하여 2층에 미장부를 신설하여 16일부터 개업하기로 했다.'는 내용의 기사가 실렸는데, 여기서 오이격은 오엽주의 또 다른 이름이었다. 6년여 만에 미용사에서 영화배우로, 영화배우에서 다시 미용사로 등장한 것이다. 그녀는 오이격이란 이름을 1933년 8월 6일자 『동아일보』에 「얼굴빛에 맞는 가루분, 바른 후엔 물 솔질을」이라는 글을 실을 때도 사용했는데, 이는 아마도 영화배우로서의 옛 명성을 버리고 미용사 오이격으로서 새로운 인생을 살아가고자 했던 다짐의 표명이 아닌가 싶다. 그런데 그녀에게는 오이격 외에 또 다른 이름이 있었다. 1935년 1월 3일자 『매일신보』에서 신년을 맞이하여 '각계에서 제1인자'를 소개하면서 미용사로는 미모와 재화才華를 겸비한 오수경吳水卿을 꼽았는데, 신문에 소개된 그녀의 이력을 보면 오엽주와 동일 인물임을 알 수 있다. 어떤 이유에서 그녀가 여러 이름을 사용했는지 알 수는 없지만, 언론에서는 그녀의 의사와 상관없이 오엽주와 오이격, 오수경 등의 이름 중에서 오엽주란 이름을 가장 많이 사용했다.

오엽주의 화신상회 미장부 개장과 관련해서 『조선중앙일보』에서도 1933년 3월 15일과 16일 양일에 걸쳐 기사를 실었다. 여기에 그녀의 이력과 신상에 대해 비교적 상세히 기술되어 있어, 그동안 언론의 관심사에서 멀어졌던 그녀의 숨겨진 이야기를 들을 수 있다. 그럼 "여교원에서 영화배우로 거기서 또다시 홍등녹주의 웨이트리스로 파란 많은 걸음을 걸은 어떠한 여성이 돌연히 가두에 나타나 직업 진두陣頭 제1선에 나섰다면 장안의 모던 보이들은 새로운 감격을 가지고 이 새로운 뉴스를 대하리라!"라며 거창하게 서두를 연 이 기사의 내용을 따라 그녀의 인생 역정을 따라가보자. 평양에서 여교원으로 있던 오엽주는 단조롭고 지루한 생활을 벗어나기 위해 오사카로 건너가 쇼인樟蔭고등여학교 가사전문과에 입학하였다. 그후 진로를 바꿔 교토에 있는 가마타蒲田촬영소의 여배우 명부에 이름을 올린 그녀는 여러 영화에 출연하며 인기를 얻게 되었으

25
여배우 시절의 오엽주
(『동아일보』 1927. 7. 19)

며, 그녀의 이름은 조선에도 알려져 화제가 되었다. 가마타촬영소에서 3년을 보낸 그녀는 이역에서 연마한 기량을 조선의 영화계에 바치고자 하는 이상을 품고 조선해협을 건너왔다. 그러나 조선의 영화 현실은 기대와는 전혀 달라 이에 실망하여 고향인 평양으로 돌아갔다. 그후에 환멸의 비애를 느낀 그녀는 결국 경성의 낙원회관에서 여급 생활을 시작하며 여배우로서의 기회를 엿보았으나 허사가 되고 말았다. 다시 평양으로 돌아가 한 양돈장에서 돼지를 치는 농촌 마담의 소박한 생활을 하던 그녀는 1933년 종로의 화신백화점에 미용실을 내고 마침내 15일부터 개업을 하게 되었던 것이다.

이상에서 알 수 있듯이 1927년 영화배우로 일본의 은막에 진출했던 그녀는 3년간 활동하다가 귀국하여 조선 영화계에 진출하려 했다. 하지만 그 꿈이 좌절되자 경성의 한 카페에서 여급 생활을 하기도 하고 또 고향에 내려가 양돈 농장에서 일을 하다가 다시 예전에 배웠던 미용 기술을 살려 미용사로 복귀하게 되었던 것이다. 이처럼 그녀는 30평생에 여교원에서 학생, 여배우, 여급, 농촌 마담, 미용사 등으로 다양한 직업을 전전했으며, 미용실을 낸 이후에는 평생 직업으로서 미용업에 종사하기에 이른다. 다른 신문과 잡지에서 언급된 내용과 다소 차이를 보이는 부분도 있지만 그녀의 인생 역정을 다룬 『조선중앙일보』의 이 연재 기사는 마치 한편의 드라마를 보는 듯하다.

오엽주의 화신백화점 미용실 개장은 당시 신문뿐만 아니라 잡지에서도 크게 다룰 정도로 장안의 화제가 되었다. 그런데 2년여가 지난 1935년 4월 그녀는 돌연 새로운 미용술을 연구한다며 일본 도쿄로 떠났다. 그해 1월 27일 그녀의 미용실이 있던 화신백화점이 전소되었기 때문이었다. 8개월가량 일본에 머물면서 미용술을 연구하고 돌아온 오엽주는 1935년 12월 18일 종로 2정목에 있는 영보빌딩 4층에 자신의 이름을 딴 엽주미용실을 개장하기에 이른다. 퍼머넌트웨이브 기계를 수입하여 최신 설비로 개원한 엽주미용실은 전시체제하에서도 은진殷賑산업으로 소개될 정도로 호황을 맞았다. 1940년 4월 3일 봄날을 맞아 엽주미용실을 방문 취재한 『조선일보』 기자는 20분마다 미인을 만들어내는 모습을 보고 이곳을 '미인 제조 공장'이라고 비유했는데, 그 정도로 엽주미용실은 조선인 최고의 미용실로 명성이 자자했다.

오엽주는 1936년 3월에는 자신의 직업과 경험을 살려 심훈 원작, 감독의 〈상록수〉에서 스텝의 일원으로서 분장을 맡았으며, 경우에 따라서는 배우로도 출연을 하기로 했다. 그러나 심훈이 그해 9월 장티푸스에 걸려 갑자기 세상을 뜨자 〈상록수〉는 영화화되지 못했고 그녀의 영화 출연도 무산되었다. 단역이나마 영화배우에 대한 마지막 희망은 물거품이 되었지만, 그녀는 당시 일거수일투족이 남성들의 관심사가 될 정도로 모던 걸의 표상이었다.

김영석의 『춘엽부인春葉夫人』이 발표된 것도 이 무렵이었다. 1939년 10월 24일부터 11월 26일까지 『동아일보』에 연재된 이 소설은 춘엽미용실을 운영하는 미용사 이춘엽을 주인공으로 한 소설로서, 남편 황재훈과의 불화를 겪고 있는 그녀가 남편의 중학교 동창인 신문기자 최승호와 벌이는 로맨스를 그리고 있다. 주인공과 미용실 이름에서 쉽게 오엽주와 엽주미용실을 떠올릴 수 있으며, 주인공 이춘엽이 미용사라는 직업 이전에 배우와 여급의 전력을 갖고 있는 인물로 그려지고 있다는 점에서 오엽주를 모델로 한 소설임을 다시 한번 확인할 수 있다. 기회가 되면 소설 속 오엽주(이춘엽)가 작가에 의해 어떻게 변주되었는지, 그리고 이와 더불어 주인공의 숨겨진 욕망을 통해 드러나는 근대 여성들의 욕망과 남녀관계의 변화상을 엿볼 수 있기를 바란다.

끝으로 오엽주는 인터뷰나 기고를 통해 독자들과 고객들에게 미용에 대한 자신의 철학과 함께 유익한 미용법과 최신의 미용술을 전달했다. 앞서 소개한 「검붉은 얼굴을 희게 하는 미용법」이라

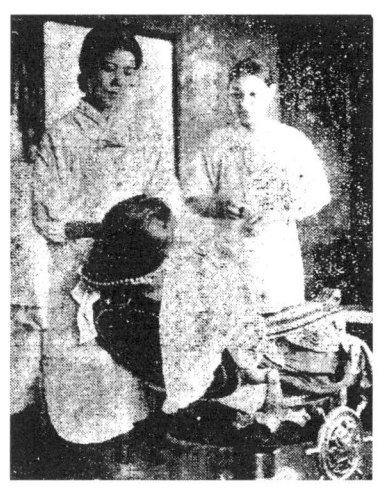
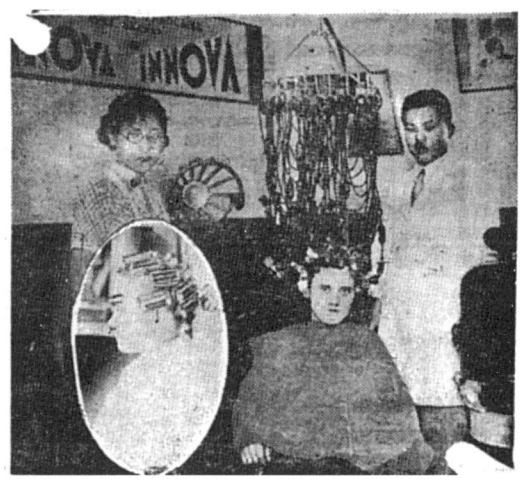

26
화신백화점 미장부에서 볼 치장을 하는 모습
(『조선일보』 1934. 4. 14)

27
일본 도쿄 긴자의 한 미용실에서 퍼머넌트웨이브 기계를
시연하고 있는 오엽주(왼쪽)(『동아일보』 1935. 7. 8)

는 글 이외에, 「미안술과 겨울 화장법」(『중앙』 1933. 2), 「미용이란 무엇인가 1~3」(『매일신보』 1933. 5. 28~31), 「새해의 결발법 1, 2」(『조선중앙일보』 1934. 1. 1~2), 「세발과 화장」(『중앙』 1934. 2), 「색다른 직업여성과 그들이 본 세상」(『동아일보』 1936. 1. 6), 「개성을 살리는 직업여성의 화장」(『매일신보』 1940. 11. 1) 등 미용에 관한 다양한 글을 신문과 잡지에 기고했다. 그녀는 일찍이 "미장이란 반드시 모양을 내는 것만이 아니라 피부 위생과 직업, 지위 연령에 가장 어울리도록 몸을 다스리는 기술"이라고 강조하면서 미장 문화론을 주창했다. 또한 그녀는 "조선 부인들을 건강하고 어여쁘게 만드는 것이 나의 목적"이며 "조각가나 화가처럼 미용사도 하나의 예술가라고 생각"한다고 밝히며 스스로 예술가를 자처했다. 이처럼 오엽주는 단지 기술이나 설비 면에서뿐만 아니라 미용에 대한 뚜렷한 철학과 근대적 자의식을 지닌 인텔리 직업여성으로서 미용업계의 선구가 될 수 있었던 것이다.

또 다른 미용사를 찾아서

오엽주만큼 많이 알려지지는 않았지만 그녀와 동시대에 미용업에 종사한 여러 미용사가 존재했다. 1931년 중앙미용원의 미용사 심명숙은 「생활전선에서 싸우는 직업부인의 미용은 어떻게 창조할까」라는 글을 『조선일보』에 실었는데, 여성들의 사회 진출이 본격화되고 고객들을 상대하는 직업에 종사하는 여성들이 늘자 이러한 여성들을 위한 화장법을 소개한 글이다. 특히 시간에 쫓겨 화장을 등한시하는 여성들과 전통적으로 '화장은 백분'이라고 생각하는 여성들에게 피부를 상하게 하고 피부 본래의 자연스러운 톤을 감추게 하는 백분 없이 화장하는 법을 추천했는데, 가능하면 백분 대신에 여러 가지 크림과 화장수를 사용하고 백분을 쓰더라도 무연鉛無 또는 연독鉛毒이 없는 백분을 연하게 사용할 것을 권장했다. 심명숙은 이 글에서 직업여성이 상대 고객에게 주는 호감과 유쾌한 감정은 곧 생계에 중대한 영향을 주는 것이기 때문에 언어 행동과 아울러 미용이 중요하다고 주장했는데, 오늘날 사회활동을 하는 직장 여성들이 화장하는 이유와 크게 다르지 않아 보인다.

1935년에는 종로의 한청빌딩 4층에 여왕미장원이 신설되었다. 오숙근이 원장으로 있던 이 미용실은 최신의 설비를 갖추고 일류

28
미용실에서 전발하는 모습
(『매일신보』 1940. 1. 22)

미용사를 초빙하여 개원했는데, 당시 오엽주가 운영하던 화신미장부는 화재로 사라진 상태였기 때문에 경성에서는 이곳이 조선인이 경영하는 유일한 미용실이었다. (1963년 2월 19일자 『경향신문』은 남자 미용사인 이정섭이 여왕미용원을 운영했다고 적고 있다.) 이 미용실은 1935년 엘리베이터를 갖춘 신축 건물인 한청빌딩 안에 있었기 때문인지 한청미용원이라고도 불렸는데, 단 5분이면 건조시키는 '머리 말리는 기계'와 도쿄의 일류급 전문 미용소에서 실력을 쌓고 온 젊은 미용사들이 종사하고 있어 종래 조지아丁子屋 미용부나 미쓰코시 미용부를 이용하던 여성 고객들을 끌어들였다. 이 미장원의 미용사인 정화정은 1935년 10월 31일부터 11월 8일 사이에 『매일신보』 지면에 「가을과 화장」이라는 연재 기사를 7차례 실었으며, 오숙근도 『조선일보』에 「향수의 매력」에 대해 5차례 연재하며 여왕미장원을 알렸다.

정확한 개원 연도는 알려져 있지 않지만 1930년대 후반에 들어서면 중앙미용원이 등장한다. 이 미용실은 남대문통 1정목에 있었는데, 소속 미용사인 홍종숙과 박영애가 『매일신보』에 여러 편의 미용 관련 기사를 실으면서 미용실의 존재를 알렸다. 먼저 홍종숙은 1939년 7월 17일부터 20일까지 4회에 걸쳐 '여름 화장법'에 대해 자세히 소개했고, 이어서 8월 10일부터 12일까지 3회에 걸쳐 '미용수첩'이라는 신문 꼭지를 통해 마사지하는 요령을 알렸다. 또한 1940년 1월에도 3회에 걸쳐 파마, 전발電髮, 머리 손질 등에 대해 소개했는데, 사진 28은 각종 전기기구와 헤어드라이어로 여성 고객의 전발을 손질하고 있는 미용사의 모습이다. 또 다른 미용사 박영애도 1940년 7월 한 달 동안 '미용교실'이라는 연재 꼭지를 진행했는데, 머리 염색을 비롯해서 여름 화장 주의법에 이르기까지 미용에 유익한 정보를 제공했다. 중앙미용원에는 지금까지 소개한 미용사 이외에도 여러 명의 미용사가 있었던 것 같은데, 1942년 10월 그곳 '종업원 일동 10명이 가뭄으로 피해를 본 이재민들을 위해 구제 의연금 200원을 모아 관계 기관에 기탁하기도 했다.'는 기사에서 그 규모를 짐작할 수 있다.

1930년대 들어 미용실을 찾는 여성 고객이 급증하면서 미용사가 새로운 여성 직업으로 부상했으며, 1939년 9월 현재 그 수가 100여 명을 넘어섰다. 이에 따라 미용사들을 이발사들과 마찬가지로 위생과 관련해서 관리할 필요가 생겼는데, 이미 1923년 도령道令으로 제정되어 시행되어오던 이발영업취체규칙을 개정하여 1936년 1월부터 미용실에도 확대 적용키로 했다. 이에 따라 미용실은 이발소와 마찬가지로 설비, 위생, 미용사 자격 등에 대한 규제를 받게 되었고, 1939년 9월 경기도 위생과에서는 미용사 시험제도를 도입하여 그들의 자격과 숫자를 제한하고 위생 사상을 고취시키고자 했다.

전시체제와 미용실의 쇠락

중일전쟁 이후 전시체제로 돌입하면서 물자 수급이 어려워지자 그 여파는 미용계에도 미쳤다. 1938년 일본 정부와 조선총독부는 장기전을 대비해 군수품 제조를 위한 물자 동원에 나섰고, 생활개선과 소비 절약을 독려하는 차원에서 백화점에서 판매되는 유행품 제조를 금지하는 동시에 여성들의 의복 개선과 함께 퍼머넌트 웨이브와 같은 양발洋髮에 대한 단속에 나섰다. 이러한 비상시국에서 경성미용원조합에서는 1939년 7월 7일 중일전쟁 2주년 기념일을 맞아 미용 관련 근로봉사를 하며 그 수익금을 모아 위문금으로 내놓는가 하면, 미용사들은 신문지상에 화장품 절약 방법(자연 미용법)과 사치스런 양발에 대한 자제와 대안을 제시하는 내용의 글을 기고하는 등 전시체제에 동원되었다.

미용실을 찾는 고객 중에 다수를 차지하던 계층은 기생들이었는데, 파마를 한 기생(파마 기생이라고 불림)들이 단속에 걸려 실직을 당하거나 기생조합(권번券番) 자체가 폐업을 맞기도 했다. 1939년 1월 종로경찰서에서는 1938년 가을부터 관내의 권번 기생들에게 양발을 금지토록 한 규정을 어기고 머리를 노랗게 지진 종로 권번 기생 이화자를 적발하고 권번 책임자를 불러 일주일간의 영

29
파마한 머리에 바르는 에센스인 '랑랑 향유' 광고.
이 광고는 1930년대 후반 파마가 유행했음을 보여준다.
(『동아일보』 1939. 3. 16)

업정지 처분을 내렸다. 또한 그해 9월에는 여러 차례 주의를 주었음에도 파마를 한 종로 권번 기생 김순애를 불러 영업장을 빼앗고 영업 폐지원을 제출케 하는 등 단속의 강도를 더했다. 이처럼 미용실 입장에서 보면 가장 많은 수입을 올릴 수 있는 파마와 같은 양발이 금지되고 이로써 단골 고객인 파마 기생들의 수가 줄어들자 미용실은 자연 쇠락의 길을 걸을 수밖에 없었다. 사회 전반에 걸쳐 불경기가 심해지자 기생들 중에는 생활난에 빠져 음독자살하는 경우가 있었는데, 미용사들도 생계가 막막해지자 전업을 서둘렀다. 미의 전도사로서 미용사들은 여성의 아름다움을 창조하는 최전선에서 일했지만 그들도 앞서 살펴본 카페 여급과 이발사들과 마찬가지로 일제말기 식민지 조선에서 살아간 모든 민중의 삶을 그대로 좇았다.

읽을 거리

오엽주 씨의 미용원
(『삼천리』 제5권 제4호, 1933년 4월호)

지난 어느 한때에 '조선의 아가씨로 이역의 스타'니 '이역 영화계에 피는 경성의 일가인 一佳人'이니 하고 한참 동안 오엽주의 이름이 신문지상으로 부지런히 보도되었던 것이다. 그러다가 또 한때는 그의 종적조차 알 수 없으리만큼 그의 소식이 단절된 때도 있었던 것이다.

그는 일찍이 평양여자고등보통학교를 졸업한 후 오사카에 가서 녹음고등여학교綠陰高等女學校까지 졸업하고 또 얼마간 보통학교 선생의 자리도 차지해보았다. 그러나 보통학교 선생 그것이 자기가 하고자 하는 바가 아니었다. 그래서 그는 어릴 적부터 몹시 동경하던 영화예술을 찾겠다고 단연 동경으로 뛰어갔던 것이다. 본래 인물 예쁘고 또 스크린에 나타나서 밉지 않을 스타일의 소유였으므로 촬영소 안에서나 일반 대중에게 많은 귀염과 환영을 받았고 따라서 예상 외의 호화로운 생활도 하였다고 한다.

그러나 언제나 변하기 쉬운 것은 사람의 환경이다. 그는 모든 것을 성공하기 전엔 조선에 돌아오지 않으리라고 늘 마음에 새기고 있었던 것이 어떤 까닭이었던지 그는 호화로운 그 생활을 버리고 조선에 돌아오게 되었던 것이다. 하나 그를 맞아줄 만한 기관이라곤 아무것도 없었다. 결국 그는 시내 모 카페에까지 이르게 되어서 그를 보려고 일부러 카페 출입하게 된 남자까지도 있었다고 한다. 어쨌든 그는 조선 영화계에서 기대한 인물인 만큼 그가 그곳에까지 홀로 들어갔으므로 일반(그를 아는 사람)은 애석하게 여겼던 것이다.

그러나 우리는 지금에 즐거운 소식을 듣는다. 그가 화신상회 2층에서 미용원을 열었다는 반가운 소식을 듣는다. 복잡한 백화점 2층 한편 구석에 얌전하게 차려놓은 오 씨의 미용원을 찾던 날은 봄날로서는 몹시 음산한 날이었다.

"얼마나 분주하신가요?"

"뭐 아직 개업하지 않았기에……" 씨는 말을 맺지 않고 왼쪽 커다란 방 쪽을 돌아본다.

"설비는 다 되었지요?"

"하느라고 했지만 아직도 불충분합니다."

설비가 덜 됐다고는 하나 여기저기 달아놓은 체경이라든가 의자 그 외 여러 가지 이름 모를 도구들이 모조리 정돈되어 있는 것 같았다.

"그래 많은 직업 중에서 하필 이 직업을 택하시게 된 동기는 어디 있습니까?"

"동기라고는 별 것 있겠습니까. 저는 전에 일본 송죽松竹 키네마에 있을 때부터 미용에 대해서 특히 연구하고 싶었습니다."

"어떤 느낀 바가 있었던가요?"

"네! 우리 조선 여성들은 너무나 미용에 관한 상식이 없습니다. 그저 얼굴에 분을 희게 바르면 좋은 줄 알고 분칠하듯이 합니다. 그러니까 자연의 폐가 많습니다. 그뿐 아니라 그 연독이 많은 분을 그렇게 많이 바르면 어린아이에게까지 많은 해를 주게 되는 것입니다. 그래서 저는 꼭 한 가지 표어를 늘 여러분에게 말씀해드립니다."

"어떤 표어요?"

"네, 그것은 여성이여! 튼튼하고 또 건강하라고요"

"얼굴에 분 바르고 머리 빗기는 것으로서 튼튼해질까요? 어여뻐는 지겠지만"

"미용이라고 해서 단지 곱게만 하는 거라고 일반 생각지마는 그렇지 않습니다. 사람의 신체를 건강하게도 합니다."

미용원이라곤 이름만 들었지 근방에도 가 보지 못한 기자는 씨의 말에 반신반의하지 않을 수 없었다.

"그런데 일본 가서 배우 노릇 하시다가 왜 그만두었습니까? 미용원을 목적하고 그만두시게 되었는가요?"

"아니요. 그때는 단지 어머님 한 분이 고향에서 외로워하시는 것 때문에 나온 것이랍니다."

"그곳에서의 생활이 재미없으니까 그만두지 않았습니까? 어머님을 모시다가 함께 계셨다면 좋지 않았을까요?"

"네. 생각도 해보았습니다마는 어머님이 어디 일본에 가시겠다고 하셔야지요. 일본 있을 때의 저의 생활이야말로 퍽이나 호화로운 생활이었고 유쾌한 생활이었습니다."

"일선인日鮮人 간에 차별적 대우가 심하지 않아요?"

"절대로 그렇지 않았습니다. 오히려 특별한 대우를 받았습니다. 그렇다고 보수 같은 것을 많이 받았다는 것은 아닙니다."

"그런데 이렇게 자꾸 묻기만 해서 안 되었습니다마는 저 카페에 들어가시게 된 동기는요?"

"동기라기 보담 저는 인생의 속속까지 좀 알고 싶은 생각에서 들어갔습니다. 세상 사람이 말할 때 카페는 매춘부나 마찬가지로 여긴다고 하지마는 참 인생 생활이란 어떤 것인가를 알려면 그곳에 한 번 가보는 것도 다시없는 배움의 길이라고 생각합니다. 다른 사람들이 저를 볼 땐 제 생애 중에 있어서 한 검은 점이라고 볼지 모르겠습니다마는 한 달 동안의 그 생활이 저에게는 너무나 커다란 교훈을 보여주었습니다."

씨는 몹시 열렬한 태도로 말한다.

"인제 더 해보시고 싶은 일이 없습니까?"

"인제요. 글쎄올시다."

"아니, 미용원을 성공하시겠다는 생각뿐인지요. 다른 것도 해보실 작정이십니까?"

"네. 물론 미용원으로서 내 일생의 직업을 삼겠습니다."

그는 모든 자기를 모조리 청산했다는 듯이 굳게 말한다.

"개업은 언제부터지요?"

"사실은 오늘부터인데 신문에 내일(3월 16일)부터라고 되었기 때문에 내일로 했습니다."

"오는 분들이 많으리라고 생각됩니까?"

"글쎄요, 처음이니까 모르겠습니다. 우선 선생님 같은 분들이 먼저 오셔야지요."

씨는 어여쁜 얼굴에 가는 미소를 띤다. 씨의 얼굴이 나이보다 젊어 보이는 미용법을 익숙히 아는 까닭인가도 싶어서 기자는 한 번 받아보고자 하는 충동을 느끼면서 씨와 작별했다.

미인 제조실 참관, 오엽주의 미장실
(『삼천리』제6권 제8호, 1934년 8월호)

누구나 미인 되기를 바란다.
누구나 미인이거니 자부한다.
이것이 현대 여성의 심리의 전부다. 그러

면 미인을 만드는 곳이 없는가. 이 편리한 세상에 못난 여자라도 미인을 만들어내는 기계나 무슨 요술 같은 솜씨가 없을까. 그러나 이러한 근심을 할 필요가 없이 서울 종로에만 나서면 꽃 같은 여자를 하루에도 수십 명을 제조하여내는 제조실이 있다.

나는 7월 중순 어느 더운 날 땀을 씻으며 화신백화점 2층 난간에 섰다. 이유는 어느 모던 여성이 행여 미인 되려고 이 미장실美粧室을 찾는 이가 있지 않을까 하여서다. 잠시 동안에 내 앞으로 칠팔 명의 사람들이 오르내린다. 그중에 어떤 종교 단체의 간부로 있는 유명한 여성 한 분이 핸드백을 휘휘 저으며 올라가는 눈치가 아무래도 미인 되고 싶어하는 듯하여 그의 뒤를 슬며시 따랐다.

2층 서편 쪽 구벽진[구석진] 도어를 두드린다. 아니나 다를까 미장실로 들어감이다. 나도 따라 들어갔다. 거기에는 연지 냄새, 분 냄새, 향수 냄새에다가 젊은 여성 특유의 살결 냄새, 땀 냄새가 모두 칵테일이 되어 값비싼 여송연 태우는 연기 같은 향기로운 냄새가 되어 코를 찌른다. 젊은 남성은 이 냄새(臭氣)에 기절 아니한다면 퍽이나 용감한 청년이라 할 것이다.

실내 장치는 길게 모로 된 양식 방 안 이발소 모양으로 아주 큰 체경을 3, 4대 놓았고 가로 눕는 긴 의자를 그 앞에 모두 놓았다. 지금 바야흐로 어느 양귀비를 꿈꾸는 이팔청춘 젊은 여인이 그 경대 앞에 앉아 머리를 지지고 있다. 지지는 이는 유명한 오엽주 양이다. 삼단 같은 검은 머리 그것을 파도 물결 모양으로 곱슬곱슬 물결쳐 흐르는 유행의 유선형으로 하렴이 목적인 듯.

한쪽 의자 위에는 거기 역시 여학생인 듯한 여자 한 명이 낮은 코를 연해 양쪽에 연지 칠하여 돋우려고 애를 쓰고 있다. 동양의 클레오파트라 되어 한강수를 나일 강 삼고 당대 영웅호걸을 손 안에 쥐었다 폈다 하렴인가. 두 눈동자 검고 큰 것으로 보아 족히 그리할 용기가 있음직도 보인다.

한쪽에서는 매니큐어를 한다. 손톱과 인생과 무슨 관계가 있느냐고 그런 야만적 말을 하지 말 것이다. 손톱이 행여 너무 자랐거나, 그 속에 티 한 알갱이 끼었던 관계로 애인에게 배적받은 미국 여우女優도 다 있지 않다던가. 아무쪼록 아름답게 그리기 위해서는 머리끝에서 발가락에까지 모두모두 아름다워야 한다. 이것이 아마 현대 미인의 이상인가 보다.

내가 뒤따라왔던 아까 그 간부 씨는 늙은 청춘의 체면도 돌아볼 결 없이 한 모퉁이에 노인 응접 테이블에 가서 앉더니 책상 위에 놓인 서양 미인들의 앨범을 보고 있다. 아마 제 이마 위에 작고 늘어가는 주름살을 어떻게 하면 없앨런고 하는 것을 생각함인 듯, 날더러 미용사를 시키라면 그 여사의 얼굴에 분바가지를 드리씌우면 낮은 코 높게 하고, 큰 입을 바틈하게 작게 하고, 내 천川 자 이마의 주름살을 계란 딱지 모양으로 티 하나 없게 쓸어버릴 수 있으련만 암만해도 현대 문명의 기술은 너무 겸손한 느낌이 있다.

이 화장실에 드나드는 여성은 하루에도 4~50명, 그 중에는 학교 교사, 관청 사무원, 여배우, 여가수 또 아무개 아무개 하는 사회 명사, 또 모모씨 등의 여류 문사 간혹은 여학생들도 끼인다. 나이는 대개 30 내외가 대부분이다. 가는 날을 붙잡으려 하는 늦게 되려는 9월 국화들이라 할런고.

이 화장실은 오엽주 여사가 경영한다. 여사는 일찍 상해에도 가 있었고, 동경에도 가 있었다. 동경에서 화장술을 배우고 돌아와서 화신을 배경으로 지금 대활약하고 있는 중이다. 예전에 영화배우로도 있었던 분이니만치 퍽이나 아름답고 모양 있는 분이라. 그리고 화장하는 솜씨가 놀라워서 아무리 호박 같은 못난 여성이라도 오 양의 부드러운 솜씨에 한번 거쳐 나오면 금시에 분두지 변 하여 나비 되듯 절대 가인이 되어 나온다. 화장술은 점점 발달되어 지금은 웬만한 가정부인들도 이틀에 한 번, 사흘에 한 번씩은 오는 이가 많다던가.

4장
종로 야시에 가다

종로에 야시가 열리다

올해는 이상 기온 현상으로 어느 해보다도 일찍 더위가 찾아왔다. 5월부터 찾아온 더위가 본격적으로 시작되면 많은 사람이 들로 산으로 바다로 바캉스를 떠날 테지만, 하루 벌어 하루 생활해야 하는 영세민들에게 무더운 여름은 경제적으로나 육체적으로나 힘든 고난의 계절일 뿐이다. 이러한 영세 상인들이 대다수였던 일제강점기 경성에서는 여름을 어떻게 보냈을까? 그들은 여름이라 해서 특별히 바캉스를 계획하기보다는 대개 한낮의 열기를 피해 집에 있다가 밤이 되어서야 인근 공원이나 거리로 쏟아져 나와 더위를 식혔다. 특히 종로에서 야시夜市가 열리면서 경성부내는 산책 겸 구경 나온 사람들로 불야성을 이루었다.

종로 야시는 자작 조중응, 한호농공은행장 백완혁 그리고 실업가 예종석 등 3인의 발기로[1] 1916년 7월 21일 종로 2정목 전차교차점(종로 2가 종각 근처)에서 종로 3정목 탑골공원에 이르는 도로를 구역으로 하여 개설되었다. 야시의 개설 목적을 "시가의 은성殷盛을 도圖하고 내선인內鮮人의 화리和裏 협동을 계計하기 위함이라."고 밝혔는데, 이미 일본인 시가지인 태평통에는 야시가 개설되어 성황을 이루는 데 반해 북촌의 조선인 시가에는 아무것도 없고 종로통 큰길 양편에 있는 상점들도 일찍 문을 닫는 습관이 있어 종로 거리는 밤만 되면 자는 듯 죽은 듯 활기를 잃어 남촌의 밤과 대조를 이

---

1) 정미칠적과 경술국적의 한 명인 조중응은 대한 제국 후기 이완용 내각에서 법무대신과 농상공부대신을 지냈으며 1910년 10월 16일 일본으로부터 훈1등 자작작위를 받고 조선총독부 중추원 고문에 임명되었다. 1916년 11월에 결성된 친일단체 대정실업친목회의 대표로도 활동했으며, 백완혁과 예종석도 이 단체의 발기인과 간사로 참여했다. 종로 야시의 개설이 이들 친일파 3인의 발기로 이루어졌다는 점에서 그 개설 목적이 단순히 경성의 상업 발달에 있는 것만은 아닌 것 같다.

30
야시가 개설된 종로 2가 거리

루고 있었다. 이에 종로에도 야시를 개설하여 남촌에 비해 상대적으로 낙후된 상권을 신장하고자 했던 것이다.

비로 인해 이틀 연기된 개시일 당일에는 종각 옆에 있던 관제묘(관우묘)에 발기인들을 비롯하여 종로의 일반 상인과 부인 그리고 기생들이 모여 야시의 시작을 알리는 개시제를 지냈으며, 광교·다동·신창 등 3곳의 기생 조합 전체와 배우 조합 일동이 참가한 가장행렬과 신구 군악대의 연주가 개시를 알리고 사람들의 흥을 북돋았다. 야시 개설은 10월 말일까지 매일 밤마다 오후 7시부터 12시까지 계속되었으며, 첫해 출점出店한 점포의 수가 250개에 달해 더 이상 점포가 들어설 자리가 없을 정도로 만원이 되었다. 그러나 노점 청원자가 끊이지 않자 7월 28일에는 야시 구역을 파자교(돈화문길 입구 부근) 앞까지 연장하기도 했다. 그리고 감찰鑑札을 받고도 3일 이내에 점포를 개설치 않을 경우에는 그 감찰을 무효 처리하도록 했다.

점포의 형태는 오늘날의 노점과 크게 다르지 않은데, 굵지 않은 네 개의 기둥을 세우고 그 위로 천장을 가로지르는 나무를 걸친 다음 여기에 광목 포대를 둘러치면 하나의 임시 점포가 만들어진다. 여기에 전등을 1개씩 달아놓고 물건별로 일렬종대로 진을 치면 비로소 야시의 모습이 갖추어지는 것이다. 이러한 형태는 일본 도쿄의 야시를 그대로 따다놓은 것으로, 야시 노점은 이러한 형태를 가장 이상적으로 보고 줄곧 이 형태를 유지했다. 또한 야시 노점은 기존의 상점들과 인도 하나를 사이에 두고 설치되었기 때문에 1921년부터 시행된 좌측통행도 있는 둥 없는 둥 인파가 섞인 채 통행이 이루어졌다. 여기서 파는 물건은 화장품, 철물, 과실, 지물, 포목 등 주로 값싼 일용 잡화나 생필품이었다.

야시는 생활용품의 진열장일 뿐만 아니라 '신사와 기생, 남녀 학생과 건달패, 아이 딸린 할머니와 젊은 아씨, 망건 갓에 꼬부랑 지팡이를 끄는 시골 노인, 파는 사람, 사는 사람, 구경 온 사람, 구경시키는 사람' 등 각양각색의 사람들로 붐비는 '인간 진열장'이었다. 그래서 이곳은 물건만 파는 곳이 아니라 '사람 구경터'였으며, 서로가 서로의 볼거리가 되는 근대적 시선의 욕망이 꿈틀거리는 공간이었다. 따라서 종로 야시는 필경 경성의 도시경관이 근대적으로 변모하기 전부터 그리고 백화점과 같은 근대적 상업 시설이 들어서기 전부터 도시 산책자의 출현을 이끈 동인이 되었다.

종로 야시는 1916년 개설된 이래 1919년을 제외하고 일제 말기까지 매년 정례적으로 열렸다. 1917년에는 5월 1일에 종로 야시가 열렸으며 첫날 모인 인파만 수만 명에 이르렀다. 1918년에는 전 해보다 한 달가량 앞당긴 4월 10일에 개시하였다. 1919년에는 고종의 서거를 계기로 3·1운동이 일어나자 조선총독부에서는 군중이 많이 모일만한 장소를 미리 단속하고 야시 개설도 불허하였다. 따라서 매년 열렸던 종로 야시도 1919년에는 열리지 못했다. 한 해 걸러 다시 열린 1920년 야시는 점포수가 40~50개로 예년에 비해 많이 줄었으나 5월 1일 개시일 당일 산책 겸 구경 나온 사람이 남녀노소 합쳐 5,000~6,000명에 달하였고 그들이 내는 와각와각하는 소리는

'싸구려'를 외치는 야시 상인들의 목소리와 자동차와 인력거가 오가는 소리와 어우러져 경성의 밤을 깨웠다. 이를 두고 혹자는 "문명은 경성의 암흑을 정복하고 수없는 전등은 불야성을 만들었다. 그리하여 경성의 밤은 잠자는 밤, 침묵의 밤이 아니었다. 움직이는 밤이오, 소리치는 밤"(『조선일보』1925. 8. 23)이라고 쓰기도 했다.

개시일은 매년 변동이 있었는데, 1921년에는 다시 한 달가량 앞당겨 4월 11일에 열렸으며 그다음 해부터는 매년 4월 1일로 정해졌다. 철시일은 9월 말일이나 10월 말일로 해마다 조금씩 변동이 있었다. 개시 시간도 점차 늘어나서 1921년에는 정오 12시부터 오후 10시까지로 확대되었다. 시장 구역은 종로 2가에서 종로 3가 사이로 매년 일정했으나 1925년에는 종로 일대 도로의 개수 공사 기간과 맞물려서 남대문통의 야마구치山口은행 경성지점 앞까지 연장되기도 했다. 하지만 1926년 4월 25일 순종이 서거하자 하루 벌어 하루 살아가는 야시 상인들이었지만 애도하는 마음에서 점포며 상인이며 누구 할 것 없이 철시하기도 했다. 또한 순종의 대상제大祥祭가 치러진 1928년 5월 2일에도 북촌 일대의 각 상점들과 함께 야시도 일제히 철시하였다.

31
야시 상인 모집에
몰린 지원자들
(『조선일보』1929. 3. 28)

1929년에는 경복궁에서 열린 조선박람회 개최와 맞물려 어느 때보다도 성황을 이루었다. 4월 1일 개시를 앞두고 야시 상인 모집에 정원의 10배가 넘는 3,000여 명의 지원자가 몰려 어쩔 수 없이 추첨을 통해 336명에게만 허가를 내줄 수 있었다. 이러한 지원자의 급증 현상은 박람회를 물품 판매의 호기로 삼고자 한 야시 상인들의 기대 심리를 반영한 것이기도 했지만 한편으로는 세계적인 경제 공황 속에서 극도의 생활난에 빠진 영세민들이 급증했음을 단적으로 보여주는 것이기도 했다. 한편 야시 개설은 1925년까지는 경성 내 지역 유지들의 발기로 이루어졌지만, 같은 해 12월에 중앙번영회가 창립되면서 1926년부터는 이 단체가 주최하는 사업으로 바뀌었다. 그리고 1930년 12월 중앙번영회가 경성상공협회로 개칭되자 종로 야시는 1931년부터 이 협회 경영하에 열리게 되었다.

종로 야시와 그 경쟁자들

야시의 필요성은 1910년 11월 『매일신보』가 처음으로 제기했으며, 1911년 경성의 상업가 제씨가 모여 종로에서 전동(현 수송동) 및 안동(현 안국동) 네거리까지 야시 개설을 협의했다는 기록도 남아 있다. 그러나 실제로는 경성서부번영회가 1914년 9월 태평통 2정목 일대에 개설한 야시가 그 효시이다. 이 지역의 일본인 상인들이 주축이 되어 연 태평통 야시는 수백 개의 노점과 수만 명의 구경꾼들이 몰려 성황을 이루었으며, 1915년에는 4월 3일 일본의 신무천황제일神武天皇祭日을 기회 삼아 개시 날짜를 봄철로 앞당겼다. 개시 당일에는 기생들의 춤과 점두店頭에 꾸며놓은 생화生花 대회가 흥을 돋웠으며, 야시가 열린 태평통 가로는 같은 해 9월에 개최될 《시정5년 기념조선물산공진회》의 통로여서 길가 좌우에 200촉이나 되는 대형 아크등이 특설되어 색채 만발한 불야성을 이루기도 했다. 그러나 태평통 야시는 1916년을 마지막으로 더 이상 열리지 않았으며, 대신 그해 개설된 종로 야시에 흡수되거나 철폐된 것으로 보인다.

경성에서 열린 야시는 종로 외에도 약초정을 비롯하여 서대문 교남동, 구 용산, 남대문통, 장곡천정(현 소공동), 배오개(현 종로4가), 신당리에서도 개설되었다. 먼저 1918년 4월 25일에 개시된 약초정 야시는 도로 개수 공사의 준공을 기회로 지역 유지들이 청원하여 개설되었는데, 과물점 구역에는 과물점만 모이게 하는 등 상품별로 점포를 일정한 구역에 나눠 배치했다. 개시 초에는 종로 야시와 견주어지기도 했으나 그리 오래 존속되지 못했다. 1925년 4월 20일 개시된 서대문 야시는 안광필과 홍종성 두 사람이 연명連名하여 서대문경찰서를 경유 경성부에 야시 설치원을 제출하고 경성부의 허가를 받아 개설되었다. 서대문우편국 앞부터 교남동 돌다리에 이르는 약 250칸의 구역에 서대문 야시가 개설됨으로써 그때까지 종로 한 곳이었던 야시가 두 곳으로 늘이나게 되었다. 1935년부터는 1914년 태평통 야시를 개설하기도 했던 서부번영회 주최로 열린 서대문 야시는 오락 시설을 갖지 못한 서부 경성의 유일한 '저녁 산보 지대'가 되었다.

남대문통 야시는 지역 유지 상업가 20여 명의 발기로 1925년 6월 10일 남대문통 1정목 서쪽 구역에서 개시되었는데, 개시 전날까지 신청한 매점 희망자에게는 6월분 점등료와 소지료掃地料를 감면해 주기도 했다. 장곡천정 야시는 1929년 9월 경복궁에서 열릴 조선박람회를 앞두고 남촌 지역의 일본인 상인들을 위해 장곡천정상업회의소 주최로 여름부터 장곡천정 넓은 길가에 개설되었다. 진고개의 유수한 상점에서 물품을 끌고 나와 출점하였는데, 지방에서 올라오는 수십만의 박람회 관객을 대상으로 종로 야시와 상업 경쟁을 벌였다.

1933년 개설된 배오개 야시는 동부 인보관 주최로 종로 4정목(종로4가) 한성은행 동대문지점에서 종로 5정목 대학로 입구까지를 구역으로 4월 1일 개시됐으며, 야시의 수익금 일부를 동부 방면 사업비에 사용한다는 계획을 갖고 있었다. 주최 측에서는 야시 신설 기념으로 각 매점에서 물품을 사는 사람들에게 매상 50전마다 경품권을 주기로 하여 많은 호응을 얻었다. 1935년에는 행정구역

32
서대문 야시 개막 관련 기사(『조선일보』1935. 8. 23)

확장으로 경성부 편입을 앞둔 신흥 주거 지역 신당리에 지역 유지로 구성된 교풍회矯風會 주최의 야시가 개설되었다. 신당리 230번지에서 248번지 사이에 마련된 신당리 야시는 전등 가설도 이미 완료하여 7월 10일부터 개시에 들어갔다.

각 지방에서도 1915년 평양 야시를 비롯하여 수많은 야시가 잇따라 개설되었으며 1920년대 들어서 본격화되었다. 1921년 겸이포, 1924년 경주, 안성, 1925년 대전, 포항, 성진, 여수, 1926년 마산, 금천, 1927년 청주, 대구, 이리, 1929년 군산 등지에서 야시가 열렸다는 기록이 남아 있다. 이처럼 일제강점기 내내 경성과 지방에 수많은 야시가 개설되었지만 수십 년간 지속된 야시는 종로 야시가 유일했으며, 야시 하면 종로 야시를 의미했다.

야시에서 생긴 일

동서고금을 막론하고 사람이 모이는 곳이면 어느 곳이든 어김없이 일어나는 각종 범죄와 사건 사고가 야시에서도 빈번했다. 야시를 무대로 가장 많이 일어난 범죄 행위는 단연 절도와 소매치기였다. 야시가 처음 개시됐을 무렵에는 물품을 훔치는 절도 행위가 빈번했으나, 해를 거듭할수록 야시에 사람이 많이 몰려들자 구경꾼들을 노리는 소매치기가 극성을 부렸다. 1931년에는 야시 전문 소매치기단 4명이 검거되어 취조를 받았으며, 1933년에는 야시나 전차 칸을 골라 다니며 사람들의 호주머니를 노리는 이른바 룸펜 소년들이 빈번히 출몰하여 6월 중에만 22건의 소매치기를 했다.

1922년에는 종로경찰서 순사 임수창이 야시 상인 박준순과 가격 흥정을 빌이다 그를 발실로 차서 숨지게 한 살인 사건이 일어나 5년 징역형에 처해지기도 했다. 또한 1925년에는 부자가 함께 도둑질한 물건을 수레에 싣고 나와 종로 야시에서 팔다 잡힌 일도 있었다. 가택을 수색한 결과 그들이 훔친 장물은 의복과 가구 등 우차로 두 차 분량이었다고 한다. 1935년에도 낮에는 시내 유명 백화점을 순례하다시피 드나들면서 20여 차례에 걸쳐 양복 부자재를 훔쳐다가 밤이 되면 야시에 나가 점포를 차려놓고 그것을 팔아 분에 넘치는 사치 생활을 해온 전문 소매치기가 유치장 신세를 지기도 했다. 1938년에는 구경꾼들을 폭행하고 돈을 갈취하기로 유명한 종로 야시의 '깽'이 잡혔으며, 1939년에는 종로 2정목에 사는 한 일본인에게서 춘화도 두 장을 40전에 사서 그것을 복사한 후 종로 야시에서 나가 5매 1조에 2전씩 총 45원어치를 판 사진업자 두 명이 검거되기도 했다.

비단 야시에 한정된 것은 아니지만 이처럼 각종 범죄와 퇴폐 행위 등이 밤에 빈번하게 일어나자 이에 대한 부정적인 반응이 도시 문학에 그대로 투영되기도 했다. 1934년 『조선일보』에 연재된 「카메라 산보」의 필자는 "도회의 밤은 죄의 씨를 뿌리고 죄의 꽃을 피우는 때"이며 "일루미네이션의 생광은 도회의 암흑가의 등대와 같

33
등화관제 실시 광경
(『동아일보』 1937. 8. 22)

다."며 "썩은 생선 속 같은 서울의 밤은 야시꾼의 외마디 소리에 깊어간다."고 표현하고 있다.

한편 1937년 7월 7일 중일전쟁을 일으킨 일제는 그해 8월 21일 경성 전역에 등화관제를 실시하였다. '전쟁! 적기 내습! 등화관제,

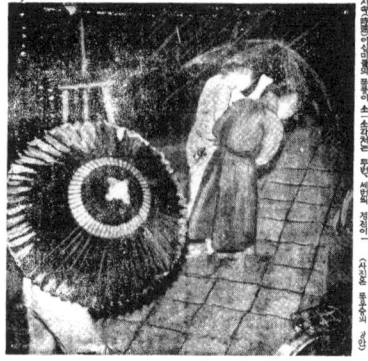

34
화재로 형체만 남은 화신백화점
(『조선일보』 1935. 1. 29)

35
폭우에 우산을 쓰고 가는 장안 사람들
(『조선일보』 1938. 8. 16)

　'방호단 출동!'이라는 구호와 명령이 내려지면 5색 전등이 휘황하던 경성의 밤거리는 일순간 암흑세계로 변하였다. 150여 호의 점포가 '불야성'을 이루던 종로 야시도 온갖 네온사인을 내뿜던 주점과 다방, 백화점과 극장 등과 함께 '흑야성'을 이루었다. 1933년 이래 부분적인 등화관제 예행연습은 있었으나 경성 전역에서 등화관제가 일시에 실시된 것은 그때가 처음이었다. 21일 오후 10시 10분을 기해 경계관제 해제로 등화관제도 해제되어 22일 밤부터 다시 경성의 밤은 불야성을 이루게 되었으나 26일부터는 상시 등화관제를 실시하여 불필요한 광고등과 옥외등의 사용이 제한되었다. 그러나 야시는 우편국이나 병원, 경찰서 등과 함께 종전과 같이 그대로 전등불을 켜놓고 장사를 할 수 있도록 했다. 다만 경계관제로 바뀌면 바로 불빛을 가릴 수 있도록 검은 보자기와 같은 조명 차단 장치를 항시 준비하도록 했다.

　야시 상인들은 등화관제와는 달리 예고되지 않는 재해 때문에 많은 피해를 보기도 했다. 1935년 1월 27일 화신백화점이 인근에서 과일 행상을 하던 노점상의 실화로 전소하였는데, 이 화재 여파로 화신 앞에서부터 종로 2정목 우미관 앞까지 야시를 열고 있던 80여

호의 노점들이 전멸하게 되었다. 불이 나자 소방대를 비롯하여 여섯 곳의 경찰서원이 총동원되고 또 이를 보려는 수천 명의 구경꾼들이 몰린 데다가 교통이 차단되고 정전 사태까지 일어나자 떠밀린 군중들에 의해 점포가 파괴된 것이다. 화신백화점은 상품과 건물을 포함하여 모두 45만 원의 손해를 입었으나 보험액이 44만 원에 달해 복구하는 데 큰 지장이 없었다. 또한 건물이 복구될 때까지 죽첨정 이정목에 있던 화신모범연쇄점에서 사무와 거래를 계속할 수 있었다. 반면 야시의 영세 상인들이 입은 피해는 고스란히 본인들이 떠맡아야 했다.

1938년 야시 상인들에게 또 한 번의 시련이 닥쳤는데, 이번에는 태풍 피해였다. 8월 15일 저녁 경성에서는 뇌성벽력과 함께 한 시간 반 동안 내린 전대미문의 폭우로 정전과 낙뢰 사고가 잇달았는데, 가장 큰 피해를 본 것은 종로 야시였다. 폭풍우로 260여 호를 헤아리던 점포 대다수가 거의 전멸되어 수박, 참외, 사과 등의 과일은 뒹굴어 깨지고 포목과 의복이 거리로 날아다니는 형국이었다. 가장 큰 피해를 본 노점은 22곳의 책 가게로 종이 한 조각 쓸 수 없을 정도로 전파되어 6,000원 가까운 피해를 봤으며, 전체 노점 피해액은 8만 원에 달했다. 야시를 주최한 인사정(현 인사동) 상공협회에서는 상인들을 위한 실질적인 보상 방법을 강구하는 대신 단지 손해액을 조사하고 하루바삐 개점할 수 있도록 조치하는 데 그쳤을 뿐이다. 이렇듯 천재지변은 경제적 약자들에게 더 많은 시련과 고통을 안겨줬다.

종로 야시의 철폐와 부활

말도 많고 탈도 많았지만 종로 야시는 경성의 명물이자 조선의 명물로서 오랫동안 그 명성을 유지했다. 1938년 『동아일보』는 이러한 명성을 이어가기를 바라는 뜻에서 연재 기사를 통해 야시 상인들에게 애정 어린 충고를 하기도 했다. 「야시장에 보내는 말」이란 제목으로 총 8회에 걸쳐 진행된 연재 기사는 "어조로서 접대객의 심정을 상하게 하지 말라." "언사와 함께 두 번째로 중요한 것은 태도의 문제이다." "부인 고객에게 응대 시 공손하게 임하라." "고개를 숙여라." "모처럼 온 손님에게 고마운 생각을 가져라." "지나친 행동을 말자." "단골을 만들자."며 상인들의 서비스 정신과 태도를 일일이 나열하고 강조했으며 야시의 건전한 발전과 각자의 노력을 기대한다며 끝을 맺었다.

그러나 이런 바람에도 불구하고 중일전쟁 이후 전시체제로 들어서고 태평양전쟁의 기운이 감돌면서 물자 통제가 시작되자 종로 야시에서도 폭리를 취하는 일이 빈번하게 일어났다. 이에 따라 '가격표시제'나 '폭리취체령'을 동원하여 물가 안정을 도모하려 했던 일제 당국은 1939년 2월 '야시통제안'을 작성하여 노점 통제에 들어갔다. 소관 경찰서인 종로경찰서 경제경찰계에서는 허가받지 않은 야시 노점을 단속하여 과료와 구류처분을 내리는 한편 모든 점포를 암행 검색하여 폭리를 취한 상인들을 적발 단속하였다. "싸구려, 싸구려" 하며 고객들을 불러 모은 상인들 중에는 '가격통제령' 속에서도 고무신 한 켤레를 공정가격보다 16전 내지 26전 비싸게 팔다가 적발된 상인이 있는가 하면, 43전 하는 면직 광목 한 마를 80전에 매매하던 포목상들도 단속에 걸려 유치장 신세를 지기도 하였다. 1940년에는 '개정폭리취체령'이 새로 발포되어 상계商界에 일종의 계엄령이 내려졌으며 야시 상인들에 대한 감시와 단속이 더욱 강력하게 이루어졌다.

이러한 노점 통제를 통해 야시는 점차 위축되고 축소되었으며 태평양전쟁 말기 등화관제가 일상화되면서 아예 철폐되기에 이른다. 그러나 해방 후 상황이 바뀌면서 1947년 11월 15일에 종로 일대에 다시 야시가 부활되어 화려하게 장식된 노점에서 가정 필수품을 싸게 팔기 시작했다. 1954년에는 서울시에서 시내에 산재한 노점상들을 일정한 장소에 집합시키기 위한 방법으로 종로를 비롯해 시내 곳곳에 야시 개설을 허가하기도 했다. 또한 1962년 3월 13일에는 봄철을 맞아 청계천 4가에서 5가 사이에 야시가 신설되어 저녁 5시부터 10까지 상춘객들을 불러 모았다. 지금이야 예전과 같은 야시는 사라졌지만 영세 노점상들은 그때나 지금이나 생활이 크게 개선되지 못한 채 무대만 바꾸어 하루하루를 살아가고 있다. 최근 외국인 관광객들이 늘어나고 교통량이 증가하면서 도시 미관과 교통 흐름을 저해한다는 이유로 노점상들을 거리에서 쫓아내는 경우가 많은데, 오히려 서울의 명물로 야시를 다시 한번 부활시켜봄이 어떨지? 야간 관광 코스와 연계된 상설 야시 말이다.

읽을 거리

종로 야화
야시 부근, 추풍연秋風鳶
(『여성』, 1938년 10월호)

나는 요즘 저녁을 먹고 나면 야시장 근처를 거니는 것이 거의 일과인 양 되어버렸다. 더군다나 삼복의 찌는 날은 일정한 직업을 갖지 못한 사람에겐 기나긴 낮 동안을 일일이 보내기가 몹시 힘들어 가만히 들어앉아서 해지기만 바라는 것이 상책이다. 그렇지 않고 조금이라도 움직이면 그 움직인다는 덕분에 턱없이 돈이 드는 까닭에 얼음 댈 돈이 없는 사람은 부처님처럼 앉아 있는 것이 제일이다. 그 대신 밤이 오면 거리에 나가도 우선 덥지가 않을뿐더러 나와 비슷한 의견을 가진 듯한 사람들이 많이 나오는 까닭에 번거로워 좋다. 그러고 보니 거리거리에는 사람도 많고 더구나 백화점 같은 데는 사람이 붐벼서 어지러울 만하다. 그러나 백화점 같은 데를 피서지로 삼는 것은 웬만큼 지각이 있는 사람은 못할 것으로 그 으리으리한 상품에 쌓여서 그대로 초라한 몸뚱이를 옮기지 못할 노릇이라고 생각한다. 처음부터 물건을 살 계획이 없이 백화점을 돌아다니면 내가 물건을 보는 것이 아니라 마치 그 현란한 상품 앞에 내 초라한 몸뚱이를 보여주는 느낌이 없지 않은 때문이다. 무엇보다도 식당 문 앞에 견본으로 늘어놓은 음식 앞에서 나는 이것을 절실히 느낀다. 그러나 야시를 걸을 때의 마음은 훨씬 가볍다. 첫째 야시는 집 속이 아니므로 백화점과는 달리 무척 자유롭고 모든 것이 만만하다. 야시의 역사란 진실로 밤에 지어지는 점만으로도 우리들에게 적절하여 자못 사랑스러운 정조차 스민다. 내가 야시를 거닐 때는 거저 구경만 하고 돌아다니지 않고 이따금 내어놓은 물건을 만져보거나 값을 물어보거나 하여 어쩌면 그들 장사치와 다소라도 교섭이 있기 때문에 요새 와서는 몇몇 사람과 사귀게 되어서 나만 가면 번연히 내가 아무것도 흥정을 안 하는 사람인 줄 알면서 친절히 인사를 하는 사람까지 생겼다. 나중에 들은 일이지만 어떤 사람은 처음에 나를 그 방면의 취체를 맡은 관리인 줄 알아서 내가 우연히 향수병을 들고 "아, 이것은 불란서 코티가 아니냐."고 물었을 제 "아닙니다. 병만 그렇고 속은 다른 것입니다. 이쪽 것을 보십쇼. 자, 이것은 구라부 병이 아닙니까" 하고 솔직히 대답을 하였는데 "보통 사람인 줄 알았다면 그런 설명까

지는 안 했을 걸." 하고 나하고 가까워진 다음의 이야기다. 나는 이이더러 어디가 그렇게 보이더냐고 물어봤더니 그이 대답이 "키가 작은데 도리우치[헌팅캡]를 쓰고 물건보다도 사람을 똑똑히 쳐다보는 데가 천연이라"고. 나는 내 의사는 물론 아니지만 결과로는 슬며시 가형사假刑事가 된 셈이므로 다음부터 야시를 다닐 때는 도리우치를 쓰지 않기로 하였다. 그러나 사람 얼굴을 쳐다보는 버릇은 용이히 고칠 수가 없었다. 한때는 사람의 얼굴처럼 형형색색은 없어서 똑같은 내용을 이리 뒤집고 저리 뒤집은 소설이나 똑같은 곡조를 이리 뒤집고 저리 뒤집은 유행가보다는 이렇게 다른 수십만의 인상을 물색하는 것이 몹시 흥미를 돋운다고 하여 그만 좋지 못한 습관을 양성해버린 지가 오래되었다. 나는 이것을 한 번 어느 친구에게 이야기 삼아 말한즉 "남의 얼굴을 보는 것이 재미있다고 하지만 내 얼굴을 수십만 사람에게 보여준다는 것을 또한 잊어서는 아니된다."고 뜨끔한 소리까지 들었다. 백 명 모아놓고 여든째 가기 어려운 용모의 소유자인 나는 일후 남의 얼굴을 쳐다보는 것을 무

한히 삼갔으나 그래도 가끔 버릇이 나오는 수가 없지 않다. 야시장꾼이들 제 용모에 자신이 없는지라 똑똑히 쳐다보면 혹시 그 방면의 인물인가 생각되는 것도 무리는 아니라고 생각되었다.

야시를 걸으면 야시를 벌린 거기서만 흥미를 자아내는 것이 아니라 야시의 앞뒤에서 생기는 조그만 일도 또한 재미있는 일이 없지 않다. 나는 요전에 축음기를 하나 사겠다고 친구와 같이 종로 어느 악기점에 들어가 마땅한 축음기 하나를 골라잡았다. 다음은 시청試聽인데 축음기가 제 소리를 내나 안내나를 알려면 오케스트라를 들어서는 알 수가 어렵고 무엇보다도 성악을 걸어보는 것이 좋다고 생각한다. 더욱이 그 목소리를 잘 아는 사람의 것이면 한 번 들어보면 그 축음기가 육성을 잘 내는 것인가 아닌가를 알 수가 있다. 그래서 나는 성악을 걸어달라고 하였다. 그랬더니 "유행가를 틀까요?"하므로 "기왕이면 유행가 아닌 성악으로…… 저어 소프라노로 아무 거든지." 하였다. 점원은 곧 저켠 구석에서 레코드 한 장을 들고 와서 걸기 전에 "재즈 송입니다." "왜 재즈 같은 것 말고 소프라노를 틀라니까." "유행 창가 아닌 것으로 하라시었죠?" 딴은 '유행 창가' 아닌 것이라고 말했지 '재즈 송' 아닌 것이라곤 말 안했다. 참 엄밀한 구별을 하면 그럴 법도 하므로 나는 양보하여 "그러면 그 '재즈 송'이라도." 해버렸다. 그러나 그것을 틀고 보니까 그것은 베르디의 '라 트라비아타'였다. 나는 여기서 점원의 얼굴을 쳐다보고 "참 좋은 재즈로군." 하고 '재즈'로 전향한 베르디에게 축하의 기도를 드렸다.

이것은 야시장 건너편 어느 찻집에서 생

긴 일인데 한 청년이 찻집에 들어왔다. 아마 이 청년은 근래 축음기의 발달에 따라 졸지에 서양음악에 취미가 부쩍 생긴 못 음악 청년 예(例)에 빠지지 않은 청년인 듯하다. 대개 이런 사람들은 한참 동안 모이면 무슨 음악이 좋다 누구의 무엇을 들어봤느냐 하는 따위가 화제에 올라 못 들어본 음악의 이름을 외었다가 찻집에 가서 청하여 듣는 수가 많다. 그 청년도 그런 동기에서 레코드를 들어보려고 찻집에 들어온 모양이었다. 때마침 축음기에서는 이미 다른 손님이 청한 듯한 레코드가 연주되고 있었는데, 자기가 듣고자 하는 음악은 아무래도 이것이 끝이 나야 들을 것 같다. 그는 우선 축음기를 맡아서 트는 소녀를 불렀다. "지금 트는 것이 아직도 길우?" "네 시방 막 틀었으니까 넉 장이나 남았습니다." "그래? 그러면 미안하지만 이것이 끝나면 〈비창〉을 틀어주지 않겠소?" "저어 비창이라니, 차이코프스키의 〈비창〉 말씀입니까?" "물론이겠지." 이때에 소녀는 얼굴을 약간 붉히며 망설이다가 "저어 지금 틀고 있는 것이 바로 차이코프스키의 〈비창〉입니다." 나는 이 이야기를 듣고 레코드를 틀 때는 반드시 그 걸고 있는 레코드의 이름을 적어서 내어 걸도록 하라고 찻집 주인에게 충고하였다. 내 충고를 달게 받고 그 뒤 즉시 반지만 한 종이에 작곡자, 곡명, 연주자의 이름을 걸었는데, 이것으로써 소녀가 다시 얼굴을 붉힐 염려는 없게 되었다고 생각된다.

이것도 야시 맞은편에서 목격한 일인데 종로 부근 어느 파출소 앞에서다. 지나가다가 보니까 파출소 앞에 사람이 빽빽이 몰려 있다. 설명할 나위도 없이 누가 그 근방에서 육탄전을 하다가 붙들려 들어간 모양으로 보니까 옷이 갈가리 찢어지고 얼굴에 옷에 온통 피투성이가 된 서너 사람이 무릎을 꿇고 경관 앞에서 꾸지람을 듣고 있다. 그것이 구경거리라고 사람들이 들끓는데 뫼어들면 들수록 많아져서 파출소를 거의 뒤덮다시피 되었다. 그래서 이들을 쫓느라고 경관이 나와서 '가라'고 소리치며 쫓으니까 그러면 '와아' 하고 물러나다가 또다시 틈을 타서 몰려든다. 참 성가신 노릇도 많다. 나중에는 경관 두서넛이 한꺼번에 힘을 합해서 쫓으니까 이번에는 하는 수 없이 멀찌감치 물러선다. 그런데 여기 쫓아도 물러서지 않는 무리가 있다. 아니 쫓으려야 쫓을 수 없는 무리다. 그것은 바로 파출소 앞에 전차 정류장의 안전지대가 있는데 전차를 기다리는 양하고 서서 맘 놓고 배짱을 부린다. 이윽고 쫓기면 사람들은 일겁에 안전지대에 올라서서 양쪽 안전지대는 삽시간에 입추의 여지가 없이 초만원을 이루었다. 전차를 기다리는 사람까지 몰아낼 수는 없으므로 경관은 여기에는 무어라 말할 수 없으니까 구경하는 데는 참으로 '안전지대'가 되어버렸다. 그러나 누구보다도 망설인 것은 전차를 몰고 온 전차의 운전수와 차장으로 그들이 다 전차 탈 사람인 줄만 알았다가 하는 수 없이 헛종을 치고 가곤 하던 것을 보았다.

이와 같이 야시를 돌아다니면 더러 재미있는 것을 발견하는 수가 있는데 나는 무슨 이야깃거리를 구하려고 애초부터 목적하여 다니지는 않는다. 그런데 나의 친구 한 사람은 나와 같이 야시를 다니나 그는 야시를 테마로 소설을 쓰려고 하는 사람이어서 꽤 세밀한 군데를 알고 있다. 개천께를 그려서 『천변풍경』을 지어낸 박태원 씨도 생각나지만

이 친구도 말하자면 꽤 열심이다. 장차 실제로 자기 자신 야시장에 장사를 벌여보겠다고 하는데 어떠한 작품이 나올지는 보기 전에는 알 수 없다. 소설을 많이 썼다고는 하나 아직 구경을 못했는데 무척 기묘한 공상을 하는 친구인 것을 알았다. 가령 그는 정지용 씨가 소설을 쓰면 훌륭한 소설을 지을 수 있겠다고 그런 말을 하더니 어느 틈엔가 정지용 씨는 시보다는 소설에 더 천분이 있는 이라고 그만 철저치 못한 근거에서 제멋대로 단정을 내리거나 한다. 이와 같은 생각에서 삽화가 모 씨는 영화감독에 천분이 있고 심한 말로는 어느 평론가를 가리켜 만담가의 소질이 있다고 한다. 그러나 이것이 다 치밀한 연구의 결과인 것만은 사실인 듯싶다. 전번 나는 종로 거리에서 협잡패나 거지 아이들이 쓰는 암호를 적은 일이 있는데(『조광』 2월호) 그것은 거저 들은 대로를 적은 것인데 그 친구는 세세히 어원까지 조사하여 나를 무색케 하였다. 즉 그중의 하나 '양아치'(거지깍정이란 뜻)가 어째서 '양아치'인가를 아느냐고 묻는다. 나는 모른다고 한즉 '양아치'는 '동냥아치'에서 '동'을 떼어버리고 '양아치'로 변한 것이라고 가르쳐준다. 그리고 여리생(1전), 데부생(오전)의 '생'은 1전을 '잇센', 5전을 '고센'이라고 하는 국어[일본어]에서 나온 말이고 야리캉(10전), 데부캉(50전)의 '캉'도 10전을 잇강(一貫)이라고 하는 역시 국어에서 나온 말이라고 일러주었다. 또 내가 몰랐던 '싱'(돈이란 뜻)도 알고 있다. 그래 그 친구하고 나하고 둘이 종로를 걸을 때면 그 귀치않게 조르는 적은 룸펜들이 혀를 두른다. 자랑은 아니지만 돈도 없는데 성가시게 쫓아오며 좀처럼 떨어지지 않으면 "지금 싱(돈)이 데부하이동(5원)짜리밖에 네쓰(없다)니까 거슬러줄 테냐?" 하면 "어유 그만큼 있으면 타아쨔(부자)게요? 그러지 말고 야리생(1전)만 줍쇼." 하고 저도 술어를 써가면서 다음에는 '헤에' 웃고는 제멋에 물러난다. 내가 이것을 적은 것은 친애하는 여성 독자가 잔돈이 있을 때는 물론 안 가지고 종로에 나왔다가 화신 앞에서부터 파고다공원까지 줄기차게 따라오는 어린 룸펜들을 처치하기에 진땀을 홀릴 때에 이 술어를 외웠다가 옮기면 뜻밖에 효과를 보리라고 생각한 친절에서 나온 것인데 이 말을 한즉 그 친구는 "그렇게 모두 공개해버리니까 일러줄 것도 못 일러준다."고 한다. '남의 비밀을 많이 듣는 이는 남의 비밀을 감추는 이다.'라고 한 베이컨의 말이 진리인 것을 깨달은 적도 이때이나, 이것이 내 일이니까 하는 수 없다. 그런데 그 친구가 한 가지 일러준 것은 "서울 안에서 어디가 제일 좋은 '랑데부코스'이냐" 하는 것인데, 그 방면에 조예가 깊은 독자 중에는 이미 그 이상의 것을 알고 있는 이가 있을 것이나 나로서는 신기해 느낀 것이므로 피로하는 바인데 즉 그 친구의 말에 의하면 시간 약조를 하여 장소는 경성역 2등 대합실로 정한다.(대합실이란 반드시 기차를 기다리기만 하는 데가 아님을 가히 알 일) 그리고 둘이 만나서는 2층 식당에서 저녁을 먹고(다소 선전의 혐의가 없지 않으나 거기는 요리가 일류에 조용하고 점잖은 사람만 모이기로도 그만이라 한다) 그러고는 경성역을 나서서 (잠시 여행 갔다 온 기분을 맛보고) 거기서 똑바로 남대문을 거쳐 태평통에 들어서서 외인 켠[왼편]에 덕수궁 바른 켠[오른편]에 경성부청 조금 가면 조선일보사, 광화문통 네거리를 건너 총독부 앞에서 바른 켠으로 꺾어져 안국동 재동 돈화문을 지나 창경원 담을 끼고 대학 앞을 해서 종로 5정목까지 와서 거기서 전차를 타던지 하는 것이다. 그 동안 길은 대로에 가로등 가로수가 늘어서서 경치가 좋으나 빛은 오히려 희미하고 조용하기는 서울 어디보다 나을 뿐 아니라 가는 길가에 일류 건물 명소 구적 더구나 창경원 담 밑을 걸을 제, 슬피 우는 날짐승들의 소리는 무엇을 말하는 듯 또 맨 나중 코스인 명륜정 거리는 파출소가 없다는 것이다.

하지 않겠다."는 약속으로 바나나 껍질의 소용을 알았다. 이것은 전혀 그 친구가 발명한 것인데, 바나나 100몬메[匁, 100돈]의 껍질을 뒷간에 놓아두면 어느 다른 방취제보다 효험이 있어서 절대로 구린내가 안 날 뿐 아니라 오히려 과실 냄새조차 향기롭다는 것이다. 이것이야말로 "속 먹고 겉 먹는 것이 아니냐."고 한다. 독자도 1차 실험해보는 게 좋을 줄 안다.

나는 열심히 설명하는 그 친구와 야시를 걸으며 속으로 매우 감탄하며 입을 축여주고자 바나나를 사서 둘이서 먹었다. 그런데 내가 바나나 껍질을 버리려한즉 그는 버려서는 안 된다고 그것을 모아 종이에 싼다. 무엇에 쓰느냐고 한즉 절대로 이것만은 안 가르쳐준다 하는 것을 억지로 "이것만은 공개

5장
인력거를 타고 가다

대경성의 산책자 인력거꾼

1912년 시행된 시구개정사업市區改正事業에 의해 가로 구조가 정비되고 근대 건축물과 대중교통이 늘어나면서 1930년대 경성의 도시경관은 급속히 변모하였다. 이러한 변모는 전통적인 도시 공간의 해체와 식민지 도시 공간으로의 재편을 의미했다. 경성에 몰려든 군중은 식민지 근대성이라는 모순 속에서도 도시적 감수성을 체화하고 도시인으로서의 정체성을 형성해갔다. 시간이 지날수록 근대적 도시의 외양을 갖춘 경성의 거리를 걸으며 다양한 도시 경험을 하는 군중이 늘어났으며, 산책은 자연스러운 도시인의 일상생활이 되었다. 1934년 발표된 박태원의 『소설가 구보 씨의 일일』도 산책자의 하루 일상을 통해 이러한 시대상을 반영하고 있다.

박태원의 도시 소설이 발표된 1934년은 '조선시가지계획령'이 발포되어 본격적인 도시계획이 실시된 해이기도 하다. 우리나라 최초의 근대적 도시계획법인 조선시가지계획령은 단순히 가로의 확장과 신설, 블록의 정비에 불과했던 시구개정사업의 한계를 극복하고 도시의 인구 증가를 대비하여 근대화된 도시 공간을 창출하기 위한 종합적인 계획안이었다(박세훈, 2000: 168). 경성부는 이 계획령을 근거로 1936년 경성시가지계획을 입안하였고 행정구역을 확장하면서 일본의 메트로폴리스 도쿄를 모델로 한 '대경성' 계획을 추진하기에 이른다. 하지만 전반적인 도시 개조가 이루어지고 급격한 도시화가 진행되면서 빈곤층과 실업자가 증가하고 범죄율이 급증하는 등 도시문제도 함께 늘어갔다.

당시 한 신문에는 긍정적인 면과 부정적인 요소를 모두 잉태한 식민지 수도 경성의 이미지를 카메라로 포착하고 도시적 감수성으로 그려낸 연재 기사가 실리기도 했다. 「카메라 산보」라는 제하의 이 연재 기사는 익명의 작가(기자)와 사진가가 마치 박태원의 구보 씨처럼 경성의 만보객이 되어 도시에서 만나는 여러 풍경을 보여주며, 도회의 얼굴인 콘크리트 건물에서부터 인력거꾼과 버스 걸(여차장), 전차 및 전화, 외식 문화, 플랫폼과 야시에 이르기까지 총 8개의 주제에 대한 단상을 문학적으로 그려내고 있다(『조선일보』 1934. 7. 13~24). 마치 병든 환자를 면밀하게 진찰하는 의사처럼 병들어가는 경성의 이면을 각각의 주제를 통해 진단한 기자에게서 비평적 산책자의 시각을 읽을 수 있는데, 그에게 경성은 병리적인 공간으로 다가왔던 것 같다. 이 장에서는 「카메라 산보」에서 두 번째로 다룬 주제인 인력거꾼을 통해 당시 도시인의 일상적 단면을 살펴보고자 한다.

서울의 외화는 급속도로 발전되고 있다. 당나귀, 교자가 어제도 있었지만 지금은 자동차, 전차에 게렌스키 내각 같은 인력거는 기생, 술주정꾼, 병자, 돈 있는 불구자나 타게 되었고 인력거 병문屛門[승강장]은 택시 본영本營이 되었다. 서대문에서 동대문, 청량리에서 한강까지 30전만 준대도 '처분대로 합쇼.'가 인력거꾼의 목구녕을 밀치고 나오는 비명이다. 그러나 기생 아씨를 태운 때에는 어찌 그리 신이 나서 줄달음질을 치는지 모르겠다.

근대적인 대중교통수단이 등장하기 전까지 인력거는 한때 잘나가던 호시절이 있었다. 그러나 자동차의 등장으로 인력거는 '기생, 술주정꾼, 병자, 돈 있는 불구자'나 이용하는 근대 도시의 천덕꾸러기가 되었다. 작가는 인력거의 영화로웠던 시절의 덧없음을 1917년 러시아 2월 혁명의 성공으로 구성됐으나 10월 혁명으로 그 짧은 역사를 마감한 게렌스키의 임시정부에 빗대어 묘사하고 있다. 당시 경성부에서 운영했던 부영버스의 운임이 1구간에 7전이었던 것을 감안하면 30전의 인력거 삯은 가격 경쟁력에서도 밀릴 수밖에 없었다. 결국 인력거꾼들의 삶은 점차 피폐해졌고, 실직에 직면하게 되었다. 시대의 변화에 대응하지 못한 결과 도시 빈민층으로 전락하게 된 인력거꾼들의 생활상은 당시 도시 소설의 빈번한 소재가 되기도 했다.

인력거의 등장과 사회상

일본에서 발명된 인력거가 우리나라에 처음 등장한 것은 개항 직후인 1870년대 말의 일이었으며, 영업이 허가되어 대중교통수단의 하나로 보급되기 시작한 것은 1894년 청일전쟁 이후부터라고 한다. 손수레와 우마차 그리고 교자나 가마가 주된 운송 수단이었던 시절에 일본의 인력거는 '스피드'를 무기로 조선 사회에 재빠르게 자리 잡았고, 돈만 내면 누구나 탈 수 있었기 때문에 반상班常 제도에 적지 않은 변화상을 가져왔다. 사회적인 부작용을 막기 위해 1904년 경무사 신태휴는 훈칙을 내려 부녀자의 인력거 승차를 전면 금지하기도 했다. 다만 기생은 특별 승차하되 우산을 소지하여 신분을 밝히도록 했다. 그러나 이러한 단속에도 불구하고 인력거를 타고 학교에 가는 대신들의 딸과 며느리가 있어 그 훈령은 잘 지켜지지 않았다.

1905년 을사늑약 이후 대한제국 내부에서는 일본의 경우를 참조하여 인력거에 관련된 여러 규칙을 만들었다. 1906년에는 인력거의 수요가 늘어나자 '인력거영업관리개칙人力車營業管理槪則'이라는 영업자에 대한 관리 규칙을 마련하여 허가 절차와 복장 및 운행 규칙 등을 정하였다. 1908년 8월 15일에는 경시청령 제3호로 '인력거영업단속규칙'을 발포하였는데, 총 28조로 된 규칙은 인력거 영업에 대한 정의에서부터 허가 절차와 자격 조건, 차체 검사와 통행 및 주차 규칙 등에 이르기까지 제반 사항을 규정했다. 이어서 8월 19일에는 인력거 삯을

36
기생을 태운 인력거꾼
(『조선일보』 1934. 7. 14)

둘러싼 다툼을 예방하기 위해 '인력거정가규정'을 만들어 시행케 했으며, 또한 신칙新則을 마련하여 인력거꾼들에게 일제히 단발토록 했다. 일부에서는 영업을 폐할지언정 부모에게서 받은 두발을 깎을 수 없다고 강력히 반대하기도 했으나 경찰의 단속이 심해져 영업을 할 수 없게 되자 한 달도 안 돼 모두 단발할 수밖에 없었다. 1921년에는 인력거꾼의 복장도 통일하도록 했다. 일본인 인력거꾼이 입는 것과 동일하게 합비(짧은 두루마기 같은 윗도리)에 홀태바지를 입게 하고 학생 모자와 같은 검정 모자를 쓰게 했으며 일본 짚신이나 고무 다비(일본식 버선)를 신게 했다.

인력거에는 크게 자가용과 영업용 두 가지가 있었으며, 인력거꾼人力車軍은 인력거부人力車夫나 인력거 차부車夫라고도 불렀다. 인력거 영업을 위해서는 조합에 가입해야 했는데, 경성에는 경성조京城組, 강본조岡本組, 한일조韓一組 등과 같은 조합이 있었다. 자가용 인력거를 끌거나 요릿집 및 권번券番에 전속되면 매월 안정적인 임금을 받을 수 있었으나, 대부분의 인력거꾼들은 가입된 조합에 따라 병문에 대기하면서 순번대로 손님을 태웠으며 받은 요금은 인력거 업주와 나눠야 했다. 택시 회사 기사처럼 하루에 손님을 얼마나 많이 태우느냐에 따라 그날의 벌이가 달라졌다. 이러한 삯전 분배를 놓고 인력거꾼들은 불만이 많았는데, 1922년 경찰 당국의 인력거 삯 인하 방침에 그동안 참았던 불만이 폭발하고 말았다.

1922년 11월 20일 경기도 경찰부에서는 모든 물가를 4년 전 수준으로 낮추기 위해 제일 먼저 목욕료, 이발료와 함께 인력거 삯을 내리게 했다. 이에 불만을 품은 경성부내의 인력거꾼들은 본정 낭화좌浪花座에 모여 삯전 인하를 성토하는 동시에 이를 기회로 업주와 차부 사이의 분배 문제와, 조선인 차부와 일본인 차부의 차별 문제까지 제기하였다. 일본인 영업주는 일본인 차부와는 3:7로 분배하는 반면 조선인 차부와는 4:6으로 분배하여 조선인을 차별했으며, 조선인 업주의 경우는 아예 5:5로 반씩 나누었던 것이다. 같은 달 22일 인력거꾼 대부분이 업주와 차부 간의 분배율을 2:8로 올려달라고 요구하면서 동맹파업에 들어갔다. 이로 인해 경성부내 일대

37
1930년경 태평통 일대의 모습. 전차와 자전거, 손수레, 우마차 등을 볼 수 있다.

가 교통 두절 상태에 빠지게 되었는데, 이때까지만 해도 인력거가 대중교통에서 중요한 비중을 담당하고 있었던 것이다.

파업에 참여한 차부 300여 명은 노동자의 권익 옹호를 위해 인력거부조합人力車夫組合을 설립하였으며, 업주 측과 한 달간 유예기간을 두고 기존의 모든 이익 관계와 일본의 인력거조합의 사례 등을 조사하여 분배 문제를 결정하기로 협의하였다. 그러나 업주의 횡포와 멸시가 더욱 심해지자 인력거꾼들은 다시 12월 7일 경운동에 있는 천도교회당에 모여 임시총회를 열고 동맹파업을 재차 계획하기도 했다. 그러자 경찰 당국은 인력거꾼들이 집회 신청 없이 모였다 하여 해산명령을 내렸고 부조합장 두 명을 본정경찰서로 인치하는 등 인력거꾼들의 요구를 무력으로 제압하였다. 경찰 당국에서는 조선인 업주의 조합과 일본인 업주의 조합을 병합하여 이 문제를 해결하려고 했지만, 노동자 측인 인력거부조합이 배재된 채 사용자 측만 참가한 일방적인 대책에 불과했다. 당장의 생계 문제가 걸려 있어 파업과 같은 단체 행동은 더 이상 없었으나 이때의 경험은 인력거꾼들 스스로 사회적 자각을 하는 데 밑거름이 되었으며 향후 교육 문제에 눈을 뜨게 했다.

1925년 인력거꾼들은 못 배운 설움을 자식들에게 물려주지 않기 위해 어려운 살림살이에도 불구하고 십시일반 돈을 모아 대동학원이라는 교육기관을 설립하였다. 처음에는 '우리의 자손은 우리가 가르치자.'며 경성부내 각 요리점 소속 인력거부조합원 70여 명이 의무계義務契를 조직하여 매월 50전의 회비를 내서 그 돈으로 수송동 한 모퉁이에 셋집을 얻어 5월 1일에 대동학원을 연 것이다. 원장인 엄정환을 비롯하여 4명의 교사가 무보수로 예비반 두 학급과 1, 2학년 한 학급씩 모두 네 학급 60여 명의 학생들에게 보통학교 과정의 교육을 시켰다. 그러나 50전의 적은 회비로는 더 이상의 학원 운영이 어려워지자 다른 인력거부조합들도 참여해 '유지회'를 조직, 대동학원을 계속 후원하였다. 이 유지회에 참여한 인력거꾼의 수가 3,000명에 달할 정도로 그들의 교육열은 누구 못지않았다.

1927년 봄 학생 수가 점차 늘어나면서 대동학원은 봉익동 일본인의 집을 빌려 교사校舍를 옮겼으나 40여 원의 월세를 감당하지 못해 학교 문이 봉쇄되고 학생과 교사는 거리로 내쫓기게 되었다. 이 사연이 알려지자 인력거의 신세를 많이 진 경성부내의 다섯 권번

38
대동학원 계동 교사
(『동아일보』 1932. 3. 31)

(한성, 조선, 대정, 한남, 대동) 소속 기생 700여 명이 돕기를 자청해 5차례의 동정 연주회를 열었는데, 수익금이 동정금을 합해 모두 3,300여 원에 달했다. 대동학원은 그해 9월 이렇게 모인 돈으로 우선 시구문(광희문) 밖 신당리의 일본인 소유의 건물을 매수하여 교사를 옮기는 한편, 학교 발전을 위해서 경성부의 부지를 불하받아 안정적인 교사를 확보하려는 계획을 세우고 경성부와 접촉했다. 그러나 이 계획은 경성부의 반대로 수포로 돌아갔으며, 임시로 옮겨간 새 교사가 위생상 불결하고 거리상 외진 곳에 위치했기 때문에 대동학원은 1928년 봄 결국 문을 닫게 될 처지에 놓였다.

이때 강원도 횡성의 부호 고창한의 후원으로 대동학원은 재생하게 되었다. 자수성가한 고창한은 어린 시절 가난하여 글을 배우지 못한 것을 통탄해하던 차에 대동학원의 사정을 듣고 교육 사업에 투신하게 된 것이다. 그는 자신이 살던 가회동 집을 헐고 그 자리에 2층 목제 교사를 신축하여 1929년 10월부터 6년제 보통과와 2년제 상업보습과를 두어 불운에 처한 자제들에게 각기 알맞은 교육을 시켰다. 대동학원은 1931년 계동에 있던 보성보통학교를 인수하고 기존의 대동학교와 합병하여 가회동 자리로 옮겼고 보성 자리에는 대동상업학교를 설립하여 교사로 사용하였다. 이러한 고창한의 학교 후원과 경영에 큰 힘을 얻은 유지회의 1,600여 명 차부 일동도 매월 20원씩 출연을 하여 학교 기금으로 내놓았으며, 대동상업학교 운동장 개수 때에도 자기 일처럼 무료로 공사를 맡았다. 현재 계동에 있는 대동세무고등학교가 바로 대동상업학교의 후신이다.

식민지 상황 속에서 지식인과 자본가가 주체가 되어 설립된 학교는 많았지만 최하층 노동자였던 인력거꾼들이 조합을 만들고 돈을 모아 무산자 자녀들을 가르치기 위해 교육기관을 세운 것은 매우 이례적인 일이었다. 향학열과 교육열에 불타 "비록 인력거를 끌어도 배워야 하고 알아야겠다. 하물며 우리들의 자손에랴!"라고 외치던 그들의 목소리에서 시대의 절박함이 느껴진다.

스피드 시대의 경쟁자들

1923년 6월 적선동에 자리한 합자회사 '경성객마차공사'가 다롄에서 승합마차를 들여와 운행에 들어갔다. 이 회사의 중국인 노동자들이 200~300대의 승합마차를 시내 각처에 배치하고 값싼 요금으로 손님을 태우자 밥벌이조차 안 됐던 조선인 인력거꾼의 수입은 더 줄어들어 그들의 살림은 비참한 지경에 빠지게 되었다. 이에 따라 인력거부조합에서는 마차 배척 운동을 벌이는 동시에 해당 경찰서에 대표를 보내 마차의 영업허가를 취소하거나 인력거와 동일하게 요금을 받게 하라고 요구했다. 또한 인력거와 마찬가지로 마차도 일정한 장소에서만 승객을 태우게 하라고 청원했는데, 이 요구가 수용되어 승합마차업주가 주차장을 설치하도록 도로사용원을 종로경찰서를 경유하여 경성부윤에게 제출하게 했다. 경성부에서는 실지 조사를 거쳐 주차장으로 정한 11곳의 허가 장소에 너비 3척의 말뚝을 설치하고 '객마차주차장'이라고 쓴 표목을 세워 이곳에서만 승객을 태우도록 하였다.

승합마차에 이어 인력거의 또 다른 경쟁자는 승합택시였다. 1925년 6월 25일 경성자동차상회에서 출원한 택시 영업이 인가되자, 인력거꾼들은 큰 타격을 입게 되었다. 택시 요금이 인력거 삯보다 낮아 가격과 속도 면에서 모두 밀리게 되자 인력거부조합에서는 택시 문제와 삯전 문제를 의논하고 그에 대한 대책을 강구하고자 총회를 열기도 했다. 중국인이 들여온 마차와 일본인이 경영하기 시작한 택시와 경쟁하면서 인력거꾼들은 공황 상태에 빠졌으며 잠재적 실업자가 되어갔다. 당시 한 신문에서는 「가상街上순례」라는 연재 기사를 실으면서 그 여섯 번째로 인력거꾼의 삶을 조명하였다. 기사에 의하면 경성에만 1,297명의 인력거꾼이 살아가고 있는데, 그들은 1년 365일을 아침부터 저녁까지 다리품을 팔아가며 목이 마르고 숨이 가쁘고 다리의 기운이 떨어져 기진맥진할 때라도 인력거 채를 땅에 내려놓지 못하는 그야말로 죽지 못해 사는 존재였다(『시대일보』 1925. 7. 5). 기자는 인력거꾼이 그렇게 해서

번 돈이 한 달에 불과 30원 내외라며 불평등으로 먹칠된 세상이라고 분개하였다.

이런 고단한 삶을 살던 인력거꾼들에게 1928년 3월 경성부영승합자동차 운영 계획이 전해지자 그들은 택시 운전사와 함께 대공황 상태에 빠지고 만다. 경성부에서 늘어나는 교통 수요를 해결하고자 총 예산 35만 원이란 거액을 들여 직영 버스인 승합자동차(부영버스)를 관업으로 경영하게 되었고, 부영버스가 전차 요금보다 조금 비싼 7전(1구간)의 운임으로 경성부내를 누비게 됨에 따라 인력거업과 택시업과 같은 민업 종사자들은 전차와 버스 노선이 들어가지 않는 외진 곳으로 운행할 수밖에 없게 된 것이다. 1928년 당시 인력거꾼 숫자는 3년 전에 비해서 100여 명이 늘어난 1,200여 명에 달하였으나 한 달 수입은 30원에서 20원으로 크게 줄어든 상태였다. 택시에 비해 타격이 훨씬 컸던 인력거 업주들은 생존의 위협을 느껴 3월 11일 명치정 불로각에 모여 대책 마련을 위한 회의를 열었다. 그들은 장시간의 협의 결과 경성부의 부영버스 경영을 수용하되 1,000여 명의 인력거 차부와 업주가 안정적인 다른 직업을 얻기까지 3년간 시행을 늦춰주거나 실직자들을 위한 보조금을 지급해줄 것을 요구했다. 그러나 부영버스는 그다음 달인 4월 22일 운행에 들어갔으며, 다음 해 6월부터는 전차 요금과 같은 5전 균일 요금제를 시행하여 인력거 업주를 더욱 압박하였다.

39
부영버스 문제로 경성부청에 몰려 앉은 인력거꾼
(『조선일보』 1928. 3. 14)

1932년 경성부는 차량세 중 영업용 인력거에 적용해온 본세 1원과 부가세 1원 등 세금 모두를 전폐하였다. 인력거세를 없앤 것은 자동차의 압도적 진출로 인력거가 영업상 큰 타격을 받았기 때문이었다. 그러나 경성부의 이러한 감세 정책은 인력거꾼들의 삶을 개선하지 못했다. 인력거세와 함께 자전거세와 승용마차세도 경감하거나 전폐하였는데, 바야흐로 자동차의 시대가 된 것이다. 1930년 초반 언론들은 세상이 속력을 요구한다며 당시를 '스피드 시대'라 불렀다. 자동차는 그러한 스피드 시대의 상징이었으며, 따라서 그에 적응하지 못한 인력거꾼들을 시대의 낙오자가 되었다.

　1933년 『동아일보』에서는 경성부내의 5년간의 대중교통수단별 증감 현황을 발표했는데, 1928년도와 1932년도 통계만 보면 자동차는 162대에서 460대로 급증한 반면 인력거는 1,281대에서 132대로 급감하였다. 인력거꾼도 5년 전에는 1,200여 명에 달했는데 1933년 현재 130명 정도가 전차, 버스, 자동차 등이 내놓은 손님들을 헐값으로 태우고 다닐 뿐이었다(『동아일보』 1933. 2. 17). 인력거를 이용하는 고객은 기생이 제일 많았고 돈 가지고 다니는 은행원과 의사가 그다음을 이었으며, 제한적으로 회사나 부호가富豪家에서 자가용으로 이용하기도 했다. 지방에서는 택시가 없는 곳이나 교통이 불편한 곳에서 주로 이용되었다. 인천에서도 인력거가 100여 대 있었으나 자동차 교통의 발달로 1935년 현재 4~5대 정도만 남아 영락의 길로 접어들었다.

　그런데 1939년경에 이르러 상황이 역전되었다. 구시대의 유물로 여겨졌던 인력거가 전시체제라는 특수한 상황 아래서 새로운 시대의 총아가 된 것이다. 태평양전쟁을 앞두고 각종 물자가 통제되면서 가솔린을 원료로 쓰는 자동차나 버스의 운행이 제한되었으며, 극도의 가솔린 절약을 계기로 인력거를 비롯한 인력으로 움직이는 교통수단이 급부상하였다. 버스와 자동차의 증가로 급감하였던 인력거는 중일전쟁 이전만 하더라도 400여 대 미만이었으나 1939년 현재 640여 대에 이르렀으며 택시가 부럽지 않을 정도로 손님이 많아 이를 다 수용하지 못할 정도였다. 경성부내의 각 경찰서

40
경성역 앞에서 손님을 기다리는 인력거
(『동아일보』1939. 11. 14)

관내에는 인력거조합이 있어 병문을 영업 장소로 하여 고객들을 받았는데, 주문이 있으면 순서대로 손님들을 태웠으며 야간에는 인력거를 끌고 거리로 나가 자유롭게 영업을 할 수 있었다.

인력거를 이용하는 고객도 예전에는 주로 자가용으로 쓰는 개인이나 요릿집을 출입하는 기생에 불과했으나 중일전쟁 이후에는 대중성을 띠게 되어 신여성과 청년도 인력거를 타고 부끄럽지 않게 종로 번화가를 달리게 되었다. 인력거의 총 본영은 역시 사람이 제일 많이 몰리는 경성역이였다. 40여 명의 인력거꾼이 이곳 병문에 대기하면서 택시를 이용하지 않거나 시골서 갓 올라와 주소를 잘 알지 못하는 손님들을 대상으로 하루에 5~6원의 수입을 올렸다. 중일전쟁 전의 수입이 하루에 1~2원이었던 것에 비하면 상당한 호황이었다. 예전에는 고정적인 월급을 받는 자가용 인력거 차부나 권번 및 요릿집 소속 인력거꾼이 부러움의 대상이었으나 오히려 이들이 자유 영업을 위해 그곳을 나오려고 할 정도였다(『동아일보』1939. 11. 14).

41
자전거에 좌석 달린 손수레를 매단 인동차
(『동아일보』1939. 8. 15)

　　　인력거가 부상하면서 1933년 경성부내에서 사라졌던 승합마차도 다시 등장했으며, 자전거 뒤에 좌석이 달린 손수레를 매단 인동차人動車까지 출현하였다. 그러나 인동차는 경찰의 불허로 오래지 않아 운행이 중단되었으며 인력거가 자동차 대용으로 길거리를 만보하였다. 인력거가 이렇게 다시 득세하자 영업이 번창했던 초창기 때처럼 부당한 요금을 청구하는 폐해가 일어났으며, 이에 경무국에서는 인력거 조합을 불러 모아 지도에 나서는 한편 불량 업주나 차부를 단속했다. 그만큼 인력거의 시대가 재도래한 것이다.
　　　이상에서 살펴본 것처럼 인력거가 조선의 전통적 교통수단을 대체할 수 있었던 것은 기동력과 대중성에 있었다. 그러나 인력거는 중국의 승합마차를 비롯하여 전차와 택시 그리고 부영버스 등 근대적 교통수단이 등장하면서 그들과의 스피드 경쟁에서 뒤처

지게 되었고 그 존재가 점차 잊혀져갔다. 중일전쟁 이후 전시체제에 들어서면서 생필품 및 각종 물자가 총독부의 통제와 관리를 받게 되자 가솔린을 원료로 하는 교통기관의 운행이 금지되거나 제약되었고 인력거는 그 틈새를 파고들면서 시대의 총아로 다시 부활하기도 했다. 물론 인동차의 등장으로 새로운 경쟁자와 맞서기도 했지만, 해방 이후까지 오랜 생명력을 유지했다. 1960년 대한민국 국무회의에서 1914년 제정된 '인력거취체규칙'을 폐지하기로 의결할 때까지 인력거는 1870년대 말부터 1950년대까지 한 시대를 풍미했던 우리나라의 대표적인 대중교통수단이었다. 그리고 인력거가 오랜 세월 우리의 대표적인 교통수단이 될 수 있었던 것은 인력거꾼의 땀과 희생이 있었기 때문이었다.

읽을 거리

인력거꾼, 주요섭
(『개벽』제58호, 1925년 4월호)

밤새로 두 시에야 자리에 누웠던 아쩡이 아직 날이 채 밝기도 전에 졸음 오는 눈을 부비면서 일어났다. 자리라는 것이 곧 되는 대로 얼거리 해놓은 막살이 속에 누더기와 짚을 섞어서 깔아놓은 돼지우리 같은 자리였다. 그 속에서 아직도 돼지같이 뚱뚱한 동거자가 흥흥거리며 자고 있는 것을 깨워 일으켜 가지고 아쩡이는 코를 흥하고 풀어 문턱에 때려 뉘이면서 찌그러진 문을 열고 밖으로 나왔다.

잠자던 거리가 깨기 시작하는 때였다. 상해 시가의 200만 백성이 하룻밤 동안 싸놓은 배설물을 실어 내가는 대변 구루마들이 요란한 소리를 내며, 잔돌 깔아 우두럭투두럭한 길 위로 이리 달리고 저리 달리고 하는 것이 아쩡의 눈앞에 나타났다. 동편으로 해가 떠오르려 하는 때이다. 일찍 일어난 동넷집 부인님네들이 벌써 일본 사람의 밥통 비슷하게 생긴 똥통들을 부시느라고 길가에 죽 나서서 어성버성한 참대 쑤시개로 일정한 리듬을 가진 소리를 내면서 분주스럽게 수선거렸다. 아쩡이와 뚱뚱바위는 약조했던 듯이 한꺼번에 하품과 기지개를 길게 하고 바로 맞은편 떡집으로 갔다. 거리로 행한 왼편 구석에 널빤지 얼거리가 있고 그 얼거리 위에 원시적 기분이 농후한 검은 질그릇 속에 삐죽삐죽하게 콩기름에 지져 낸 유재꽤(조반죽 반찬 하는 떡)가 담뿍 꽂혀 있고 그 옆에는 방금 지져놓은 먹음직한 쏘뺑(떡)들이 불규칙하게 담겨 있는 위로는 벌써 잠코 밝은 파리 친구들이 몇 마리 달려와서 윙하면서 이 떡 저 떡으로 돌아다니며 먹고 싶은 대로 실컷 그 고소하고 짭짤한 맛을 빨아들이고 있었다. 이 선반 바로 뒤에는 사람의 중키만이나 하게 높게 쌓은 우리나라 물독 비슷하게 생긴 가마가 놓였고 그 가마 밑 네모난 구멍에 지금 떡 굽는 사람이 풀무를 갖다 대고 풀떡풀떡 하며 가마 안의 불을 활활 피우고 있고 가마 위 나무 뚜껑 아래에서는 길쭉길쭉하게 빚고 한편에 깨 몇 알 뿌린 쏘뺑들이 우구구 하면서 뜨거운 진흙가에 모래찜을 하고 있었다. 그것들이 모래찜을 실컷 하여 엉덩이가 꺼무죽죽하게 되면 그 손톱이 세 치씩이나 자란 떡 굽는 이의 손이 들어와서 하나씩 하나씩 잡아내다가 앞에 놓인 선반 파리 무리 잔치터에 던져주는 것이었다. 바로 이 떡 가마 왼편에는 기다란 부뚜막을 가진 가마가 걸렸고 그 위에서 지금 유자꽤들이 오그그 하면서 콩기름 속에서 부어오르고 있었다. 그리고 역시 행길 쪽으로 향한 이편 한 모퉁이에는 네모 방정한 부뚜막 위에 보름달만큼이나 크게 둥글둥글한 서양 철 뚜껑을 덮은 기다란 가마들이 네다섯 개 뺑 둘러 걸렸고 부뚜막 바로 중앙에는 직경이 두 치밖에 아니 될 쇠통이 뚫려 있어서 이 가마지기가 이따금 그 조그맣고 둥근 뚜껑을 열고는 바로 그 부뚜막 안측에 쌓아둔 물에 젖은 석탄가루를 한 부삽씩 쪼르르 쏟는 것이었다. 그러면 그 구멍으로부터는 검은 내와 빨간 불길이 힐끗힐끗 하고 밖으로 내미는 것을 서양 철 뚜껑으로 덮어 막아버리고는 놋으로 만든 물푸개를 바른손에 들고 왼손으로 이 편 가마뚜껑을 쳐들고는 부글부글 끓는 맹물을 퍼서 저편 가마 속에 쭈루루 쏟고는 또다시 왼편 가마 속 물을 퍼다가 바른편 가마에 넣고 이렇게 쭈룩쭈룩 소리를 내면서 분주하게 퍼 옮기고 쏟아 옮기고 하다가는 엽전 두 닢 나무 조각 서너 개씩을 가지고 와서 삥 둘러 선 아가씨들과 할머니들의 서양 철 물통(오리주둥이 같은 것이 달린 것) 세숫대야 쇠 주전자 사기 주전자 등에 엽전 두 푼에 한 물푸개씩 주르륵 그 절절 끓는 물을 담아주는 곳이다.

아쩡과 쭐루(돼지)라는 별명을 가진 동거자는 어두컴컴한 부엌 속으로 들어가서 등그런 탁자를 가운데 놓고 뒷받침 없는 교의에 삥 둘러앉은 때 묻은 옷 입은 친구들 틈에 끼어 앉아서 떡 두 개씩과 꺼름한 묵물을 한 사발씩 마시고 쩔렁쩔렁하는 전대 속에서 동전을 여섯 닢 꺼내 탁자 위에 메치고 코를 싱싱 방바닥에 풀어 붙이면서 걸어 나왔다.

둘이서는 잠잠히 걸었다. 조약돌을 깔아 울투룩불투룩[울퉁불퉁]한 좁은 골목을 꿰여 나와 전찻길을 끼고 한참을 나가다가 다시 조그만 골목으로 조금 들어가서 인력거 셋방 앞에 다다랐다. 벌서 숱한 인력거꾼들이 와서 널찍한 창고 속에 줄줄이 가득 차게 세워둔 인력거를 한 채씩 끌고 뒷문으로 나갔다. 아쩡도 연극장 입장권 파는 구멍 같은 구멍으로 가서 거의 헤어져 떨어져가는 종이에 돌돌 싸둔 대양大洋 80전을 인력거 하루 세 선금으로 지불하고 표 한 장을 얻어들고 어둑한 창고로 들어가 제 차례에 오는 인력거를 한 채 들들 끌고 거리로 나왔다. 그는 잠깐 우두커니 서서 분주스럽게도 왔다 갔다 하는 군중을 바라다보다가 인력거 뒤채를 부득부득 밀면서 나오는 뚱뚱이에게 이렇게 말했다.

"오늘 어째 신수가 궁한 것 같아! 어젯밤 꿈이 수상하더라니!"

뚱뚱이는 이 말에 대답할 새도 없이 벌써 저편 맞은 거리에서 오라고 손짓하는 서양 여자를 보고 설마 남에게 빼앗길 새라 줄달음질을 쳐 가서 인력거 앞채를 척 내려놓고 그 여자를 태웠다. 아쩡은 절반이나 잊어버려서 무엇인지 잘 생각도 아니 나는 꿈을 되풀이해보려고 애를 쓰면서 정거장 쪽으로 향해 갔다. 마침 남경서 오는 막차가 새벽에 정거장에 닿았다. 제섭원齊燮元[강소성의 도독]이가 노영상盧永祥[절강성의 도독]이를 들이친다고 풍설이 한참 났을 때에 이번 차가 아마 마지막 차일는지도 모른다고 소주서 곤산서 쓸어오는 피난민이 넓은 정거장이 찢어져라 하고 밀려 나왔다. 정거장 정문은 벌써 그동안 각처에서 몰려든 피난민들의 잃어버린 짐짝으로 가득 채워져 교통 단절이 되고 좌우 문으로 쓸려 나오는 군중들이 문간에 수직守直하고 있는 군인들의 수색을 당하면서 이리 밀치고 저리 밀치고 흐득흐득하고 있었다.

아쩡은 이 기회를 아니 놓치려고 이리 기웃 저리 기웃하며 기회만 엿보고 서 있었다. 저편 한구석으로 아니나 다를까 늙은 할머니 한 분, 젊은 색시 한 분, 또 돈푼이나 있어 보이는 젊은 사내 하나가 고리짝, 참대 궤짝, 바구니 등 수십 개의 짐짝을 겨우 수색을 마치고 시멘트 길바닥에 쌓아놓고 땀들을 씻고 있었다. 아쨍은 곧 그리로 뛰어가려고 하다가 "이놈아!" 하고 외치는 역전 순사 고함 소리 밑에 쥐 죽은 듯이 한편으로 물러서면서 아까운 듯이 그쪽만을 바라보았다. 짐은

산더미처럼 쌓아놓고 촌닭이 관청으로 온 모양에 두리번두리번하던 젊은 사내가 마침내 짐짝을 여인들에게 잘 보라고 부탁하고 인력거를 부르러 정거장 구외로 나왔다. 아쩡은 인력거를 한 모퉁이에 집어던지고 번개처럼 달려들었다. 벌써 네다섯 다른 인력거꾼들도 달려와서 젊은이를 에워쌌다.

"어데 가시려오? 어데요? 여관에 갈려오?"

젊은이는 어찌해야 좋을지 모르겠다는 모양으로 한참이나 어릿어릿하다가 겨우 상해말은 아닌 어떤 사투리로 여관까지 얼마에 가겠느냐고 물었다.

"사마로四馬路까지 가면 60전이오." 하고 한 인력거꾼이 즐거운 듯이 웃으면서 말했다.

젊은이는 다시 우물우물하다가

"20전 가면 가고 그렇지 않으면 고만두어!" 하고 모기소리만치 중얼거렸다. 인력거꾼 한 서넛이 펄쩍 뛰면서 한꺼번에 외쳤다.

"어딜, 우리 그렇게 에누리 아니 한답니다."

"그자 촌놈이다. 상해 말도 할 줄 모른다." 하고 인력거꾼 하나가 고함을 쳤다. 그들은 이 시골뜨기를 잔뜩 곯려먹으려고 그냥 60전을 내라고 떠들었다. 얼마 동안에 오고 가는 말이 계속되다가 값은 마침내 매每 인력거에 40전씩(보통 정가의 4배)에 작정이 되었다. 아쩡도 식전 새벽에 이게 웬 떡이냐 하고 새벽 호운好運을 웃고 떠들어서 축하하는 동무 인력거꾼들과 섞여서 정거장 구내로 들어가서 고리짝을 한 개 들어 내왔다. 아쩡은 큰 고리짝 한 개와 얻어먹다 남았는지 반찬대가리 싼 조그만 보꾸러미 한 개를 올려놓고 앞장을 서서 줄곧 달음질해 나갔다.

사마로에 여관은 여관마다 피란민으로 가득 찼다. 그래 그들은 짐들을 싣고 이 여관 저 여관으로 한참이나 왔다 갔다 하다가 마침내 어떤 더럽고 조그마한 여관에 가서 남은 방은 없으나 응접실에서 자기로 하고 하루에 방세 2원씩 주기로 하여 마침내 자리를 잡았다. 인력거꾼들은 그동안 여기저기 다녔다는 것을 핑계로 해가지고 한참이나 요란스럽게 떠들어서 마침내 매인每人 대양 1원씩을 떼어내었다. 아쩡도 그의 왼손바닥에 놓인 번들번들하는 은전 대양 1원을 눈이 부신 듯이 바라다보면서 저고리 앞자락으로 흘러내리는 땀을 씻고 서 있었다.

그가 인력거 채를 되는 대로 질질 끌면서 다시 큰 거리로 나올 때 그는 혼자서

"이게 웬 떡이냐! 꿈에 신수가 궁하면 정말은 신수가 좋은 법이야." 하면서 속으로는 좀 있다가 방장에 선술집에 가서 한잔할 기쁨을 예상하면서 그 번들번들하는 큰돈을 허리춤 전대에 잘 간수했다.

정말로 그날은 특히 운이 좋았던지 큰 거리에 척 나서자 가랑이 넓은 바지를 입고 팽갱이 같은 모자를 쓴 미국 해군 하나를 태우고 팔레스호텔까지 갔다주고 해군들이 보통 하는 버릇으로 그냥 막 집어주는 돈은 받아 헤어보니 20전이 한 닢, 동전이 열두 닢이었다. 그는 너무나 좋아서 빙글빙글 웃으면서 전차 궤도를 건너 인력거 정류소로 들어가 차를 내려놓고 그 손 살대 위에 편안히 걸터앉아서 행상하는 어린애를 불러다가 동전 두 푼을 주고 쏘뺑을 두 개를 더 사서 찬물로 목을 축여가며 맛있게 먹었다.

해는 벌써 거의 정오가 되었으리라고 그가 생각한 때 제 차례가 와 닿았다. 방금 팔레스호텔 문지기 인도인이 망치를 휘두르면서 '인력거꾼' 하고 부르는 소리를 듣고 달려가

려고 펄쩍 일어서다가 아쩡은 그만 벌떡 나가자빠졌다. 아쩡 뒤에서 참새 눈깔 같은 눈을 도록도록 하고 있던 뽀족이가 번개같이 아쩡 옆으로 뛰어나가 손님을 태우려 달려갔다. 아쩡이 다시 일어나면서 저도 모르게 '에코' 하고 신음을 했다. 한 정거장 안에서 잡담들을 하고 있던 동료들이 여남은이나 죽 둘러서서 웬일인가 물어보았다. 아쩡은 겨우 몸을 일으켜 인력거 위에 걸터앉으면서 '오륵' 하고 바로 그 앞에다가 방금 먹은 것을 고대로 게워놓았다. 동료들은 한편으로는 놀라면서도 한편으로는 우스워서 하하 웃으면서 그를 내려다보고 있었다. 그는 머리가 횡하고 온몸이 노곤한 것을 깨달았다. 5분, 10분, 15분, 그는 다시 제 기운을 차리려고 노력했으나 무효였다.

동료 중에 그중 나이 좀 먹은 곰보 영감이 마침내 동정하는 듯이 가까이 와서 아쩡의 싸늘하게 식은 손을 주물러주면서 이렇게 말했다.

"여보게, 요 골목 돌아서 사천로 청년회에 가면 돈 안 받고 병 봐주는 의사 어른 계시다네. 그리 가보게. 그저께 우리 장손이 갑자기 아파서 거기 가서 약 두 봉지 타다 먹고 나았다네. 어서 가보게."

아쩡은 무의식하게 고개를 끄덕였다. 아마 곰보 영감 말을 들어야 할까 보다 하고 흐릿하게 그는 생각했다. 그러나 "어젯밤 꿈이 불길하더라니!" 어떤 무서운 생각이 번개같이 지나갔다. 그러면서 이 반짝하는 전기가 그를 뛰어오르게 했다. 그는 인력거도 아무것도 잊어버리고 홑몸으로 뛰쳐나와 달음질쳐서 남경로南京路로 들어섰다.

그는 그가 어떤 모양으로 여기까지 왔는지를 기억할 수가 없었다. 하여간 이 사람 저 사람에게 물어 핀잔을 먹어가면서 여기까지 찾아는 왔다. 방 안에는 자기 외에 서너 노동자들이 먼저 와 앉아서 아무 말도 없이 서로 번번이 쳐다보고들 앉아 있었다. 한 사람은 어디서 구루마에 치었는지 그냥 피가 뚝뚝 흐르는 팔을 추켜들고 '흐흐' 하면서 부들부들 떨고 있었다. 아쩡은 한참이나 벽을 기대고 반쯤 누워 있다가, 차차 정신이 드는 것을 깨달았다. 이제는 정신은 똑똑한데 몸이 그저 사시나무 떨리듯 우들우들 떨리고 멎지를 않았다.

의사님은 어디 갔는가?

하인 같은 사람 하나가 비를 들고 들어왔다. 아쩡은 거의 본능적으로

"의사님 어디 가셨소?"

하고 물었다. 하인은 대답 없이 비로 방 안을 두어 번 슬쩍거리고 나서는 기지개를 하면서

"규칙이 의사님이 새로 두 시에야. 어디든지 갔다가 두 시에 오라우! 두 시 전에는 의사님이 아니 오는 규칙이야."

하고 다시 방을 쓸기 시작했다. 아쩡은 풀썩풀썩 비 가는 대로 일어나는 먼지를 흠뻑 받으면서 잇몸이 떡떡 마주 붙어서 떨리는 소리로 다시 말했다.

"지금 몇 시쯤 됐소?"

"11시."

하고 하인은 시간을 따로 외워 다니는 듯이 빨리 말했다.

세 시간이 있다. 그러나 여기서 기다릴 밖에 없다. 이 모양으로는 아무 데도 갈 수가 없다. 왜 이렇게 몸이 자꾸 떨릴까?

아쩡이 한참이나 정신없이 있다가 다시 정신을 차린 때에는 떨리는 증세는 모두 없

어지고 그저 머리를 무슨 몽둥이로 얻어맞은 듯이 뭉덩할 뿐이었다. 팔 부러진 사람은 아직도 그냥 '흐흐' 하고 앉았고 다른 사람들은 일절 나는 상관없다 하는 듯이 천정들만 쳐다보고 있었다. 두려운 암시를 주기 알맞은 침묵이었다. 흐리멍덩한 아쩡의 귀에는 밖으로 뽕뽕 쓰르르 하고 오고 가는 자동차 소리들이 어디 멀리서 들려오는 소리같이 들렸다. 그는 침묵이 싫었다. 그래도 그는 이 두려운 침묵을 깨트리는 것이 그의 책임이라는 듯이 "지금 몇 시나 됐을까요?" 하고 공중을 향해 물었다. 천정만 쳐다보던 사람들이 잠깐 얼굴을 돌려 표정 없는 흐리멍덩한 눈동자로 그를 바라다볼 뿐이오, 아모도 대답하는 이가 없었다. 아쩡은 다시 어떤 무서운 생각이 나서 몸을 부르르 떨었다.

'글쎄 어젯밤 꿈이 흉하다니까!'

문이 열리면서 깨끗한 양복을 입고 금테 안경을 쓴 뚱뚱한 신사가 한 분 들어왔다. 아쩡은 직감으로 이 이가 의사 어른이거니 하고 벌떡 일어나면서

"의사 나리님 제가 오늘 갑자기……"

"아니요, 아니요! 의사는 아직도 두 시나 있다가야 와요. 좀 더 기다리시오!"

하고 젊은 신사는 급급히 대답하면서 뒷문을 열고 안방으로 들어갔다. 조금 있다가 그 젊은 신사가 다시 나왔다. 아픈 몸과 가슴을 가진 그들의 눈들이 그의 일동일정一動一靜을 멀거니 바라다보고 있었다.

이 젊은 신사는 좀 뚱뚱한 딴에 쾌활스런 성격이었다. 그는 조그마한 세 다리 교의에 펄썩 주저앉으면서 구둣발로 마룻바닥을 한 번 쿵쿵 구르고 나서

"당신들, 의사 보러 왔소? 좀 더 기다리시오? 아 당신은 어떡하다가 팔을 다쳤소? 무슨 일을 하오! 소차小車 끄오? 인력거 끄오?"

하고 이 사람 저 사람들을 번갈아 보면서 대답은 쓸데가 없다는 듯이 주절주절 지껄이고 있었다.

한참 다시 침묵이 계속되었다. 그래 이 표정 없는 눈들이 신사의 몸을 떠나 다시 천정으로 향하려 하는 때에 신사가 다시 버룩버룩하면서 말을 꺼냈다.

"세상은 괴롭지요? 죄 때문이외다! 아담과 이브가 한 번 죄를 진 후로 그 죄가 세상에 관영해서 세상이 이렇게 괴롭게 되었습니다."

하고는 가장 동정이나 구하는 듯이 군중을 한번 쭉 둘러보았다. 군중의 얼굴들에는 일종 '무슨 소린지는 잘 모르겠다.' 하는 그러면서도 약간의 호기심에 끌린 표정이 역력히 드러났다. 아쩡이도 무시무시한 호기심에 끌려 귀를 기울였다. 잠깐 동안 아픈 것을 잊어버렸다.

"당신들은 기도해본 적이 있소?"

하고 신사는 일동에게 물었다.

아모도 대답하는 이는 없었다. 모두 신사의 얼굴만 열심으로 바라다보았다. 신사는 잠깐 말을 멈추었다가 "대답은 쓸데없소이다." 하는 듯이

"기도함으로 죄 사함을 얻습니다. 요한복음 3장 16절에 말하기를 '하느님이 세상을 이처럼 사랑하사 독생자를 주셨으니 누구든지 그를 믿으면 멸망하지 않고 영생을 얻으리라.' 했습니다. 하느님의 독생자, 예수 그리스도가 우리 죄 짐을 지시고 골고다 십자가에 못 박혀 죽으셔서 그 피로 우리 죄를 속했습니다. 그래서 누구든지 예수를 믿으면 세상에서는 이렇게 괴로워도 죽어서는 천당

에 가서 금 거문고를 뜯고 천군 천사와 하느님을 노래하면서 생명수 가에 생명과를 먹으며 살아간답니다."

하고 절반이나 연설체로 흥분해서 한참 내리엮고서는 다시 한번 일동을 둘러보고는 벌떡 일어서면 마치기로 하는 태도로 눈을 하늘을 행해 올려 뜨고

"오! 사랑하시는 하느님이여, 이 불쌍한 백성들을 굽어 살피사 당신의 거룩한 성신의 불로 그들의 죄를 태워버리고 그들의 마음을 감동시키사 하느님을 믿게 하시오며 풍성하신 은혜를 베푸소서."

하고는 다시 눈을 내려 뜨면서

"여러분 오늘부터 예수 품 안에 들어오시오. 예수 말씀하시기를 '내 멍에는 가볍고 쉬우니라.' 하셨습니다. 이 세상 괴로움을 모두 잊고, 예수만 진실히 믿었다가 이다음 죽은 후에 천당에 가서 무궁한 복락을 같이 누립시다."

하고 긴 설교를 끝낸 후 일동을 다시 한번 쭉 둘러보고 천천히 문밖으로 나가버렸다.

소눈깔같이 우둔한 눈으로, 흥분한 신사의 머릿짓 손짓을 열심히 바라다보던 눈들은 다시 일제히 어딘가 보이지 않는 곳을 물끄러미 바라다보면서 각기 입으로부터는 약속했던 듯이 한숨을 내쉬었다.

아쩡이는 열심히 그 신사의 말을 들었다. 그러나 그는 그것이 모두 무슨 말인지 알아들을 수가 없었다. 무슨 '죽은 후에 금 거문고를 타고 잘산다.'는 말을 알아듣고 '그렇게 되었으면 오죽이나 좋으랴.' 하고 속으로 부러워도 했다. 그러나 지금 세상이 무슨 아담 이브 죄 때문에 괴롭게 되었다는 소리는 무슨 소린지 모를 소리라 했다. 그럼 인력거꾼은 모두 아담 이브 죄의 형벌을 받거니와 자동차 탄 양고자[중국인들은 서양인들을 귀신 같다고 해서 양귀자洋鬼子라 불렀는데, 이 말이 변해 양고자가 됨]나 이따금 제가 태워다 주는 비단옷 입은 색시들은 어째 아담 이브 죄 형벌을 아니 받을까 하고 그는 생각했다. 우리 같은 인력거꾼은 이렇게 늘 괴로워도 그 비단옷 입고 금반지 끼고 인력거나 마차나 자동차만 타고 다니는 그 사람들은 세상에 조금도 고생이라는 것이 없는 것같이 보였다. 그리고 그 신사가

"하느님의 성신의 불로 그들의 죄를 태워버리고……" 운운할 적에는 그는 속으로

"하느님이 있거든 한 끼 먹을 그릇 듬뿍이 주고 이 몸 아픈 것이나 낫게 해주소." 하고 원했다.

신사가 나아간 후에도 아쩡이는 한참이나 그 신사가 한 말을 알아들은 대로는 되풀이해보았다. '세상에서는 괴롭게 지내다가 일후 죽은 후에 천당에 가서 금 거문고 타고……' 죽은 후에 금 거문고 타려면 왜 살아서는 고생을 해야 되는가? 죽어서 천군 천사와 노래하려면 왜 살아서는 맨날 뚱뚱한 사람을 태우고 땀을 흘려야 하며 발길에 채여야 하고 순사 몽둥이로 얻어맞아야 하는가? 죽은 다음에 생명수 가에 있는 생명과를 배부르게 먹으려면 왜 살았을 적에는 남 다 먹는 아침 죽 한 그릇도 못 얻어먹고 쏘뼁으로 요기하여야 하는가? 그것을 아쩡이는 깨달을 수가 없는 것이었다. 그 신사가 말한 바, 소위 그 천당이라는 데는 그러면 우리 같은 인력거꾼이나 몰려가는 데인가? 그러면 양고자들과 양복 입은 젊은 사람들과 순사들은 죽은 후에 어떤 곳으로 가는가? 그들도 그 천

당으로 가는가? 만일 그들도 천당에를 가면 그들은 이 세상에서 고생도 아니했으니 불공평하지 않은가? 옳다, 만일 천당이라는 데가 있다면 거기서는 필시 우리 이 세상 인력거꾼들은 아까 그 사람이 말한 모양으로 금거문고 타고 생명과 배불리 먹고 놀고 이 세상에서 인력거 타던 사람들은 모두 인력거꾼이 되어서 누더기를 입고 주리고 떨면서 인력거를 끌고 와서 우리를 태워주게 되나보다! 그러나 그러면 나도 한번 그들을 '에잇끼놈' 하면서 발길로 차고 동전 세 닢 던져주고, 예수 만나보러 대문으로 들어가게 될 것이다. 정말 그런가 히고 그는 혼자 흥분하여졌다. 그래 그 신사가 아직 있으면 천당에도 인력거꾼이 있냐고 물어보고 싶었다. 만일 그렇다고 하면 그는 이제라도 어서 죽을 것이었다. 그래 그 좋은 천당으로 한시바삐 갔을 것이다. 그는 호기심에 끌려서 미닫이칸 막은 안방에서 무슨 책인지 웅얼웅얼 하면서 읽고 있는 방지기에게 말을 건넸다.

"여보 영감, 영감도 예수 믿소?" 웅얼웅얼 하는 소리가 뚝 끊기고 한참 가만히 있더니

"예, 왜 그러우?" 하는 대답이 나왔다.

"천당에도 인력거꾼이 있다고 그럽데까?"

"인력거꾼. 천당에 인력거꾼 있으면 천당이랄 게 무어요. 없어요."

눈만 멀뚱멀뚱하고 있던 다른 사람들도 빙그레 웃었다. 피가 뚝뚝 듣는 부러진 팔을 들고 앉아 있는 영감만이 아무것도 귀찮다는 듯이 그냥 물끄러미 팔을 들여다보고 앉아 있었다.

아쩡이는 낙망했다. 천당에는 인력거꾼이 없다. 그러면 역시 고생하는 놈은 우리뿐이다. 돈 많은 사람은 세상에서나 천당에서나 즐거운 것뿐이다.

그는 그런 천당에는 가기 싫었다. 천당에 가서도 낮은 데 사람이 위에 가고 윗사람이 아래로 가지지 않는다고 할 것 같으면 그런 데까지 일부러 다리 아프게 찾아갈 필요는 없는 것이었다. 차라리 괴롭더라도 이 세상에서나 쏘뺑이나마 잔뜩 먹고 몸이나 성해서 석 달에 한 번씩 20전짜리 갈보네 집에나 가면 그것이 더 행복이다 하고 그는 생각했다.

몸이 퍽 거뜬해진 것같이 생각이 되어서 아쩡이는 오지도 않은 의사를 기다리지 아니하겠다고 그만 밖으로 나와버렸다. 그러나 그가 분주스런 거리로 이 사람 저 사람 피하면서 걸어 나아갈 때 홀로 큰 고독을 깨달았다. 아쩡은 제가 갑자기 이 세상 밖에 난 것같이 생각이 되어서 슬펐다. 지나가는 사람, 지나오는 사람이 모두 희미하게 멀리 딴 세상에 사는 사람들 같고 자기는 지구 밖에 어떤 곳에 홀로 서서 이 사람 떼를 바라다보는 것 같았다. 그는 이것이 흉조라고 생각하여 몸을 떨었다.

그는 정신없이 다리가 움직여지는 대로 자기 집 있는 쪽으로 자연 가게 되었다. 영대 마로 어구에 내어버린 인력거는 기억에 나오지도 않았다. 그것을 잃어버리면 제 몸이 어떤 비참한 결과를 거둘지도 인식되지 않았다. 저도 무슨 일을 하는지 모르게 짚신짝으로 걸어오다가 건재약국에 들어가서 감초 가루약을 동전 두 푼어치 사들고 그냥 걸어갔다.

아쩡이 얼마나 걸었던지 제 집 동구 밖에까지 왔을 때 동구 밖에 울긋불긋한 기를 늘인 책상 뒤에 앉아 있는 안경 쓴 점쟁이를 보았다. 아쩡은 그의 본능적 어떤 공포가 그를 자연히 그 점쟁이에게로 제 몸을 끌고 가는

것을 깨달았다.

전대에서 20전짜리 은전 한 닢을 꺼내 점쟁이 앞에 던지고 우두커니 서 있었다. 점쟁이는 누런 안경 속으로 큰 두 눈을 희번덕거리면서 아찡을 훑어보더니, 조그마한 상자 속에 손을 넣어 돌돌 말은 종이 한 장을 꺼내 펼쳐 읽어보고서는 책상 밑에서 커다란 장지책 한 권을 꺼내 세 치나 자란 시커먼 엄지손톱으로 장장을 들치면서 어떤 곳을 찾아 들여다보더니 책을 덮어놓고서, 책상 위 유리판에 먹붓으로 글자를 넉 자를 써서 아찡 앞에 쑥 내밀었다. 그 글자는 '천현이홍天玄李紅'이었다. 그러나 아찡이 그 한문 글자를 알아볼 리가 없었다. 그래 그는 고개를 흔들었다. 점쟁이는 가장 점잔을 빼면서 관화 비슷한 영파寧波 말로 점 해석을 시작했다. 이러쿵저러쿵 중언부언하는 해석을 다 모아놓으면 대략 이러했다.

'아찡이는 지금 큰 액에 들었다. 지금 이 액을 넘기면 큰 낙이 돌아오리라.'

아찡이는 정신없이 제 방 안에 꼬꾸라졌다. 점까지 큰 액이 다쳤다고 나왔다. 아, 그러면 무슨 큰일이 생기나 보다 하고 그는 몸을 떨었다.

몸이 다시 으쓱으쓱하고 메스꺼움이 나기 시작했으나 먹은 것이 없어서 게우지는 않았다. 아찡의 눈앞에는 그의 전 생애가 한 번 죽 나타났다. 어려서 촌에서 남의 집 심부름하던 것으로부터 뒷집 닭 채다 먹고 들켜서 석 달을 매 맞으며 징역하고는, 상해로 와서 공장에 들어갔다가 8년 전에 인력거를 끌기 시작했다.

8년 동안 인력거 끌던 생각이 났다. 에스톨하우스호텔에서 어떤 서양 신사를 태우고 5리나 되는 올림픽극장까지 가서 동전 열 닢 받고 억울한 김에 동전 두 닢 더 달라고 조르다가 발길로 채이고 순사에게 얻어맞던 생각이 났다. 또 언젠가는 한번 밤이 새로 2시나 되어서 대동여사大東旅舍에서 술이 잔뜩 취해 나오는 귀울리[고려인] 신사 세 사람을 다른 두 동무와 같이 태우고 법계[불란서 조계] 보강리까지 10리나 되는 길을 가서 셋이 도합 10전 은화 한 닢을 받고 어처구니없어서 더 내라고 야료 치다가, 그들은 이들한테 단장으로 죽도록 얻어맞고 머리가 깨져서 급한 김에 인력거도 내버리고 도망질쳐 나오던 광경이 다시 생각이 났다. 그러고는 또다시 한번 손님을 태우고 정안사로靜安寺路로 가다가 소리도 없이 뒤로 오는 자동차에 떠밀려서 인력거 부수고 다리 부러진 끝에 자동차 운전수 발길에 채이고 인도인 순사 몽둥이에 매 맞던 것도 생각이 났다.

길다면 길고 멀다면 먼 8년 동안의 인력거꾼 생활! 작은 일 큰 일, 눈물 난 일. 한숨 쉰 일들이 하나씩 하나씩 다시 연상이 되어서 그는 엉엉 울었다. 그러다가 그는 갑자기 목이 갈한 것을 느끼면서 몸을 일으키려 하다가 온몸이 쥐 일어서는 것을 감하여 '끙' 소리를 치고 도로 엎어지고서는 다시 아무것도 의식하지 못하게 되고 말았다.

종일 인력거를 끌고 새벽에야 집에 돌아와서 아찡의 시체를 발견하고 공무국에 보고한 뚱뚱이를 따라 공무국에서 순사와 의사가 검시를 하러 이 더러운 방 안으로 들어왔다.

의사는 방 안에서 검시하고 영국의 순사부장은 중국인 순사보로 통역을 세우고 뚱뚱이에게 여러 가지를 물어서 조그만 수첩에 적어 넣었다.

"아쩡이가 언제부터 인력거를 끌었어?"

"글쎄 그도 똑똑히는 모릅니다. 이 집에 같이 있기는 바로 3년 전부터입니다. 그때 제가 인력거를 처음 끌기 시작하면서 같이 있게 되었어요."

"그래 모른단 말이야?"

"네, 네. 아쩡이 제 말로는 이 노릇 한 지가 금년까지 8년째라고 그러고 합디다요, 나리!"

순사부장은 알았다는 듯이 고개를 끄덕끄덕하더니 안에서 검시하고 나오는 의사를 향하여 웃으면서 영어로 이렇게 말했다.

"무엇 저 죽을 때 되어서 죽었소이다. 8년 동안 인력거를 끌었다는데요. 남보다 한 1년 일찍 죽은 셈이지만 지난 번 공부국公部局 조사에 보면 인력거 끈 지 9년 만에 모두 죽지 않습니까?"

의사는 고개를 끄덕끄덕하면서

"8년으로 10년까지. 매일 과도한 달음질 때문에……"

공무국에서 온 일꾼들이 아쩡의 시체를 거적에 담아 실어간 후 뚱뚱이는 한참이나 멀거니 앉아 있다가 벌떡 일어나서 다시 밖으로 나갔다.

그 날 오후 2시에 사람들은 그 뚱뚱이가 역시 아무 일도 없다는 듯이 인력거에 손님을 태우고 에드워드로路로 기운차게 가는 것을 볼 수가 있었다. 물론 그가 아까 순사부장과 의사의 회화(영어로 하기 때문에)를 알아들을 수 없어서 그에게는 다행이었다. 5년이나 6년 후에 아쩡의 뒤를 따르게 될 것을 모르므로 뚱뚱이는 흐르는 땀을 씻으면서 껑충껑충 아스팔트 매끈한 길을 홀로 달아나는 것이었다. 마치도 한 100년 더 살 것 같이……

제 2부
경성 풍경

박람회에 가다

대학로를 거닐다

도서관에 가다

동물원 구경 가다

유람버스에 오르다

1장
유람버스에 오르다

서울 시내를 돌아다니다 보면 시티투어버스를 볼 때가 자주 있다. 서울 관광의 편의를 위해 서울시에서 2000년 10월부터 운영하기 시작한 이 관광버스는 현재 도심 순환 코스와 고궁 코스 그리고 야간 코스로 나누어 운행되고 있는데, 최근에 2층짜리 버스를 도입하고 청계천변을 경유하게 되면서 외국인들뿐만 아니라 내국인들에게도 큰 인기를 끌고 있다. 서울을 한눈에 볼 수 있다는 점 때문에 서울 나들이를 위해 한번쯤 타보는 것도 좋을 듯싶다.

그러면 이러한 시내 관광버스가 우리나라에 처음으로 등장한 것은 언제부터였을까? 지금까지의 기록에 의하면 그것은 서울이 '경성'이라고 불렸던 1929년의 일이다. 당시 경복궁에서는 9월 12일부터 10월 31일까지 조선총독부 주최의 조선박람회가 열렸는데, 이를 기회로 경성자동차조합에서 '시내 각소 유람자동차'를 운행했던 것이 그 효시다. 이 유람자동차는 박람회를 구경하기 위해 경성을 찾은 수많은 국내외 관광객에게 편의를 제공하고 일시에 급증한 관광 특수를 잡기 위해 조합 차원에서 마련한 것이었다. 경성역 또는 지정 여관을 기점으로 하여 시내 명승고적, 남대문 외 23개소를 일주하는 데 4시간 반 정도 소요되었다. 요금은 성인이 3원 50전으로 매우 비쌌으나 5세 이하 소아는 무료, 6세 이상 12세 이하 소아는 성인의 반액이었다. 또한 단체 할인도 있어서 20인 이

장곡천정 경성자동차주식회사 앞에 세워져 있는 유람버스들

상은 3원, 50인 이상은 2원 50전, 100인 이상은 2원이었다. 100명 이상의 단체 손님을 받을 정도였으면 박람회로 인한 관광 특수가 엄청났던 것 같다. 그러나 이 유람자동차는 박람회 기간 동안에만 운행된 임시 관광버스였으며, 정기적으로 운행된 유람버스는 그로부터 2년 뒤에 출현했다.

1931년 경성자동차조합장이면서 경성자동차주식회사를 운영하던 노노무라 겐조[1]는 박람회 당시 유람버스의 사업성을 보고 그해 2월 경기도 경찰부 보안과에 '경성유람버스' 허가원을 제출했다. 지방 사람이나 외국인이 경성을 유람할 때 시내의 유명한 건물과 창경원, 신사, 백화점 등을 경성유람버스로 안내하기로 하고 같은 해 6월 22일부터 허가를 받아 본격적인 운행에 들어갔다. 이로써 경성유람버스는 지금의 서울시티투어버스의 전신이 되었다. 16인승이었던 이 유람버스는 매일 두 차례 오전 8시와 오후 1시에 운행을 시작했으며, 지금의 소공동 조선호텔 건너편에 있었던 경성자동차주식회사 본사 건물 앞에서 출발했다.[2] 승객들은 '부인 안내자'라고 불린 여성 차장(버스 걸)의 안내를 받으며 경성의 주요 명소를 구경할 수 있었다. 코스는 하차해서 구경하는 곳과 차를 타고 구경하는 곳으로 나누어서 짜였으며, 총 소요 시간은 3시간 반 내지 4시간 반 정도였다. 요금은 성인이 2원 20전, 소인이 1원 10전으로 당시 전차 요금이 3전이었던 점을 감안하면 상당히 비쌌다.

---

1) 오사카 출신의 노노무라 겐조는 1907년 2월 경성으로 건너와 남대문통에서 '경성사진관'을 운영하면서(이 책 제1부 1장 참조), 택시업의 장래성에 주목하여 겸업으로 현 소공동에 '경성자동차상회'라고 하는 고등자동차高等自働車 대여업을 개업하여 경성 택시의 기초를 닦은 인물이다.

2) 처음에는 경성자동차주식회사 본사 건물 앞에서 출발했으나 이후 경성역과 본사 건물 두 곳에서 오전과 오후로 나눠 출발했으며, 1930년대 중반부터는 두 차례 모두 경성역에서 출발했다.

43
경성자동차주식회사에서 발행한 경성명승유람안내도

　　경성유람버스의 일주 코스를 구체적으로 살펴보면, 먼저 경성역에서 출발하여 남대문을 지나 남산 중턱에 자리한 조선신궁과 경성신사를 거쳐 장충단과 박문사를 관람하게 된다. 그리고 다시 동대문을 지나 경학원(성균관)과 창경원을 구경하고 파고다공원을 거쳐 조선총독부청사와 조선총독부박물관(현 국립민속박물관 자리에 위치)을 관람한 다음 덕수궁을 최종점으로 유람을 마치게 된다. 이는 하차 안내소가 설치된 곳을 중심으로 살펴본 것이며, 각 지점을 이동하는 중간에도 보거나 구경할 수 있는 명소가 여러 곳 있었다. 이러한 노선을 따라가다 보면 경성을 처음 방문한 외지인들이라도 경성의 전모를 한눈에 볼 수 있고 그 지형을 그릴 수 있을 정도였다.

　　1927년까지만 해도 인력거 외의 대중교통수단은 경성전기주식회사와 경성자동차주식회사에서 각각 운영했던 전차와 택시뿐이었다. 그러다가 1928년에 이르러 경성부청에서는 폭증하는 교통 수요에 대비하고 전차 노선이 들어가지 않는 지역의 서민들을 위해 부청에서 직영하는 부영버스를 운행하기 시작했다. 금세 제2의 대중교통수단이 된 부영버스는 점증하는 관광객들의 교통 편의를 위해 유람버스 운행 계획도 마련했다. 그러나 경성자동차주식회사에 선수를 빼앗기자 1932년 봄부터 일요일에만 운행하는 일요경성유람버스를 직영하여 경성유람버스와 경쟁하기도 했다. 요금도 경성유람버스의 절반도 안 되는 50전으로 하였다. 그러나 부영버스는 수입 감소에 따른 운영난으로 1933년 경성전기주식회사로 넘어가고 말았다.

한편 경성에 이어 각 지방에서도 유람버스가 잇따라 등장했으며 그곳의 관광 명소를 찾는 외지인들에게 편리를 제공해 큰 호응을 얻었다. 자동자회사의 입장에서 보자면 그만큼 유람버스 운영은 수익성이 높은 사업이기도 했다. 1931년 6월 온천이 많은 부산에서는 동래온천과 해운대온천을 왕래하는 '온천유람버스'를 고급 승용차(당시에는 승용차와 버스의 구분이 확실하지 않았다) 4대를 이용하여 매일 56회씩 운행했으며, 어느 곳보다도 문화 유적이 많은 평양에서도 1935년 유람버스를 운행하고자 평양관광협회에 관광객 수요 조사를 의뢰해 다음 해부터 신설할 계획을 세웠다. 평양 못지않게 탐승객이 많이 찾는 경주에서는 1937년 소규모로 운영되던 자동차회사들이 모여 경주고적유람자동차주식회사를 창립하여 '경주유람버스'를 운행하기 시작했다. 이러한 유람버스들의 등장은 1930년대에 들어서 관광객들의 수요가 폭증했으며 그에 따른 관광사업도 번창했음을 반증한다.

그런데 경성유람버스의 경우 조선인들보다도 일본인들이 더 많이 이용했으며, 경성자동차주식회사에서 발행한 각종 관광 안내 팸플릿도 그들을 위해 제공되었다. 그런 이유로 유람버스에 대한 경험담이 일본인 중심으로 얘기되곤 했다. 1938년에 일본인 두 명이 '경성유람버스의 승객이 되어' 보고 느낀 바를 기자와의 대담 형식으로 『조선철도협회 회지』에 기고했는데, 그곳에 수록되어 있는 기념사진에서 당시 유람버스의 운전수와 여차장 그리고 신사복 차림의 일본인 관광객의 모습을 볼 수 있어 흥미롭다.

유람 코스 또한 처음부터 일본인들을 위해 설계되었다. 1930년 대의 경성은 일제에 의해 경영되어 근대화된 면모를 갖춘 식민지 조선의 수도로서 식민 지배의 성공 사례를 보여주는 곳이었다. 따라서 유람 코스는 일본인들이 단지 경성의 유명한 명소를 구경하는 것으로 그치지 않고, 각 장소들을 보고 지날 때마다 지배자 일본인으로서의 우월감과 자부심을 느낄 수 있도록 고안되었다. 이제 다시 앞에서 언급한 유람 코스를 복기하면서 그 여정을 떠나보면 처음과는 전혀 다른 여행이 될 것이다.

먼저 경성역에서 출발한 일본인들은 가장 먼저 경성의 랜드마크인 남대문을 바라보게 되는데, 그곳은 임진왜란 당시 왜군이 입성할 때 지나간 역사적 유래가 깊은 기념비적인 장소로 기억되는 곳이며 동시에 1907년 일본 황태자의 조선 방문 당시 통행 불편을 이유로 남대문 북쪽 성벽을 철거하여 조선인들에게 굴욕을 안겼던 장소였다. 그다음으로 들르는 곳은 현 남산분수대 광장 자리에 건축한 조선신궁이다. 국사당을 헐고 그 자리에 세운 조선신궁은 일본 황실의 조상인 아마테라스 오미카미天照大神와 메이지 천황을 모시는 신사였으며, 신사 중에서도 가장 등급이 높은 관폐대사官弊大社로 지어

44
경성유람버스의 운전수와 여차장 그리고 일본인 관광객의 모습 (1938)

45
조선신궁
(1925년 건립)

46
1911년 창경원으로
개칭된 창경궁

졌다. 공간 배치상 조선신궁에서 경성부 쪽을 바라보면 정면에 조선총독부가 놓여 있는 구조인데, 이 두 곳은 조선 지배 기구의 양대 축(종교와 행정)을 이루는 상징 공간의 역할을 하였다.

이어서 유람버스는 고종이 명성황후 시해사건 당시 피살된 궁내부대신 이경식과 시위연대장 홍계훈 등의 충절을 기리기 위해 쌓은 제단이었으나 1919년 일제에 의해 공원으로 조성된 장춘단과 1932년 조선의 초대 통감 이토 히로부미의 훈업을 영구히 후세에

전하고 일본 불교 진흥 및 일본인과 조선인의 굳은 정신적 결합을 위해 세워졌다는 박문사를 둘러보게 한다. 그리고 동대문을 지나 지금의 대학로를 따라 혜화문 방향으로 올라가 1911년 성균관을 개편해 조선의 유림들을 식민정책에 따라 조직하고 관리하기 위해 만든 교화 기관인 경학원과 1911년 창경궁을 박물관, 동물원, 식물원 등으로 이루어진 오락 공간으로 개조하고 일반에게 개방하면서 개칭한 창경원을 구경하게 된다. 계속해서 우리나라 최초의 근대 공원인 파고다공원을 거쳐 조선 통치의 상징인 조선총독부청사와 식민지 문화 정책을 담당한 조선총독부박물관을 관람하고, 일제에 의해 강제 퇴위당한 고종의 궁호인 '덕수'를 따서 원래의 이름인 경운궁을 개칭한 덕수궁에서 유람은 끝을 맺는다.

이렇게 일주하는 동안 일본인 관광객들은 제국 신민으로서의 우월감을 느끼게 되고, 조선인 관광객들은 식민 지배의 정당성을 내면화함과 동시에 일제에 의해 새롭게 구축된 표상 체제에 무의식적으로 편입하게 된다. 일제는 근대성이 배태한 선택과 배제의 논리에 따라 경성유람버스의 코스를 철저히 계획하여 식민 담론의 시각 정치로 활용했던 것이다. 흥미로운 점은 서울시티투어버스의 코스가 경성유람버스의 노선과 많이 겹친다는 것이다. 서로 다른 시간을 살았던 일제강점기의 관광객과 현재의 관광객들은 동일한 장소를 바라보면서 경성/서울에 대한 어떤 상을 그려냈을까/그리고 있을까? 투어버스를 타고 다니면서 만나는 저 서울의 공간은 예나 지금이나 크게 다르지 않지만, 시대에 따라 그 의미를 달리해왔다.

만약 이 글을 읽는 독자들이 투어버스를 타게 된다면 현재의 모습만을 보지 말고 그 장소의 의미가 시대에 따라 어떻게 변용되어 왔는지 공간에 대한 역사 읽기를 함께해보는 것도 좋을 듯싶다. 투어버스의 창밖으로 보이는 서울의 화려한 표면과 감각 너머로 깊이 있는 공간의 사유가 가능할 것이다. 공간의 계보학이라고 불러도 좋을 이 서울 유람에 동승해보지 않겠는가?

볼거리

사진엽서로 보는 경성 풍경

1900년 1월 17일 근대적 우편제도인 '국내우체규칙'이 시행되면서 본격적으로 발행되기 시작한 사진엽서는 주로 일본인이 운영하는 인쇄제작소와 사진관, 그리고 서점 등에서 제작, 발매되었다. 특히 1901년 설립된 히노데상행日之出商行은 조선 최대의 대표적인 사진엽서 인쇄제작소이자 판매소로서, 1925년 당시 1일 판매량이 1만 점을 웃돌 정도였다. 이곳에서 발행된 사진엽서는 우편 및 통신 수단의 하나이지만 식민지 조선에 대한 일종의 '시각 아카이브' 또는 '사진 도감'이라고 할 정도로 그 내용이 방대하다.

경성은 식민지 조선의 수도로서 사진엽서 속에 자주 등장하는데, 조선 전역을 대상으로 한 '조선 풍속' 시리즈의 한 항목으로뿐만 아니라 '경성', '경성 명소', '경성 백경', '경성 미관', '경성 대관', '경성 신대관' 등 독립된 시리즈물로도 제작, 유통되었다. 또한 사진엽서는 대개 6매 내지 8매를 한 세트로 하여 봉투에 담긴 채 선물용이나 기념물로 판매되기도 했다. 엽서 세트 봉투에는 주제에 따라 '경성 명승', '약진의 경성', '경성의 미취', '경성의 인상', '관광의 경성' 등 다양한 제목이 달렸다. 여기서는 10매를 한 세트로 묶어 판매한 '경성 대관' 시리즈를 소개하고자 하는데, 주로 경회루, 남대문, 동대문, 대한문 등 조선의 전통 건축물들이 경성에 새롭게 이식된 모더니즘 양식의 건축물과 일본식 건물들과 대비되고 있다.

1926년 건립된 경성부청사. 1946년부터 서울시청사로 사용되다가 2012년 청사 뒤편에 신청사를 신축하면서 '서울도서관'으로 활용하고 있다.

대학로 마로니에 공원에 있었던 경성제국대학(현 서울대학교).
대학 본부 건물 입구에서 바라본 법문학부 건물, 현재 이 자리엔 아르코미술관이 들어서 있다.

경복궁 경회루

남대문 안에서 경성역(현 서울역) 쪽을 바라보며 촬영한 사진.
서울역사는 현재 '문화역서울 284'로 복원되어 문화 공간으로 사용되고 있다.

노기신사乃木神社. 일본의 전쟁 영웅 노기 마레스케乃木希典를 기리기 위해 1934년 남산 왜성대 부근에 세운 신사. 노기는 1912년 메이지 천황이 죽자 아내와 함께 자결했으며, 이 죽음은 그를 군신의 위치에 올려놓았으며, 일본 전역과 조선에 그를 위한 신사가 건립되었다.

덕수궁 대한문

동대문

1935년 태평통(태평로)에 세워진 경성부민관(현 서울시의회 건물)

1925년 남산에 세워진 조선신궁.
일본 건국 신화의 주신인 아마데라스 오미가미天照大神와 메이지천황을 제신으로 모셨다.

창경궁 춘당지 북쪽에 세워진 일본식 건물인 수정水亭과 식물본관(현 대온실).
1911년 지어진 수정궁은 1984년 창경궁 복원에 따라 철거되었다.

2장
동물원 구경 가다

지난 2009년은 우리나라에 동물원이 생긴 지 100주년이 되는 해였다. 1909년 11월 1일 창경궁 내에 박물관과 동·식물원이 설치되어 개원식이 열렸는데, 이때부터 우리나라 근대 동물원의 역사가 시작되었다. 초기에는 대한제국 황실 동물원의 의미로 어원동물원, 창덕궁동물원 등으로 불리다가 1910년 합병 이후 이왕직 관제가 실시되고 창경궁이 창경원으로 격하되면서 이왕직(이왕가)동물원, 창경원동물원, 경성동물원 등으로 불렸다. 1911년 4월 26일부터 박물관과 동·식물원을 통칭하게 된 창경원은 해방 이후에도 우리나라 동물원의 대표 명사가 되어 1983년 폐원될 때까지 존속하였다. '창경궁 복원사업'에 따라 창경원의 동식물들은 1986년 개장한 서울대공원으로 모두 옮겨갔으며, 이제 그곳은 우리의 기억과 빛바랜 사진 속에서만 찾아볼 수 있는 추억의 공간이 되었다. 그럼 우리나라 동물원의 기원이 되는 창경원이 어떻게 탄생했고 그 안에서 무슨 일이 있었는지 시간 여행을 떠나보자.

동물원의 탄생

창경원은 대중들의 교육과 위락을 목적으로 한 근대적 의미의 동물원으로서는 비교적 이른 시기에 설립되었는데, 19세기 이래 설립된 전 세계 동물원 중 36번째이자 아시아에서는 7번째로 만들어진 것이다(오창영, 1993: 76). 일본의 경우 1882년 도쿄에 개원한 우에노上野동물원이 최초의 동물원이었으며 이후 오사카(1903년), 교토(1903년), 가고시마(1914년), 나고야(1918년) 등 여러 곳에 동물원을 개원했다. 창경원은 일본과 비교해도 4번째 순위에 들 정도였으며, 1912년에 준공한 여섯 동의 동물 온실은 당시로서는 우에노동물원에서도 볼 수 없는 동양 제1의 시설이었다(오창영, 1993: 83).

하지만 창경원은 조선 황실의 권위와 정통성을 훼손하기 위해 일제가 고안한 시각 장치였다. 창경궁 내의 박물관 및 동·식물원 설치는 초대 통감 이토 히로부미에 의해 추진되었는데 사정은 이랬다. 1907년 헤이그밀사사건으로 고종이 강제 퇴위당하자 새로운 황제로 즉위한 순종은 그해 11월 덕수궁에서 창덕궁으로 이어하게 되었다. 이때 이토는 궁내부차관 고미야 사보마쓰小宮三保松가 제안하고 내각총리대신 이완용과 궁내부대신 이윤용이 찬성한 박물관 및 동·식물원 신설 계획을 순종에게 말하고 허락을 얻어냈다. 궁정의 존엄을 유지하고 국왕의 은혜를 백성들에게 보여주어야 한다는 것을 명분으로 내세웠지만, 실제로는 명목상의 황제였던 순종의 무료함을 달래주기 위한 것이었다(곤도 시로스케, 2007: 74~75; 小宮三保松, 1912). 이러한 이토의 책략에 따라 창경궁 내에 박물관과 동·식물원의 설치 공사가 1908년 4월부터 시작되어 이듬해 봄에 일단락되었다.

설치 공사와 함께 전시물 모집도 시작되었는데, 동물 수집은 이미 1908년 1월부터 착수되었다. 고미야에 의하면 "동물원을 제일 먼저 착수하여 성내에 사립 동물원을 경영하기 시작했던 유한성劉漢性의 동물 전부를 매수하고 유한성과 그와 함께 일하던 사람 1명을 직원으로 채용했다."고 한다. 이러한 사실은 당시 관보에서도 확

47
식물원 전경과 온실
(1910)

48
식물원 온실 내부
(1910)

인되는데, 유한성과 그의 직원 현익건은 2월 12일 각각 주임대우와 판임대우로 촉탁되어 동물원 사무를 맡게 되었다. 유한성이 어떤 이유에서 사립 동물원을 경영하고 있었는지는 알 수 없지만 당시 30여 종의 동물을 소유하고 있었으며, 창덕궁동물원에서 이를 매수하면서 동물 사육의 경험이 있던 그에게 동물원 사무를 맡겼던 것으로 보인다. 더욱이 그는 1903년 말 일본에서 의학 공부를 하고 돌아와 한양병원을 개업한 의사였으며, 육군1등군의(1905), 적십자사교육장1등군의(1906), 육군3등군의장(1907) 등을 역임한 군의관 출신이었다. 이런 점에서 유한성은 동물원 사무의 적임자였으며, 1908년 9월 궁내부에 속하여 박물관 및 동·식물원의 사무를 관장하는 어원사무국 관제가 제정되자 초대 동물원 부장이 되었다.

1908년 2월 창덕궁동물원은 유한성이 기르던 동물 외에 법무대신 조중응이 기증한 노루 한 쌍과 북청군에서 잡아온 호랑이 한 마리도 수집하였다. 또한 창덕궁동물원은 5월에는 순종이 타던 말 한 필을 기증받았으며, 8월에는 동물 흥행사로 추정되는 한 일본인이 서소문 안쪽에 개설한 동물원의 각종 동물과 새를 2만 원에 구입하기도 했다. 이렇게 여러 동물이 수집되기 시작하자 순종과 순종비는 개원도 하기 전에 창경궁에 들러 동물들을 관람하였다. 1909년 4월 동물원 설비 공사를 마치자 어원사무국은 일반인들에게 관람을 허용하기로 하고 개원을 서둘렀다. 그러나 5월 1일로 예정된 일반 공개는 계속 지연되었으며, 11월 1일에 가서야 비로소 개원식이 열렸고 월요일과 목요일을 제외한 모든 날에 일반인들의 관람이 허용되었다. 다만 '미친 사람과 술 취한 사람 그리고 의복이 누추한 사람'은 출입을 못하게 했다.

이러한 일반인들의 동물원 출입은 한편으로는 신성한 왕권을 상징하는 일종의 성역인 조선의 궁궐이 훼손되었음을 의미했다. 나아가 동물원의 설치는 창덕궁이라는 우리에 갇힌 순종 나아가 식민지라는 우리에 갇힌 조선인 전체를 은유했다. 그래서 창경원 설치에 대해 "왜놈이 한국 황제를 동여다가 동물원 속에 집어넣고 오백년 이씨의 종사를 멸하게 하며 근지 오천년 되는 단군 자손이 삼천만이나 되는 것을 금수와 같이 압제"하는 것으로 보거나(『권업신문』 1912. 8. 29), "원수가 우리의 종묘사직을 과실밭[식물원]과 동물원"으로 만들어 "다 금수의 터가 되었"고 "지금 덕수궁, 창덕궁은 다 감옥소와 같"다며 분개했던 것이다(『권업신문』 1913. 10. 19). 또한 창경원은 정식으로 개원하기도 전에 비공식적으로 개방되어, 순종을 위한 어원박물관이라는 처음의 의도는 명분에 지나지 않음이 명백해졌다. 결국 이곳은 개원 이후 관광 코스의 하나로 개발되어 경성을 찾은 일본인들에게는 식민 지배자로서의 우월감을 눈으로 확인하고 느끼게 하는 유희 장소가 되었고, 조선인들에게는 박물관학적인 지식을 습득하고 근대적 생활 방식의 감수성을 체험하는, 그래서 식민 지배의 정당성을 내면화하는 공간으로 활용되었다. 그러나 그것이 일제의 의도이건 민권 사상의 발로이건 창경원 관람은 점차 식민지 조선인들의 해방구가 되었다.

49
동물원 전경과 학 무리
(1910)

50
동물원의 호랑이
(1910)

동물들의 삶과 죽음

창경원의 개원 이후 동물 수집이 본격화되었다. 1909년 12월 어원 사무국에서는 돈 4,000원을 들여 코끼리 한 마리를 구입할 계획을 세웠으며, 1910년에는 호랑이와 표범 등과 같은 맹수들을 사들였다. 특히 코끼리와 같은 이국적인 동물은 늘 관심의 대상이 되었는데, 매천 황현의 일기에도 1910년 인도산 코끼리를 구입하여 동물원에서 사육했다는 기록이 남아 있다. 또한 1912년 11월 14일자 『매일신보』에는 그해 여름 4,000원을 들여 수입한 인도산 암컷 코끼리가 수컷 코끼리와 부부로 잘 지내다가 위장병에 걸려 앓다가 죽었다는 기사가 실렸다. 이런 내용으로 보아 우리나라에 코끼리가 처음 수입된 것은 1910년의 일이며[1], 수놈이었을 가능성이 높다. 이 수컷 코끼리와 부부의 연을 맺어주기 위해 1912년 암컷 코끼리를 다시 수입했으나 그 코끼리는 이 땅에서 6개월도 살지 못하고 병사하고 말았던 것이다.

코끼리 못지않게 사랑을 받은 동물은 하마였다. 하마가 창경원에 들어온 것은 1912년 6월 4일로, 같은 해 가을 준공된 여섯 동의 동물 온실 중 제1온실(코끼리사와 하마사)에 수용된 하마 부부는 1914년 첫 출산 이후 1937년까지 12마리의 새끼를 분만했다고 한다(오창영, 1993: 84). 순종이 승하한 해인 1926년 하마 부부는 일곱 번째 새끼를 낳아 창경원은 국상 중 순산의 경사를 맞기도 했다. 그리고 이 수컷 새끼는 2년 뒤인 1927년 일본의 우에노동물원에 7,000원에 수출되었다. 우에노동물원은 1911년 창경원보다 1년 앞서 하마 한 마리를 첫 수입했으나 1년 5개월 만에 죽자 오랫동안 하마를 들이지 않았다. 1919년에 가서야 창경원에서 암컷 하마 한 마리를 기증받아 기르다가, 1925년 창경원에서 태어난 수컷 하마 한

---

1) 오창영은 코끼리가 동물원에 들어온 것은 1912년 6월 4일로 하마 한 쌍과 함께 수입되었다고 적고 있다(오창영, 1993: 82).

마리를 수입하여 1927년 혼례를 치르게 한 것이다. 당시 신문에서는 11살의 올드미스와 2살의 모던보이의 결혼이라 하여 크게 기사화했다. 또한 1934년에는 창경원동물원에서 태어난 3살 된 하마가 나고야동물원으로 장가를 가게 되었고 1935년에는 두 살 된 하마가 오사카동물원으로 출가하게 되었다. 이렇게 일본으로 보내진 네 마리의 하마는 모두 창경원의 한 부모에게서 태어난 자식들이었다.

 1910년 가을 일본의 교토동물원에서 처음 들여온 사자는 하마만큼 번식률이 높았다. 1933년 3마리의 새끼를 순산한 사자 부부는 1934년에도 4마리의 새끼를 낳아 창경원의 사자는 그 전에 태어난 2마리를 합쳐 1년 사이에 모두 11마리에 달했다. 그러나 11월 23일경 사자 1마리(암컷 어미 사자)가 원인 모를 병으로 죽었다. 그리고 한 달 뒤 4, 5년 전에 태어난 사자 남매 2마리가 또다시 사망했으며, 다음 해 1월에도 아내와 자녀를 잃은 늙은 수컷 사자 한 마리까지 죽는 등 동물원의 사자는 계속해서 죽어나갔으며 끝내 절종絶種되었다. 이러한 의문사가 사자에게만 일어난 것은 아니었다. 첫 번째 희생자인 사자가 죽은 지 4일 후인 11월 27일 호랑이가 동물원에서 별안간 숨을 거뒀으며 1935년 5월에도 죽음은 이어졌다. 사자와 호랑이뿐만 아니라 표범과 얼룩말 등 상당수의 동물이 병에 걸려 사망했으며, 특히 묘과에 속하는 동물들이 줄초상을 당하자 경성제국대학 병리학교실과 부속병원에서는 죽은 사자와 호랑이를 해부하여 사인을 찾고자 노력했다.

 먼저 조선총독부 세균검사실에서는 1935년 1월 8일 그 사인이 출혈성패혈증에 있다는 연구 결과를 발표했다. 전염은 사육사와 식기, 식물食物 등을 매개로 이루어지고 동물 사이의 접촉에 의해서도 이루어진다고 하여 소독을 철저히 하고 엄중하게 격리할 것을 주문하였다. 그러나 병인을 둘러싸고 경성제대 의학부, 경성부 위생시험실, 총독부 세균검사실 등 의학계의 논쟁은 계속되었으며, 같은 해 2월 10일 경성제대 의학부와 조선군수의부朝鮮軍獸醫部에서 마비저균馬鼻疽菌에 의한 감염이라는 연구 결과와 진단을 내놓으면서 논란은 끝을 맺었다. 이렇게 병인이 밝혀지고 전염병의 경로

51
창경원의 코끼리

52
창경원의 하마

53
출산을 기다리는 사자 부부
(『조선일보』1940. 1. 18)

가 사료인 말고기였다는 것이 판명되면서 창경원의 공포는 해소되었다. 이에 따라 축사를 대소독하고 새로운 맹수촌을 계획하는 한편 다시 일본 각처에 있는 동물 수입상들을 통해 맹수들을 사들이기 시작했다. 사자와 호랑이는 물론 아직 일본에도 없는 북미산 퓨마 두 마리도 들여왔으며, 1937년에는 호주에서 캥거루를 처음으로 들여와 관람객들의 큰 관심과 호응을 얻기도 했다.

 1932년 11월 이왕직에서는 자연사가 됐든 병사가 됐든 동물원에 들어온 수없이 많은 동물이 죽어나가자 창경원 동물원 개원 이래 폐사한 4,000여 마리의 동물의 영을 추도하기 위해 각파의 승려들을 초빙하여 동물원 광장에서 동물위령제를 거행하였다. 1936년에도 창경원 개원 이래 죽은 동물과 창경원에서 기르는 동물의 사료가 된 동물의 위령제가 성대하게 열렸으며, 이를 기념해 관람료를 할인하는 행사를 벌이기도 했다.

창경원과 공간의 정치학

창경원에 가려는 관람객들은 대중교통수단인 전차와 버스를 이용할 수 있었다. 전차를 이용할 때는 종로4가에서 분기하는 창경원선을 타고 창경원 앞 정류장에서 하차하면 되었다. 이 창경원선은 창경원이 개원하자 폭주하는 관람객들을 수용하기 위해 1910년 12월

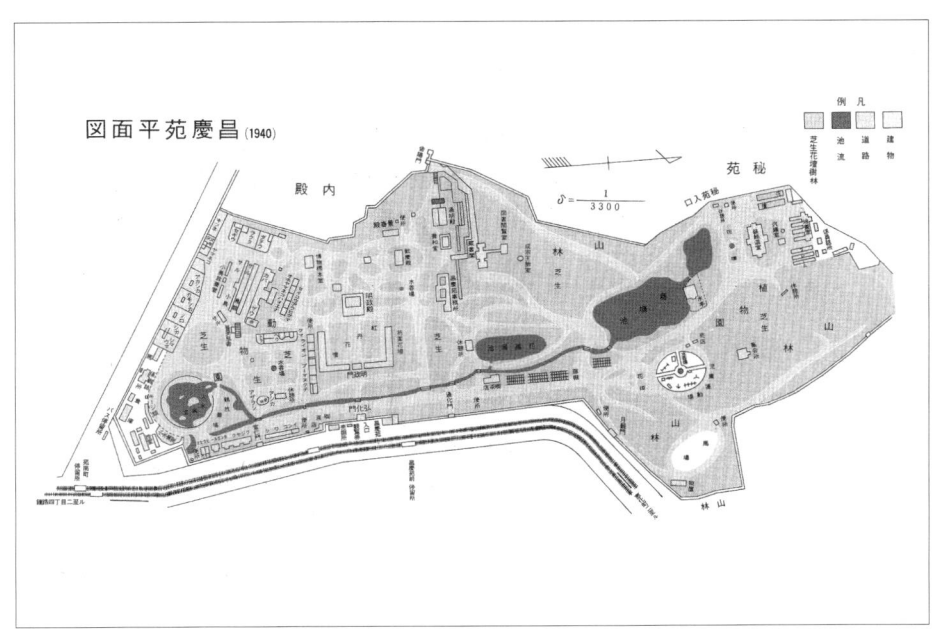

54
창경원 평면도(1940)(출처: 오창영, 1993)

20일 신설한 노선이었다. 이 노선은 1915년 10월 30일 복선화되었으며, 1941년 7월 21일에는 돈암동 네거리까지 연장되었다. 또 다른 교통수단인 버스를 이용하려면 혜화동로터리 쪽으로 가는 고등상업학교 행 부영버스를 타고 창경원 앞 정류소에서 내리면 됐다. 이 부영버스는 제1부 4장에서 살펴본 대로 1928년 점증하는 교통 수요를 충당하기 위해 경성부에서 직접 운영한 버스로, 1933년 경성전기주식회사에 경영권이 넘어가면서부터는 전차의 보조 수단으로 운영되었다. 전차나 부영버스 외에 유람버스를 타고 갈 수도 있으나 이는 주로 경성에 관광차 온 일본인과 외국인들이 이용했다.

　버스를 타든 전차를 타든 창경원 정류소에 내리면 홍화문을 통해 창경원으로 들어가게 되는데, 정면에 보이는 명정전을 중심으로 식물원은 우측 비원과 맞닿은 곳에 있었고 동물원은 좌측 종묘와 내전(낙선재)으로 둘러싸인 곳인 선인문 안 보루각 일대에 배치되었다. 그런데 1931년 5월 시구개정사업에 따라 돈화문에서 경성제국대학병원 앞에 이르는 구간에 도로를 뚫는 공사가 시작되어 창덕궁과 종묘 사이를 관통하는 간선도로가 신설되었다. 이로 인해 종묘의 북쪽 후원과 동물원 일부가 잘려나가게 됐다. 이 도로의 신설 계획은 조선총독부에서 1912년에 발포한 경성시구개수京城市區改修 예정 노선에 이미 나와 있었고 1928년 경성부에서 구체적인 공사 계획까지 세웠지만, 전주 이씨 종중의 반대로 4년간 끌다가 결국 창덕궁의 낙선재를 살리는 대신 종묘 후원의 일부를 개착하는 쪽으로 결정을 내려 착공에 이르게 된 것이다. 일제 당국은 광화문에서 안국동을 지나 돈화문을 거쳐 이화동에 이르는 북부간선도로(현 율곡로)의 개통에 대해 '교통의 편리'를 내세웠으나 그 이면에는 조선왕조의 상징이자 성역인 종묘와 궁궐을 파괴하고자 하는 의도가 숨어 있었다. 또한 대중은 주로 종로4가에서 원남동사거리를 지나 혜화동로터리 방향으로 가는 노선의 버스나 전차를 이용했기 때문에 이 도로의 이용률은 상대적으로 낮았다. 따라서 이 도로의 주목적은 총독부에서 대학병원을 쉽게 연결하는 데 있었던 것 같다.

한편 일제는 창경궁에 이어 덕수궁에도 동물원 신설 계획을 세웠다. 1933년 일반에게 개방된 덕수궁 안에는 일본의 근대 미술품을 전시한 이왕가미술관이 있었으나 창경원처럼 일반 관람객의 흥미를 끌 만한 것이 없다 하여 1935년 봄부터 동물원을 두기로 결정하였다. 창경원과 같은 규모의 동물원은 관리상 많은 경비가 필요하므로 원숭이 위주의 비용이 적게 드는 소小동물원으로 계획하였다. 결국 1935년 5월 덕수궁 석조전 앞뜰에 설치된 소동물원에는 일본산 원숭이를 비롯하여 공작과 각종 새 등 총 240여 종의 동물이 수용되었다. 이렇게 궁궐 내에 박물관 및 동·식물원을 세우는 것은 궐내의 수많은 전각을 훼철하는 행위였으며, 이는 조선왕조의 상징을 지우는 작업의 일환이었다. 창경궁과 덕수궁이 공원화 계획을 통해 파괴되기 시작했다면, 경복궁은 1915년에 열린 조선물산공진회를 비롯해 여러 차례의 박람회를 치루면서 허물어져갔다. 이처럼 창경원은 일제의 식민 담론을 위한 이데올로기적 장치로서 고안된 것이었지만, 한편으로는 일제강점기 내내 일반 대중의 여가 활동과 위락에 봉사해온 근대적 도시공원이었다는 점에서 식민지의 이중성을 내포한 공간이었다.

매년 봄이 되면 창경궁에는 벚꽃이 만발한다. 그 옛날 창경원 개원식에 참석한 일본인이 이곳을 일본식 정원으로 꾸밀 것을 제안해서 심은 200주의 벚나무로부터 시작되었다고 한다. 벚꽃놀이를 즐기면서도 왠지 서글픈 것은 나만의 이중적 감상일까?

3장
박람회에 가다

조선박람회가 열리다

지금으로부터 정확히 83년 전인 1929년 경성에서는 시정施政 20년을 기념하여 조선총독부가 주최한《조선박람회》가 열렸다. 이 박람회는 1915년에 열린《시정5년기념조선물산공진회》에 이은 두 번째 공식박람회로서, 9월 12일부터 10월 31일까지 50일간 경복궁에서 개최되었다. 조선총독부는 10만여 평의 경복궁 부지에 1만 8,000여 평의 건물을 사용하여 "조선 내의 각종 상태를 한곳에 전시하여 조선의 과거와 현재를 일목요연하게 알 수 있게 하고 또한 조선 이외에서 다수의 출품을 구해 서로 비교하여 장점을 취하고 단점을 보완하고 상호 소개에 편리하게 하며, 이 기회에 국내외에서 다수의 인사를 초청하여 박람회를 통해 혹은 실제로 직접 조선의 현상을 시찰케 하고 이로써 조선에 대한 공정한 이해와 동정을 얻어 상호 제휴하여 조선의 발전을 촉진하고자"(兒玉秀雄, 1929) 했다. 이를 위해 박람회장 안에는 각종 진열관과 특설관 그리고 기타 시설물이 설치되었으며, 조선 내의 출품 점수만 2만 점이 넘었다. 박람회 경비도 1915년의《조선물산공진회》에 비해 거의 5배가 넘는 250만 원에 달할 정도로 거액의 예산을 쏟아부었다. (당시『동아일보』의 보도에 의하면 실제로는 500만 원의 경비가 소요되었다고 한다.)

이러한 박람회의 전시물과 유흥거리를 모두 구경하려면 줄잡아 3일이 걸렸으며, 각 전시관의 일주 거리를 합하면 80리(약 32km)

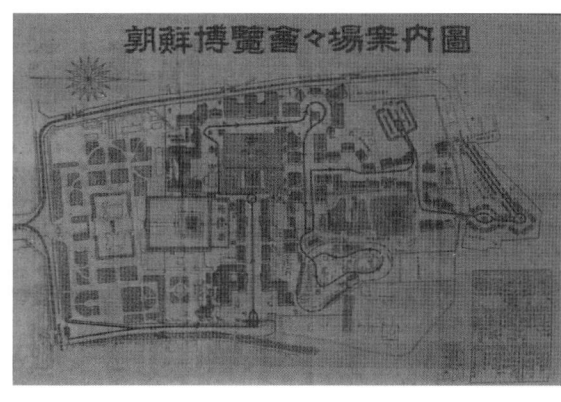

조선박람회 회장 안내도(1929)

가량이나 되었다고 한다. 주최 측에서는 회장 입구에 '조선박람회 장안내도'를 비치하여 관람객들에게 무료로 나눠 주고 여기에 동선을 표시하여 체계적으로 관람할 수 있도록 도왔다. 이 동선에 따라 박람회를 관람하자면 먼저 회장 정문 입구의 매표소에서 입장권을 사서 입장한 후 조선의 생산품을 일목요연하게 진열해놓은 '산업남관'과 '산업북관' 그리고 조선의 쌀을 선전하는 '미관米館'을 둘러보고, 미취학 아동과 불량아 및 부랑아 등의 보호시설, 생활개선과 직업 소개 등의 사회사업 시설, 각종 경제 기관 관련 출품을 모아놓은 '사회경제관'을 참관하게 된다. 그리고 좌측에 있는 '심세관'에 들어가 경쟁적으로 기교를 다하여 설비한 각 도의 자랑거리를 본 후에 다시 우측으로 가서 유치원에서부터 대학까지 각 교육에 관한 통계와 도면, 모형, 성적成績, 미술관, 동식물, 명승고적, 천연기념물에 관한 출품을 진열한 '교육미술공예관'을 시찰한다. 이어서 조선의 명산, 금강산 교통망의 대모형과 주요 항만, 도로, 하천 개수의 상황을 출품한 '토목건축교통관'과 위생·경무·사법 당국에서 출품한 '사법경무위생관', '기계전기관'을 보고, 그 사이에 있는 '충청남도관', '함경북도관', '전라남도관', '음악당' 그리고 사설 음식점 등을 둘러본다. 그다음 경회루 연당을 끼고 우측으로 돌아 '일본관', '오사카관', '나고야관', '평안북도관', '전라북도관'을 구경하고, '연예관', '규슈관', '산림관', '도쿄관', '야외극장'을 지나 중국색이 풍부한 '만몽관'에 다다르면 중국 복장의 미인이 따르는 중국차 맛을 볼 수 있다. 아동 기차를 타고 조선과 세계의 풍경을 파노라마식으로 볼 수 있는 '아동국'을 돌아본 후 다시 왔던 길로 돌아나가 현대 군기軍器의 정예를 진열한 '육해군관'과 '활동사진관', '축산관'을 구경하고 향원정에서 휴식을 취한 뒤 육교를 건너 경성협찬회에서 마련한 각종 흥행물과 음식점 구역에 다다르면 비로소 박람회 구경을 마치게 된다.

   개장식은 9월 12일 근정전에서 열렸다. 오전 9시 총독인 사이토 마코토齋藤實를 비롯하여 1,500명의 내빈이 참석한 가운데 보통학교 학생들의 축하 만세를 받으며 30분간 개장식이 열렸으며 오후 1시

56
개장하자마자 동십자각을 지나 박람회장 정문으로 몰려드는 인파
(『동아일보』 1929. 9. 13)

부터는 일반 관람객의 입장이 시작되었다. 그러나 개장일 전까지도 일부 진열관과 특설관이 준공되지 않은 상태였다. 각종 시설이 미비한 상태에서 개장한 조선박람회는 야간 개장 없이 오전 9시부터 오후 5시까지 열렸으며, 기간 연장도 없이 50일간의 회기를 마치고 10월 31일 폐회하였다. 폐회 다음 날인 11월 1일 조선박람회사무국에서는 50일간의 관람객 수를 발표하였는데, 총 관람객 수는 애초의 예상 인원인 100만 명을 훨씬 넘어선 144만 5,000명으로 집계되었다(『조선박람회기념사진첩』: 7). 1929년 12월 현재 경성의 인구가 31만 5,000명이었음을 감안하면 실로 엄청난 수의 인파였다. 숫자상으로만 보면 조선박람회는 전 조선인을 대상으로 흥행몰이에 성공한 대형 이벤트였다.

관람객을 잡아라

그러나 박람회를 전후하여 크고 작은 사건이 일어났고 숱한 문제점이 노정되었다. 박람회가 열린 1929년은 전 세계적으로 대공황이 일어난 해였다. 따라서 조선박람회는 일제가 20년간 조선 통치의 실적을 자랑하기 위해서, 그리고 일본 내지의 경기 불황과 실업자 급증 문제를 타개하기 위한 방책의 하나로 기획했던 것이다. 긴축재정을 유지했던 일본의 경제정책을 조선에서는 예외로 하여 (『동아일보』1929. 7. 7) 박람회가 열리는 동안 막대한 예산을 지출케 했으며, 일본의 각 부현府縣의 특설관과 내지관을 통해 일본의 근대적 물품들에 대한 홍보와 소비를 촉진시키고자 했다. 이러한 경제정책에 부응하기 위해 박람회의 실질적인 운영(선전과 관객 유치 활동)을 맡았던 경성협찬회는 처음부터 예상 관람객 수효를 100만 명으로 정하고 각종 부대시설을 짓고 임대 사업을 벌였다. 일본보다도 더 경제 상황이 좋지 않은 조선 현지에서 이러한 대규모의 박람회를 개최하는 것에 대해 처음부터 우려의 목소리가 있었으나 박람회의 성공적인 개최를 위해 주최 측은 각종 묘안을 짜내고 편법을 동원하였다.

우선 경성협찬회는 박람회 홍보를 위해 개장 두 달 전부터 선전용 일산日傘 1,300개와 부채 1만 개를 제작하여 일산은 유흥객이 많이 몰릴 것으로 기대되는 각 기생 권번과 유곽 그리고 카페 등에 나눠 주고, 부채는 앞의 권번, 유곽, 카페 외에 은행, 회사, 신문사, 유원지 등에 배포하였다. 또한 7월 12일에는 조선의 기생과 일본의 예기 500여 명을 동원하여 시내 곳곳을 돌며 흥을 돋게 했으며 제등 행렬도 마련하여 분위기를 띄웠다. 거리에는 조명과 각종 선전탑 등을 설치하여 가두 장식을 했으며, 포스터와 사진엽서를 제작해 외지인과 지방민들에게 선전을 하였다.

이러한 노력과 준비에도 불구하고 관람객 수는 예상을 밑돌았다. 100만 명이 입장하려면 1일 평균 2만 명이 입장해야 하는데, 개장 첫날 관람객은 7,000여 명에 그쳤고 그나마 유료 관람객은

4,287명에 불과했다. 둘째 날에도 무료 관람객 3,000여 명을 포함하여 8,508명을 기록했을 뿐, 관람률 저조 현상은 열흘이 지나도록 지속되었다. 관람률이 저조하자 조선총독부는 각 지방 행정 당국에 박람회 참가를 독려하도록 훈령을 내렸다. 각 지역의 행정 책임자들은 할당된 인원을 채우기 위해 박람회 관광단을 강제적으로 모집하여 경성으로 올려 보냈다. 관광단에 동원된 면민들은 흉작임에도 불구하고 매일 찾아오는 면서기와 구장들의 성화에 울며 겨자 먹기로 승낙해놓고는 여비가 없어 고리의 빚을 얻어가면서까지 경성 유람을 떠나야만 했다. 김천군의 20개 면에서는 박람회 관광단으로 모집된 인원이 1,100명에 달했는데, 이곳 면민 역시 면장의 권고를 거절할 수 없어 모집에 승낙은 했으나 여비가 없어 의복과 가구, 기명器皿 등을 저당 잡혀 겨우 여비를 마련한 참담한 경우까지 발생하였다. 더욱이 박람회 회기인 9월과 10월은 추수를 앞둔 시기여서 박람회에 일손을 빼앗긴 농촌의 피해는 커져만 갔다. 전남 영광 지방에서는 한재로 인해 면세지가 2,000여 정보에 달했으며, 재해를 입은 농민들이 면세 혜택을 받으려면 납세 기간 안에 면세 신청을 해야 함에도 불구하고 주요 면당국자들이 박람회 관광을 떠나 거의 모든 면이 텅 빈 상태에 놓이자 면민들의 원성이 창천하였다(『동아일보』 1929. 9. 17; 9. 21; 9. 27.).

조선총독부, 조선박람회 기념사진엽서(1929)

58
조선박람회 회장 전경, 경복궁 후궁(1929)

    결국 이렇게 해서 조선의 각 지방에서 상경한 농민들은 폐회 14일 전인 10월 17일 현재 약 60여만 명에 달했고 총 관람객도 100만 명을 넘겼다(이중에는 무료 관람객도 많았다). 이제 단체 관람객은 대부분 유치했고 앞으로는 개인 관람객만 남아 있었기 때문에 주최 측에서는 개인 관람객을 유치하기 위한 대책을 강구해야만 했다. 협찬회는 결국 23일부터 30일까지 매일 '무슨 데이', '무슨 데이'라 하여 경품 행사를 벌여 관람객을 끌어들이려고 했다. 1등 경품으로 자동차를 내걸자 27일의 박람회장은 개장 이래 처음으로 대혼잡을 이루었다. 경품 취체규칙에 의하면 경품 최고가를 500원 이하로 정해놓았는데 1,500원 상당의 자동차 가격은 당연히 규칙 위반이었다. 그러나 협찬회는 경찰의 묵인하에 한 사람이 입장권을 30매 내지 50매까지 매점買占하도록 사행심을 부추기며 관람객을 받았으며, 준비한 3만 매의 경품권도 관람객이 급증하자 다시 3만 매를 늘리는 편법과 불법을 저질렀다. 결과적으로

27일 하루 동안 관람객은 6만여 명에 달했고, 29일부터 31일까지 3일간은 입장료를 반액으로 할인하는 행사를 펼쳐 마지막까지 한 사람이라도 더 입장시키려고 했다.

박람회 폐회 후 사무국에서 집계한 관람객 수를 보면 총 144만 5,000명 중 유료 관람객이 112만여 명으로 발표되었다. 당초의 예상 인원을 훨씬 뛰어넘는 수치였다. 그러나 이는 경무국에서 발표한 것보다 14만 6,000명 더 많게 계산된 수치이며, 정작 이해 당사자인 협찬회에서는 각 시내 상점에서 판매한 입장권 수가 불명不明하다는 구실로 관람객 수를 발표하지 않아 의혹을 샀다. 세간에는 사무국의 발표가 협찬회 측의 실수를 속이고 40만을 가산한 수치라는 말도 돌았다. 이렇듯 박람회는 숫자상으로만 성공한 행사였다.

박람회와 경계

앞에서 언급한 대로 조선총독부는 한편으로는 성공적인 박람회 유치를 위해 모든 행정조직을 동원하여 관중 몰이에 나섰는가 하면, 다른 한편으로는 이렇게 모인 수많은 관중에 의해 시위나 동요가 일어날 것을 염려하여 경계 강화에 나섰다. 즉 박람회를 계기로 전 조선의 민중이 일시에 한곳에 모이는 관계로, 항일운동 단체가 이 틈을 이용하여 3·1운동이나 6·10만세운동과 같은 대규모 시위나 민중 봉기를 일으킬 수 있다는 점을 우려하여 이에 대한 단속과 경계를 강화했던 것이다.

국경 지역의 수비대와 경찰서로부터 수시로 첩보를 받은 일제는 민족주의자나 사회주의자 등 각종 '주의자'와 모든 항일운동 단체의 동태를 살피고 감시의 눈을 밝혔다. 특히 이들의 조선 잠입을 막기 위해 경무국에서는 8월 3일 조선군사령부와 헌병대의 대표가 참석한 가운데 각 도의 고등과장을 소집, 대책 회의를 열어 4만여 원의 예산을 들여 요주의 인물을 미행하고 감시하는 이동 경찰반의 부활과 400여 명의 임시 경관의 증원 그리고 각 도로부터

응원 경관을 요청하기로 결의했다. 일제는 이러한 경찰력을 동원하여 박람회 개장 전부터 검문검색을 철저히 하는 한편 여관과 음식점, 요리점 등 은신할 만한 곳에 대해 불시 수색을 벌였다. 이동경찰반이 부활하고 임시 경관이 증원되자 경성은 순식간에 경찰국가의 이미지로 뒤덮였으며, 상경한 관람객과 경성 주민 모두에게 부자유와 불안과 불쾌감을 주게 되었다. 이는 박람회를 통해 조선의 평온을 말하고 조선인의 현 체제에 대한 만족을 대내외에 선전하고자 했던 조선총독부의 의도와는 사뭇 모순되는 것이었다.

일제의 우려대로 해외에서 활동하고 있던 항일운동 단체들은 실제로 박람회를 기회로 조선에 들어와서 민중들을 대상으로 민족사상과 계급투쟁 사상을 고취시키려는 계획을 시도하였다. 우선 해삼위(블라디보스토크)에 근거를 두고 있던 고려공산당에서는 1929년 7월 상순 모종의 계획하에 평북 강계 출신의 당원 이 모씨를 국내에 잠입시켰으며, 같은 달 중순에도 이계일을 비롯한 5명의 여자 선전원을 조선에 파견하여 작부로 변장시켜 각처 음식점에서 그곳의 사상단체와 좌경 청년들과 연락하게 함으로써 공산주의에 대한 선전을 적극적으로 펼칠 계획을 세우기도 했다. 또한 10월 초순에는 서응호와 윤충식, 김철호 등 1919년 만주 길림성에서 조직된 비밀 항일운동 단체인 의열단원 세 명이 본정경찰서에 체포되었다. 상하이에 근거를 두고 있던 의열단과 그 하부 단체인 유월한국혁명동지회의 중앙집행위원을 겸했던 서응호는 1928년 6월에 조선으로 들어와서 각 방면에서 활동하다 미리 들여보낸 앞의 단원들과 함께 조선박람회를 기회로 민심에 큰 파란을 일으킬 만한 운동(관공서 파괴와 대관 암살)을 계획하고 밀의를 거듭하다가 치안유지법 위반으로 체포된 것이다. 누군가의 밀고로 체포되었지만 경무국에서는 이미 해외 정보망을 통해 서응호에 대한 인상까지 첨부하여 각 경찰에 수배를 내려놓은 상태였다. 검거된 이들 의열단원에 대한 공판은 수많은 방청객이 참석한 가운데 11월 29일에 열렸는데, 주범으로 지목된 서응호에게는 징역 5년, 윤충식과 김철호에게는 각각 징역 1년이 선고되었다.

59
의열단 중앙집행위원 서응호와 퇴정하는 의열단원들(『동아일보』 1929. 11. 30)

    조선총독부는 이와 같이 사상 침투를 저지하는 한편 전염병 예방에도 총력을 기울였다. 경기도 경찰부에서는 박람회를 앞두고 경성에 일시에 많은 인파가 몰리면서 혹시라도 전염병이 유행하지나 않을까 하여 그에 대한 예방책으로 1929년 7월 중에 기생과 창기, 음식점 보이와 카페 여급, 여관 하인 등 모든 접객업자에 대하여 정밀한 분뇨 검사를 실시했으며 경성 주민들 중에 다소 의심할 만한 체질을 가진 사람 약 1만 명에게 예방주사를 놓았다. 또한 8월에는 경무국 위생과에서 각 도의 위생과장 회의를 열어 9월에 개최될 박람회 때의 방역 시설에 대한 협의를 하는 한편 총 5만 원의 비용을 들여 남녀 접객인의 건강진단 실시를 결정하였다. 전염병이나 항일운동이나 모두 예방하고 단속해야 하는 대상이었다는 점에서 둘 사이의 동질성을 읽을 수 있다.

박람회에서 생긴 일

개장 초반 저조했던 관람률은 경성협찬회의 노력과 입소문을 타고 점차 늘어났다. 면장과 구장의 권고에 따라 관광단을 조직하여 단체로 상경하는 경우도 있었으나 개인 구경꾼도 줄을 이었다. 개중에는 부친의 돈을 훔쳐 박람회 구경을 온 이도 있었으며 주인의 돈 10원을 훔쳐 경성으로 떠나려다 평양역에서 순사에게 잡힌 어린 사환도 있었다. 이처럼 조선 각지에서 박람회 관람을 동경하는 미성년 남녀의 가출이 빈번해지자 경성 각처에는 각지 경찰로부터 그들을 찾아달라는 수색원이 답지하기도 했다. 또한 박람회를 보기 위해 시골에서 올라오는 지방민들이 늘면서 경성역 구내에는 유실물들이 증가하여 이를 취급하는 철도 안내소 부근 유실물품 게시판에는 지팡이, 보따리, 담뱃대 등을 찾아가라는 공지가 줄지어 붙었고, 박람회장에도 현금과 지갑, 은시계, 축견, 모자와 지팡이 등의 유실물들이 매일 늘어 경비 사무소는 그 물건들로 산을 이룰 정도였다.

이와 함께 관광차 박람회에 왔다가 초행길에 길을 잃은 아이와 학생, 노인도 급증하였다. 9월 21일 하루에만 각지에서 몰려든 단체와 무리 가운데 길을 잃고 헤매는 사람이 5~6명씩 발생했는데, 진기한 구경거리에 눈이 팔려 동행을 놓치거나 행방불명되는 경우도 있었다(『동아일보』 1929. 9. 23). 조선 전역과 외국에서 출품된 박람회의 각종 상품과 볼거리는 경성 자체의 풍경과 함께 당시 시골 사람들에게 시각적 충격을 넘어 정신적 충격으로까지 다가왔던 것 같다. 9월 24일 전남 곡성에서 올라온 58세의 부호 정성균은 25일 거리로 구경을 나갔다가 행방불명이 되었는데, 상경하는 날부터 오고 가는 전차와 자동차의 경적 소리에 놀라고 혼잡한 거리에서 신경이 마비되고 정신에 이상이 생겨 허튼소리를 하다가 당일 두루마기도 걸치지 않고 갓만 쓰고 바지 차림으로 나가 종적을 감춰버렸다는 것이다. 또한 경적 소리에 놀라 정신을 잃고 길을 헤매다 교통기관에 몸을 다치는 일도 자주 일어났는데 경성의 모습을 처음 본 이들에게 경성은 그야말로 근대적 충격이었던 것 같다.

일시에 한 장소에 수많은 사람이 몰리자 각종 사건도 빈번하게 발생했다. 사람이 몰릴수록 활기를 띠는 것은 단연 소매치기들이었다. 중국의 마적단을 모방한 대형 소매치기단이 박람회를 기회로 조직적 활동을 벌이려다가 시작도 못해보고 개장 전날 검거되기도 했으며, 평북에 사는 한 지방민이 전 재산 1,000원을 가지고 박람회 관람을 왔다가 구경도 제대로 하지 못한 채 전차 안에서 그 돈을 송두리째 소매치기당한 일도 있었다. 또한 일본과 조선을 오가며 현금 수천 원을 사취하고 두 차례나 징역을 다녀온 소매치기 단장이 박람회를 기회로 부하들과 함께 경성에 들어와서 수십 회의 소매치기를 벌이다 경성역 앞에서 경찰에게 체포되기도 했다.

관람객들을 대상으로 한 금품 갈취와 상해 사건도 줄을 이었다. 상업상의 볼일로 경성에 올라온 인천에 사는 최창윤이라는 자가 있었는데 그와 평소 교분이 있던 두 명의 모르핀 밀매자들이 돈을 빼앗을 목적으로 다량의 모르핀 주사를 놓아 그를 사망케 한 전율할 만한 범죄가 박람회 개장 며칠 전에 일어났다. 또한 시골에서 올라온 박람회 관람객들에게 위조 입장권을 팔아 돈을 사취한 일도 발생했으며, 귀금속을 가짜로 만들어—도금을 순금으로, 색유리를 비취나 옥으로— 팔다가 잡힌 사례도 여럿 있었다. 이렇듯 순진한 시골 사람들의 눈을 현혹케 하는 사기 사건이 끊이지 않는 가운데 박람회장 안에 있는 매점과 일부 특설관에서도 품질과 수량을 속여 파는 일이 속출하자 경무출장소 경관들이 일제히 임검하여 부정 상인을 발각하고 경고에 처하기도 했다.

한편 박람회를 맞아 주최 측에서 신경 쓴 것 중의 하나는 교통 문제였다. 임시 열차를 증발增發하여 원활한 여객 수송이 이루어지게 했으며, 박람회 기간 중 경성부에서 경영하는 부영버스의 노선을 변경하여 박람회 노선을 신설하거나 박람회장 입구에 정차하도록 배려하였다. 또한 이 기간 중 인파가 몰릴 것에 대비해 교통 당국에서는 시내의 교통정리를 위한 묘책으로 전차선로를 건너는 곳 좌우 양측에 금을 그어 횡단보도를 만들어놓고 단속에 나섰다. 보행

60
박람회를 일주일 앞두고 설치된 횡단보도(『동아일보』 1929. 9. 5)

객들은 횡단보도의 바깥쪽으로 걷거나 걸음걸이만 잘못해도 파출소에 붙들려가 징벌을 받았다고 하는데 처음 시행된 교통 체계가 얼마나 실효성이 있었는지는 알 수 없다. 다만 우리나라 횡단보도의 기원이 이때 설치된 횡단보도에서 비롯된 것인지 자못 궁금하다.

마네킹 걸과 키스 걸의 등장

앞에서 언급했듯이 경성협찬회는 조선박람회의 사업을 협찬하고 그 성공을 돕기 위해 경성의 상공인과 각계 유지들로 조직되었으며, 각 지방에도 협찬회가 조직되어 박람회 참가를 독려하였다. 특히 경성협찬회에서는 입장권 판매를 비롯하여 각종 매점의 설비 및 회장 내 음식점과 유흥업 그리고 광고 등의 사무 처리, 여흥 설비, 사진엽서 및 안내 도서 등의 제작 및 판매, 관람의 권유 알선, 선차船車와 여관 등 관람자의 편의 도모, 내빈 접대, 관람 외국인에 대한 통역 설명 등의 편의 도모, 각종 대회 등의 알선, 명소 고적 등의 소개, 그 외 박람회의 성공을 돕는 데 필요한 사업 등을 조선총독부로부터 위탁받아 운영하였다(『조선박람회 경성협찬회보고서』: 9~10). 협찬회는 이러한 제반 사업을 수행하기 위해 무엇보다도 각종 선전과 설비에 심혈을 기울였다. 개회 전부터 문서 및 인쇄물, 신문, 선전 데이day, 비행기, 점두 장식, 마네킹, 라디오방송 등을 이용하여 선전에 나섰으며, 연예관, 접대관, 야외극장, 어린이 나라, 매점 및 음식점, 만국가萬國街 및 마네킹 걸 무대, 안내소 등 건축물 및 조영물 설비에 만전을 기했다.

협찬회의 선전 방법 중 흥미로운 것은 조선에 처음 소개되어 대중의 모든 시선을 한 몸에 받은 '마네킹 걸'이었다. 조선은행(현 한국은행) 앞 광장과 회장 내 사법경무위생관 앞 광장 등 2개소에 마련된 무대에 마네킹 걸을 등장시켜 9월 5일부터 개회 당일까지 매일 주야 2회씩 박람회를 선전했으며, 매 회마다 구경꾼들로 인산인해를 이루며 사회적 이슈가 되었다(『조선박람회 경성협찬회보고서』: 97, 120). 프랑스 파리가 원조인 마네킹 걸은 제1차 세계대전 중에 일본으로 유입되어 유행했다고 한다. "10분이고 20분이고 눈동자나 손끝 발끝도 꼼짝 못하고 많은 호사객의 앞에 서고는 몇 푼의 보수를 받는" 마네킹 걸은 모던 걸들의 새로운 직업이었다(『조선일보』 1929. 9. 7). 요즘도 의류 매장 쇼윈도나 인터넷 쇼핑몰에서 의상을 입고 마치 마네킹처럼 포즈를 취한 채 일정 시간 동안

61
무대에 나타난 마네킹 걸과
구경꾼들 모습
(『조선일보』1929. 9. 7)

62
안석영, 「키스껄의 출현」(『조선일보』1929. 9. 22)

움직이지 않고 서 있는 남녀 모델들을 볼 수 있는데, 이러한 마네킹 걸과 마네킹 보이의 기원을 조선박람회에서 찾아볼 수 있다는 점에서 흥미롭다.

한편 여성을 상품화하는 이러한 선전 방식에 대해 당시 조선 지식인의 시선은 곱지 않았으며, 한 여성이 일본의 '마네킹 걸 조합'의 마수에 걸려 비관하다가 자살을 기도한 적이 있어 사회문제로까지 비화되기도 하였다. 『조선일보』의 안석영은 1929년 9월 8일자 신문에 게재한 만문 만화에서 경성부 구청사(현 신세계백화점 자리) 앞에 운집하여 일본에서 초청한 마네킹 걸 일행을 보고 있는 조선의 신사숙녀 모던 걸, 모던 보이들을 향해 "마네킹 걸이나 관중들의 눈동자나 몸짓이 똑같아서 어느 게 마네킹인지" 모르겠다며, 이 땅의 사람들을 모두 마네킹으로 만들어놓은 협찬회의 크나큰 복안에 그저 놀라워했다(안석영, 1929a). 그의 말마따나 140만 명에 달한 박람회 관람자는 주최 측이 전 조선에서 동원한 식민지 마네킹이었는지도 모르겠다. 이러한 마네킹 걸이 언제까지 유행했는지는 알 수 없지만, 1933년 8월 종로네거리에 있던 화신상회 화장품부에서 조선박람회 이후 처음으로 마네킹 걸 두 명을 일본에서 데려와 제품 홍보에 동원했다는 기록이 남아 있다.

마네킹 걸과 더불어 '키스 걸'도 이때 등장했다. 박람회 기간 동안 고용된 여간수女看守들 중 일금 50전에 키스를 팔다가 쫓겨난 이들이 있었는데, 이들을 두고 '키스 걸'이라고 불렀다. 안석영은 1929년 9월 22일자 『조선일보』에 실린 만문 만화를 통해 "키스 걸의 출현" 원인이 생활난에 있다고 진단하면서도 한편으로는 "여자들의 직업으로는 꾀 비싼 직업으로 장차 번식될 것"이라고 냉소적인 전망을 했다(안석영, 1929b). 키스 걸은 '버스 걸'이나 '마네킹 걸'처럼 새롭게 등장한 근대 여성의 직업에 붙여진 이름 중의 하나였지만 식민지 자본주의 체제 속에서 조선 여성이 처한 기생적 성격을 대변하는 용어이기도 했다. 최근 뉴스 보도를 통해 신종 퇴폐업소의 하나로 '키스방'이란 것이 소개되곤 하는데, 성을 사고파는 자본주의의 병폐는 어제오늘의 일이 아닌 것 같다.

경성협찬회의 비리와 각종 분규

협찬회가 마네킹 걸을 동원하여 사람들의 시선을 끌고 박람회를 선전하는 데 큰 호응을 얻었으나, 이러한 노력과 준비에도 불구하고 박람회가 개장하면서 많은 문제점이 발생하였다. 먼저 앞에서도 말했다시피 개장 당일까지도 일부 전시관과 특설관이 준공되지 않은 상태였으며, 시간에 쫓겨 시공하는 바람에 60mm의 폭우가 내린 9월 14일에는 본관과 특설관에 비가 새 진열품들이 물에 잠기고 광고탑과 전등주 등이 피해를 보았다. 사실 개장 전인 8월 26일에도 경성역 앞 광장에 세워놓은 너비 30척 폭 20여 칸의 박람회 환영문이 날림공사로 인해 5분간의 폭풍우조차 견디지 못하고 의주 통행 전차선로와 신용산 전차선로에 쓰러져 교통이 두절되는 일이 있었다(『중외일보』 1929. 8. 27).

더구나 협찬회가 직영하는 시설 공사와 관련하여 각종 비리가 발생했는데, 설계서와 준공된 건축물 사이에 엄청난 차이가 있었으며 공사비도 청부금請負金과 차이가 많아 총체적인 부실 공사로 드러났다. 이러한 부실 공사에는 회장 안의 연예관, 어린이 나라, 비행탑과 거리에 세운 장식탑 등도 포함되었다. 부실 공사에 대한 소문이 일자 협찬회장이자 경성부윤이었던 마쓰이松井房治郎는 이에 대한 비밀 조사를 지시하였는데, 만국가의 경우 1,000원의 경비도 소요되지 않을 것이 장부에는 3,000원으로 기재되었으며 경성역 앞에서 태평통 동아일보 사옥 앞에 이르는 도로 양편에 세운 장식등도 하나에 18원씩 청구되었으나 전문가의 평가에 의하면 10원 정도면 훌륭히 세울 수 있는 것으로 판명되었다.

협찬회와 관련된 추문은 이미 박람회 개장 전부터 들려왔다. 회계를 맡은 한 간부가 일반 민간의 기부금으로 유지되는 운영비를 개인적인 용도로 사용했는가 하면, 매점 설치와 관련해 불미스런 일이 일어났다. 회장 출구 쪽에 마련된 60곳의 매점 운영 신청을 받으면서 일본인에게 43곳을 배분해준 반면 조선인에게는 17곳만을 내주는 불공정한 분배를 했던 것이다. 조선인 상인에 대한 차별 대우뿐만 아니라, 조선인 상가 가로에 대한 불공정한 사업 운영도 구설수에 올랐다. 즉 협찬회는 경성부민으로부터 기부금을 균등히 받아 가두 장식을 공평히 해주기로 했으나 일본인 거리인 남촌에는 화려한 장식을 해준 반면 조선인 거리인 종로 일대에는 장식이 좋지 않은 등롱대를 멀찍멀찍 세워주었을 뿐이었던 것이다.

또한 협찬회는 박람회의 성공을 위해 회장 안팎의 편의 시설 운영과 관련된 사업을 무리하게 추진하면서 수많은 영세 상인에게 피해를 끼쳤다. 가장 많은 피해를 본 업종 중의 하나는 여관업이었다. 지방 구경꾼들의 수요를 잡으려고 종로 관내에만 평소 140여 처에 불과했던 조선인 운영 여관이 박람회를 앞두고 급조되어 300여 곳에 달하였다. 그러나 개장 이래 열흘이 지나도록 손님이 들지 않자 지방에 내려가 호객 행위를 하는 일까지 벌어졌다. 특히 이렇게 급조된 여관 중 협찬회와 계약을 맺은 박람회 지정 여관에도 지방 관람객들이 투숙하지 않자 임시 여관업자들이 경제적 곤란에 빠지게 되었다.

여관업자들은 협찬회 측이 박람회를 기회로 많은 손님이 예상되므로 설비에 충실하라고 하여 모두 수백 원 내지 천여 원의 비용을 들여 새 단장을 끝마쳤으나, 단체 손님을 한 곳도 못 받게 된 것이었다. 지정 여관 350여 곳의 수용력은 5만 인 이상이나 매일 상경하여 투숙하는 손님은 1,500명에 불과하여 단체 상경객을 공평히 분배한다 하더라도 지정 여관업자들의 손해는 볼 보듯 뻔했다.

63
협찬회 사무소에 담판하러
몰려온 여관업자들
(『조선일보』 1929. 9. 15)

64
안석영,
「목 놓아 우는 여관업자들」
(『조선일보』 1929. 9. 22)

이는 협찬회가 수요 예측을 잘못한 결과로 결국 파산자만 양산하게 되었다. 이에 협찬회의 지정을 받은 동부여인숙조합원 29인은 10월 16일 식도원에 모여 대책을 강구했는데, 손해배상 청구 소송을 제기하기로 결의했다.

잘못된 수효 예측에 의한 피해는 여관업자만 입은 것이 아니었다. 경성협찬회의 흥행 선전을 믿고 많은 비용을 들여 매점을 불하받은 상인들은 예상 외로 고객이 오지 않자 협찬회 측에 대책 마련을 요구하거나 손해배상을 청구하는 등의 분규를 일으켰다. 협찬회 측과의 교섭을 통해 매점으로 건너가는 육교의 폭을 넓혀 왕래를 편리하게 하는 조건으로 분규가 타결되자 이번에는 장외 흥행업자와 음식점 영업자들이 사활 문제를 해결하라고 요구하고 나섰다. 박람회장 출구인 제2회장 문 밖 장소에 상당한 금액을 내고 음식점을 비롯하여 인류관, 세계 제일관, 동물원, 중국 연극 같은 흥행물을 만들었는데 관객 전부가 출구로 나가지 않을뿐더러 장내에 허가하지 않기로 한 만국가와 서커스장을 설치하여 장외의 흥행물이 상대적으로 인기를 잃게 되자 협찬회에 진정하게 된 것이다.

협찬회의 추문은 여기서 끝나지 않았다. 선전과 기념품으로 제작한 사진엽서 대금 1만여 원을 갚지 않아 12월 26일 협찬회장이 고소를 당하는 일까지 발생했다. 이 사건은 해를 넘겨 1930년 2월 대금 지불을 약속하고서야 고소가 취하되었다. 결국 박람회는 온갖 부정과 비리로 얼룩진 채 몇몇 업자만 수입을 올렸을 뿐, 폐회하자마자 온갖 후유증으로 전 조선이 몸살을 앓게 되었다.

박람회가 남긴 것, 조선인 상계와 농촌 경제의 몰락

박람회가 치러진 경성의 경제는 개장 전 기대했던 것과는 달리 폐회 후 심각한 후유증에 시달렸다. 박람회 기간 중 경성은 지방 관람객들이 일시에 600만 원 이상의 막대한 돈을 소비한 결과 반짝 경기를 보이기도 했다. 그러나 10월 중순 당시 언론들은 박람회 종료와 함께 그 반동으로 한층 더 심각한 경제공황이 닥칠 것이라고 경고했으며, 그것은 곧 현실로 나타났다. 당장 박람회 개최 기간 동안 임시 고용되었던 3,000여 명이 실직자로 전락했으며, 빚을 내서 각종 시설과 물품에 투자했던 상인들이 수익을 내지 못해 파산하는 경우가 속출했다. 거리에 실직자들이 격증하자 경찰 당국에서는 경제사범이 격증할 것을 우려하여 특별 경계에 나섰으며, 결과적으로 전년 동기 대비 범죄율이 종로경찰서에서만 50%나 증가하였다.

박람회 이후 종로 일대를 중심으로 한 조선인 상계商界는 치명상을 입었다. 종로의 상인들은 박람회 특수를 기대하고 수형手形(어음)을 발행하여 물건을 있는 대로 사 모았고, 설비투자에도 비용을 아끼지 않았다. 그러나 관람객들의 구매력은 예전의 공진회만 못했으며 모든 업소가 한산할 정도로 상인들은 큰 손실을 입었다. 포목상, 잡화상, 금은상 등의 거상은 물론 오방재가五房在家, 양복점, 시계포, 양화점 등의 소상에 이르기까지 매매가 극히 부진했으며, 반찬 가게, 이발소, 목욕탕 등의 영세 영업자들도 전년 동기의 절반밖에 수입을 올리지 못했다. 또한 김장철이 다가옴에도 불구하고 매매는 더욱 부진하여 심각한 공황 상태에 빠지게 되었다. 결국 빚을 얻은 상인들은 여관업자들과 마찬가지로 수익은 물론 돌아오는 어음도 막지 못해 파산자로 전락하게 되었던 것이다. 조선인 상계가 이렇게 큰 타격을 받는 것과는 대조적으로 본정통을 중심으로 한 일본인 상계는 상가를 세련되게 장식하고 풍부한 상품을 구비한 결과 전년 동기 대비 10% 정도 증가한 매상을 올려 자못 은성殷盛하였다(『조선일보』 1929. 11. 16).

남촌의 일본인 상인들처럼 박람회 특수로 매상을 올린 업종도 여럿 있었다. 그러나 수익을 낸 곳은 대개 유곽과 요릿집 등과 같은 유흥업과 음식업 그리고 기차와 전차, 부영버스 등의 교통업에서였다. 이는 100만여 명의 관람객이 경성에 한꺼번에 몰리면서 생긴 일시적 현상에 불과했다. 교통업 중 가장 많은 수익을 낸 곳은 철도국으로 전년 동기에 비해 60여만 원이 증수되었고, 경성전기회사도 전차 승객이 예년에 비해 2~3만 명이나 증가했다. 1928년부터 운행을 시작한 부영버스도 상당한 수입의 증가가 있었으나 박람회를 기회로 거액을 설비 투자하여 수지 면에서는 오히려 결손이 났다. 택시 영업의 경우도 수효 면에서 100대나 증가하고 수입도 매일 한 대당 10원 내외의 증수가 있었으나 빚을 내고 택시 영업에 뛰어들거나 무리한 영업 확장을 했기 때문에 박람회 이후 여러 곳의 업체가 문을 닫아야만 했다(『동아일보』 1929. 10. 31).

경성의 조선인 상계가 몰락하고 실직자들이 급증하여 사회문제가 일어났던 것과 마찬가지로, 농촌의 경제 상태도 박람회를 계기로 더욱 황폐화되었다. 앞에서 살펴봤듯이 군장郡長과 면장面長들의 독려로 박람회 관람에 나선 농촌 사람들은 거의 전부가 금융조합에 적게는 10~20원에서 많게는 40~50원씩 빚을 내어 그 돈으로 여비를 충당하였는데, 1인당 평균 여비를 최소 10원씩만 잡더라도 약 600만 원의 막대한 돈이 경성으로 흘러들어간 셈이며 그만큼 농

65
조선박람회 특수를 노린
조선총독부철도국의 신문광고
(『조선일보』1929. 9. 12)

촌 경제는 일시에 큰 타격을 받게 된 것이다(『조선일보』1929. 10. 19). 이러한 사정을 간파한 재무국에서는 박람회 독려가 농촌 경제에 미칠 영향을 조사하는 한편 농촌 1호당 국세와 지방세를 합해 지정 면面에는 70원, 보통 면에는 50원이나 되는 세금 징수에 체납이 없도록 소속 당국에 주의를 시켰다(『동아일보』1929. 10. 5). 총독부에서도 각 도 경찰부장으로 하여금 박람회가 끼친 민중 생활상의 영향을 조사하여 경무국에 보고하도록 했는데, "재산 계급에 속한 사람들은 박람회를 보고 조선 문물의 변화에 대하여 경이와 감탄을 느끼나 일반인은 경성과 박람회의 설비를 당장은 경이의 눈으로써 바라보나 지방의 금전이 경성으로 집중되어 가뜩이나 피폐한 농촌의 경제 상태는 더욱 핍박을 보게 되리라고 우려됨"을 전했다(『동아일보』 1929. 10. 9). 행정 당국은 이와 같은 상황이 일어나리라는 것을 충분히 예측할 수 있었음에도 불구하고 한쪽에서는 박람회 참가를 독려하고 다른 한쪽에서는 그로 인한 세수 감소를 우려하는 식민지 행정의 이중적 태도를 보였던 것이다.

조선의 발전을 촉진하고 조선 반도의 개발에 기여하고자 마련했다는 조선박람회는 결국 조선총독부와 경성협찬회의 온갖 선전과 현란한 구호와는 달리 경성과 농촌의 모든 가계에 빚만 늘게 하고 조선인 상계의 몰락과 실직자의 급증만을 불러왔다. 그렇지 않아도 어려운 경제 상황을 공황 상태에 빠뜨리는 원인이 되었다는 점에서 박람회의 성공을 담보한 140여만 명의 관람객 숫자는 허수에 불과했던 것이다.

박람회의 정치학, 조선왕조의 흔적을 지우다

제국주의 시대의 박람회는 경제적, 산업적 목적 이외에 정치적 목적을 위해 활용되었다. 일제는 1907년 고종의 퇴위 이후 본격적인 식민 지배에 들어가면서 조선 고유의 재현 체계를 일본의 근대적 재현 체계로 대체하기 위해 노력했으며, 무엇보다도 조선왕조의 상징성을 해체하고자 노력했다. 대한제국 황실의 복식 제도와 어진 제도를 일본식으로 대체했으며, 1910년 강점 이후 조선총독부는 초기의 도시계획인 '시구개정사업'을 시행하고 박람회를 개최하면서 조선왕조의 상징성을 체계적으로 지워나갔다. 특히 박람회를 빌미로 조선왕조의 법궁인 경복궁을 훼손했는데, 조선물산공진회(1915년)와 조선부업품공진회(1923년) 그리고 조선박람회(1929년) 등의 박람회가 차례로 열리면서 고종 시대 330여 동에 달하던 경복궁의 건물들은 대부분 철거되어 근정전과 경회루 등 일부 건물만 남게 되었다.

66
광화문 위에서 바라본 공진회장 모습(『매일신보』 1915.7.6)

    1915년 경복궁의 전면부를 박람회장으로 삼았던 조선물산공진회 당시 조선총독부는 광화문과 근정전 사이에 있던 흥례문을 헐고 그 자리에 진열관 제1호관을 세웠다. 그런데 광화문 정면에서 경복궁을 바라보면 이 건물 때문에 근정전이 완전히 가려 보이지 않을 정도로 건물을 크게 지었다. 이는 웅장하게 건축된 진열관의 외관만을 보여주는 것에서 그치지 않는다. 즉 다분히 정치적인 의도에서, 시각적 배치를 통해 경복궁의 핵심 공간인 근정전을 볼 수 없게끔 하여 조선왕조의 상징 공간을 시야에서 배제하는 대신 그들이 보여주고자 한 공간만을 선택적으로 가시화하려고 했던 것이다. 또한 임시로 가설된 제1호관은 공진회 이후 철거되었으나, 곧 그 자리에 조선총독부 청사가 신축되어 그러한 시각적 효과를 이어갔다.
    1929년 조선박람회 당시 입구로 사용했던 광화문도 1926년 조선총독부 청사가 완공되자 철거하려다 여론에 밀려 1927년 건춘문 동편 지금의 국립민속박물관 정문 자리로 이건했던 것이다. 경복궁 동편 망루인 동십자각의 궁장(성벽)도 조선박람회 당시 회장 진입로를 확보하기 위하여 일제 당국이 7,000원의 경비를 들여 1929년 7월 헐어버렸다. 행정 당국은 박람회가 끝나면 원상회복하기로 했으나 결국 현재의 모습처럼 동십자각만 홀로 떨어진 채 서 있게 되었다. 이렇게 훼손된 채 오랫동안 방치된 경복궁은 1990년에 시작된 '경복궁복원사업'에 따라 박람회로 인해 헐렸던 전각들의 모습을 하나둘씩 드러내고 있으며, 2010년에는 광화문 복원 공사가 1차로 마무리되었다. 문화재청에서는 2010년부터 다시 20년간 제2차 복원사업을 추진하기 시작했는데, 1923년 전차선로 부설로 철거된 서십자각과 역사적 질곡 속에서 다행히도 살아남은 동십자각의 궁장 복원도 함께 이루어져 온전한 경복궁의 모습을 볼 수 있길 기대해본다.

그런데 조선박람회 당시 세워진 직영관의 경우 이전에 개최되었던 공진회의 진열관과는 달리 '조선색local color'이 강조되었다는 점에서 또 다른 정치적 의도를 가늠해볼 수 있게 한다. 이러한 강조는 조선의 전통적인 건축양식과 그 아름다움을 알리기 위해서가 아니라 오히려 근대건축양식의 일본의 내지관과 특설관과의 비교를 통해 조선 건축의 전근대성과 원시성을 부각시키려는 의도에서 비롯된 것이었다. 한쪽에서는 조선왕조의 흔적을 지워가면서 다른 한쪽에서는 필요에 따라 조선의 건축미를 고려하여 진열관을 지었다는 점에서 식민 담론의 이율배반적인 성격을 다시 한번 확인할 수 있다. 이런 점에서 박람회는 "산업의 디스플레이인 동시에 제국의 디스플레이"(吉見俊哉, 1992: 22)의 장이라고 불릴 만하다.

2009년 8월 1일 광화문광장이 개장되었다. 매일 수많은 인파가 몰려 첫 주말에만 40만 명 내외의 방문객이 이곳을 찾았다고 한다. 마치 80년 전 조선박람회의 성적을 두고 그랬던 것처럼 방문객 수

67
힐리는 동십자각 궁장
(『조선일보』 1929. 7. 4)

를 둘러싼 다양한 정치적 해석이 나오고 있는 가운데, 시민들의 광장에 대한 이러한 폭발적 관심이 어디에서 연유했는지 자못 궁금하다. 이유야 어찌됐건 방문객들의 이러한 반응을 보면서 일제가 그토록 지우려고 했던 광화문(경복궁)의 상징성이 시민들의 가슴 속에 면면히 유전됨을 보게 된다.

볼거리

사진으로 보는 조선박람회

1929년 시정 20년을 기념하여 '조선 내외에 있는 물산과 기타 가지각색의 자료를 전시하여 산업의 진흥 및 문화의 발달에 밑천이 되고자' 기획된 조선박람회는 경복궁의 약 10만 평을 회장으로 하여 9월 12일부터 10월 31일까지 50일 동안 개최되었다.

조선박람회의 출품 부문은 총 22부 273류로 구성되어 각종 진열관에 전시되었으며, 본 진열관 외에 조선 각 도道의 특설관, 일본 각 부府·현縣의 특설관, 식민지특설관, 일본의 민간기업 특설관, 각종 협회와 철도국의 유흥 시설과 편의 시설 등이 설치되어 '조선 현세現勢의 축도'와 '일본 제국의 판도'를 박람회장 안에 펼쳐 보였다. 진열관 및 행사장으로 사용된 건축물은 기존의 건축물 2,000평을 포함하여 신영新營 건축물 8,000여 평, 각 특설관 7,000여 평(약 80개 동) 등 총 건평 1만 7,000여 평이 사용되었으며, 경비는 약 250만 원이 소요되었고 행사 기간 동안 144만 5,000명(당시 경성의 인구는 32만 2,000명)이 입장하였다.

당시 박람회장의 모습은 『조선박람회기념사진첩』(1929)에 기록되어 있는데, 여기서는 다양한 건축양식을 확인할 수 있는 주요 전시관의 외관 사진을 소개하고자 한다. 본 진열관의 대부분은 '조선의 전통적 건축양식'으로 지어 지방색local color을 강조한 데 비해, 일본의 지역 및 기업 특설관은 주로 서구의 모더니즘 건축양식을 채용하여 근대화와 선진화를 표상했다. 식민지 조선이 일본인 학자들에게 '근대 학문의 실험장'이었듯이, 조선박람회는 일본 건축가들에게 '근대 건축의 실험장'이었다.

환영문 | 조선박람회 관람객을 위한 환영문으로 경성역(현 서울역) 앞에 세워졌다.

박람회장 정문 | 조선총독부청사 신축으로 경복궁 동편으로 이건한 광화문을 박람회장 정문으로 사용했다.

박람회장 전경 | 조선총독부 누각 위에서 바라본 경복궁의 모습으로 근정전 뒤로 각종 진열관이 세워져 있다.

산업남관 | 조선에서 생산된 농산물, 수산물, 임산물을 총망라한 진열관으로, 건평 1,105평의 조선식 건축물이다.

산업북관 | 조선에서 생산된 각종 공산물 및 광산물을 총망라한 진열관으로, 건평 770평의 조선식 건축물이다.

미관米館 | 조선에서 생산된 쌀 및 쌀의 개량, 이동과 수출 그리고 그 이용과 관련된 출품, 수리 시설의 개간과 산미 증식에 관계하는 모형 등을 진열한 곳으로, 건평 200평의 조선식 건축물이다.

사법·경무·위생관 | 320평의 서양식 건축물로 사법부에서는 각 형무소의 사업 성적품과 모형 등을, 경무부에서는 경무에 관계된 유익한 각종 자료를, 그리고 위생부에서는 전염병 및 성병, 기생충, 결핵, 구강 위생 등과 관련된 각종 모형 성적 등을 진열하였다.

교통·토목·건축관 | 550평의 서양식 건축물로 교통부에는 철도 및 체신에 관계된 출품을, 토목부에는 항만, 도로, 하천 등에 관련된 출품을, 또 건축부에서는 각종 건축용 재료, 기구, 그 외의 건축과 관련된 출품을 진열하였다. 철도국, 체신국 등에서 출품했다.

사회경제관 | 200평의 조선식 건축물로 사회사업부에는 활동사진 외의 각종 통계도표 모형 및 사회사업 단체의 성적 등을 진열했고, 경제부에는 은행, 금융조합, 산업조합, 보험회사, 무진회사 등의 각종 물품을 전시했다.

미술·공예·교육관 | 건평 500평의 조선식 건축물로, 전관을 미술·공예(200평)와 교육(300평)의 2부로 나누어 진열했다. 미술·공예부에는 서화, 신·고 미술품을, 그리고 교육부에는 각 학교의 상황, 종교, 천문, 체육 등, 미술, 공예, 교육과 관련된 각종 물품을 전시했다.

각 도 심세관 | 조선 13도의 세력과 각종 시설을 한자리에 전시한 건평 100평의 조선식 건물로 내부를 도道별로 구획 지어 각 도마다 큰돈을 들여 진열관을 꾸몄다.

참고관 | 600평의 서양식 건축물로 공관서, 학교, 외국, 신문사, 운수 기선 회사 등의 참고 출품을 진열했다.

연예관 | 경성협찬회가 경영한 공연장으로 조선인 기생과 일본인 예기藝妓의 무용을
1일 2회 상연하였다.

활동사진관 | 112평의 서양식 건축물로 조선총독부의 시정 이외에 관계되는 영화 및 일본
내 지역, 각 식민지, 외국 등의 사정을 선전하는 영화를 상영하고 그 사이사이에
음악회 등을 개최했다.

경기도관 | 경기도의 특설 건물로 315평에 도내 주요 공산물 및 유명 상점을 진열하고 직매소를 만들었는데 각 도의 특설관들 중 규모가 가장 컸다.

평안남도관 | 평양성의 현무문을 모방하여 순 조선식으로 지은 124평짜리 건물로, 계단 아래에는 접대실을 만들었다.

전라북도관 |
122평으로 외부가 치밀하게 채색된 건물로
산물을 직거래하고, 특산품의 제작을
실연하며, 식당을 운영하고 접대실도
갖추어놓았다.

전라남도관 |
200여 평의 건축물로 산물을 직거래하고,
식당과 휴게소를 운영했으며, 그 밖에
활동사진 및 산물 선전 무용을 공개하였다.

경상북도관 | 직매소, 식당 및 휴게소의 외부 계단 위에 접대실을 설비한 104평의 특설관이다.

강원도관 | 45평의 건축물로 휴게소 및 식당을 운영하였다.

경상남도관 |
115평의 건물로 계단 아래에 직매소와 식당을, 또 계단 위에는 접대실을 만들었다.

함경북도관 |
70평의 팔각형 건물로 높이 100척의 백아탑을 중심으로 계단 아래에는 진열 및 직매소, 계단 위에는 휴게소 및 영빈실을 만들어 그 사정을 선전하고 다과 접대를 하였다.

오사카관 | 건평 320평을 할애하여 오사카 우량 산품의 진열을 중심으로 하여, 각종 제산물의 소개 및 판매에 주력했다.

어린이기차 및 기차 안내소 | 조선총독부 철도국이 직영한 유흥 시설로 기차를 타고 파노라마를 관람하면서 조선 유람 및 세계 일주의 경험을 하게 했으며, 아동에게 철도 지식의 보급을 도모했다.

홋카이도관 | 홋카이도청이 건설한 125평을 진열장으로 직매소 및 식당을 운영하였다.

4장
대학로를 거닐다

대학로와 대학천을 거닐다

혜화동로터리에서 이화동네거리에 이르는 총연장 1.1km 폭 40m 의 6차선 도로를 대학로라고 부른다. 많은 공연장과 화랑이 즐비한 대표적인 문화 예술의 거리로 자리 잡은 대학로는 1985년 5월 5일 전두환 군사정권이 대학가의 시위 문화를 없애기 위해 '젊음과 낭만의 거리'라는 의미로 이 도로를 조성하고 '대학로'라고 명명한 데서 비롯됐다고 한다. 하지만 그 명칭의 역사는 오래전 일제강점기까지 올라간다. 그러면 대학로라는 명칭의 기원을 쫓아 동숭동 일대의 역사 공간으로 떠나보자.

확실하지는 않지만, 대학로라는 명칭은 1924년 경성제국대학(현 서울대학교의 전신, 이하 경성제대로 약칭)이 설립되면서 붙여진 것 같다. 『삼천리』 1941년 3월호를 보면 경성제대를 소개한 기사에서 대학본부와 법문학부 건물이 들어선 동숭동 지역과 의학부 건물이 위치한 연건동 지역 사이의 "12칸[間] 도로를 세상에서 대학로라 칭"했다고 전한다. 행정상의 정식 명칭은 아니었다 하더라도 세상 사람들 사이에서 그렇게 회자되고 있었던 것이다. 그런데 동숭동 인근에는 이미 경성의학전문학교, 경성고등공업학교, 경성고등상업학교, 경학원(성균관) 등의 관공립학교가 자리 잡고 있어 그 일대를 '대학가'나 '학생가'라고 부르고 있었다. 이러한 상황에서 경성제대가 들어서고 그 앞 도로가 정비되면서 자연스럽게 대학로라 부르게 된 것이고, 1938년 경성여자의학전문학교와 1939년 경성광산전문학교까지 개교하면서 대학로는 명실상부한 대학가의 상징이 되었다.

시내에서 대학로로 가려면 전차를 타고 창경원 앞 정류소에 내려 경성제대 부속의원(전 조선총독부의원)을 가로질러 의학부 본관 정문으로 빠져나가거나, 경성전기회사에서 운영하는 버스를 이용하여 경성고등공업학교나 경성제대 법문학부 앞 정류장에서 하차해야 했다. 이러한 대학로행 노선은 해방 후까지 그대로 이어졌던 것 같다. 소설가 박완서는 "전차가 유일한 교통수단일 시절이라 입학원서 낼 때나 시험 칠 때나 문리대 정문을 빠져나오면, 곧장 길을 건너 의대 정문을 지나 대학병원 정문으로 해서 원남동으로 나가 전차를 탔다. 의대와 대학병원이 연결된 길이 또 그렇게 좋을 수가 없었다."(박완서, 1992)며 서울대 입학 당시를 회상한 적이 있는데, 전차를 이용해서 대학로에 있던 서울대 동숭동캠퍼스로 통학했던 것이다.

한편 대학로 밑으로는 성균관에서 발원한 흥덕동천 또는 쌍계라고 불렸던 대학천이 흘렀다. 지금은 복개되어 그 모습을 볼 수 없지만 '경성시가지도'를 보면 대학천은 대학로를 따라 흐르다가 이화동네거리에서 충신동과 효제동 사이를 가로질러 종로 6가로 빠져나와 청계천으로 합수되는 것을 확인할 수 있다. 당시 대학천의 모습을 살펴볼 수 있는 경성제대 교정을 촬영한 사진이 있는데, 좌우에 각각 법문학부 건물과 대학본부 건물(구 한국문화예술위원회 본관, 현 '예술가의 집')이 보이며 정문 앞으로 작은 다리가 놓여 있고 그 밑으로 개천이 흐르고 있다. 이 작고 좁은 개천과 다리

대학로 인근 지역, '경성시가지도' (1934)

69
경성제국대학 전경(1937)

는 해방 후 한때 서울대학교 학생들 사이에서 프랑스의 '센 강'과 '미라보 다리'라고 불리기도 했다. 홍세화는 서울대의 동숭동 시절을 회고하면서 "마로니에가 있던 문리대 교정과 바깥세상의 경계에는 개천(이름이 대학천이었던가)이 흐르고 있었는데, 우리는 그 개천을 쎄느강이라고 불렀고 또 매일 넘나들던 조그마한 다리를 미라보 다리라고 했다."(홍세화, 1995)고 전한다.

대학천이 사진 70의 모습처럼 정비된 것은 1929년경의 일이다. 1912년 조선총독부는 시구개정사업을 실시하면서, 경성시구개수 예정노선 31개 노선을 발포하였다. 오늘날 서울의 기본적인 가로망 체계가 이 사업에 의해 구축되었는데, 이 사업의 최종 계획 노선 중 제12번째 노선인 혜화문에서 이화동에 이르는 거리(혜화문통이라고도 불렀다)의 도로 공사가 1929년에 완공되었다. 이 도로 공사에 맞춰 대학천도 정비되었던 것이다. 대학로의 폭이 12칸으로 정해진 것은 바로 이 시구개정사업에 따른 결과였다.

개수 전의 대학천은 지면과의 높이차가 크지 않았는데, 여름철 호우로 인한 하천 범람을 예방하기 위해 개천 바닥을 깊게 파고 양쪽에 제방을 쌓고 대학로를 따라서 직선화하였다. 사진 70은 근대

70
대학천의 모습(1929년경)

적 하천으로 정비된 대학천을 중심으로 의학부 본관 위쪽에 신축된 의화학 교실(좌측 건물)과 법문학부 본관 위쪽에 건축 중인 교수 연구실(우측 건물)을 보여준다. 사진 하단부에는 제방이 높아져 개천에 드나들기가 어려워졌지만 사다리를 이용해 빨래하러 온 여성들도 보인다. 주민들의 삶과 연결된 유기적인 공간이었던 개천이 물리적으로 분리된 채 하나의 커다란 하수구가 된 모습이다. 좌측 도로 위에는 전신주와 전신주 사이에 전선을 잇는 공사가 한창인데, 경성제대 부속 건물과 새롭게 부상된 동숭동 주거 지역에 전력을 안정적으로 공급하기 위해 경성전기회사 인부들이 서둘러서 작업하고 있다. 이 대학천은 1975년 서울대학교가 관악캠퍼스로 이전한 이후 1978년 도로포장 공사로 인해 복개되면서 더 이상 볼 수 없게 되었다.

대학가의 풍경을 만나다

옛 경성제대 본부 건물을 뒤로하고 이화동네거리 방향으로 조금만 내려가다 보면 고색창연한 목재 건물을 만나게 된다. 이 건물은 1912년 공업에 관한 각종 시험과 조사 연구를 목적으로 조선총독부가 세운 중앙시험소 청사였으며, 현재는 한국방송통신대 본관으로 사용되고 있다. 원래 이 청사 자리에는 1906년 농상공학교에서 분리되어 공업교육을 위해 설립된 관립 공업전습소 본관이 있었으나 중앙시험소가 들어서면서 헐리게 되었고 지금의 건물이 신축되었다. 사진 71을 보면 2개의 정문 기둥 벽면에 각각 조선총독부중앙시험소와 조선총독부공업전습소라는 명칭이 새겨져 있는 것을 볼 수 있는데, 중앙시험소가 만들어지자 기존의 공업전습소가 중앙시험소 부속으로 개편되어 같은 건물을 사용하게 된 것이다. 또한 이곳에는 1916년 경성공업전문학교가 설립되어 중앙시험소와 공업전습소의 건물과 시설, 인력 등을 공급받아 운영되었다. 현 서울공대의 전신인 이 학교는 1922년 경성고등공업학교로 개칭되어 조선의 공업교육을 위한 고등교육기관으로 거듭났으며 1930년대까지 공업기술교육기관으로 유일했다. 시인 이상도 1926년 이 학교 건축과에 입학하여 3년간 건축을 배워 졸업한 후 조선총독부 내무국 건축과 기사로 근무하기도 했다.

이 조선총독부중앙시험소 청사 건물에서 다시 이화동네거리 방향으로 내려가다 보면 현 서울사대부속초등학교 앞 맞은편 자리에 경성의학전문학교(이하 경성의전)가 있었다. 이 학교는 1916년 조선총독부의원 부속의학강습소를 인계받아 설립된 관립 의학전문학교로, 1926년 경성제대 의학부가 설치되면서 어려움을 겪기도 했으나 1928년 부속의원(소격동 옛 국군기무사령부 본관 자리)을 열고 해방 전까지 운영되었으며, 1946년 경성제대 의학부와 통합되어 지금의 서울대학교 의과대학이 되었다. 경성의전은 조선인 학생으로서는 좀처럼 받기 힘들었던 의학전문교육을 받을 수 있는 고등교육기관이었지만, 조선인 학생은 입학과 졸업 시에 일본인

71
조선총독부 중앙시험소 청사
(1923년경)

학생에 비해 상대적인 차별과 불이익을 받았으며 교수진도 대부분 일본인이었다. 일본인 교수 중에 구보 다케시久保武라는 해부학 교수가 있었는데, 조선인의 체질인류학에 관한 연구를 진행하면서 골상학에 근거한 인종주의에 사로잡힌 인물이었다. 조선인이 골상학적으로 열등하다고 믿었던 구보는 1921년 5월 26일 해부학 강의를 마치고 해부실에서 골상을 연구하기 위해 조선 및 일본의 학생 10명에게 두개골을 구경시킨 적이 있었다. 그런데 다음 날 두개골 중 하나가 없어진 것을 발견하고 조선인 학생들에게 "조선 사람은 원래 해부학상으로 야만에 가까울 뿐 아니라 너희의 지난 역사를 보더라도 정녕 너희들 중에서 가져간 것"이라며 인종주의적 발언을 했다. 구보의 망언은 결국 조선인 학생들의 동맹휴학으로 이어졌고 학내 분규를 야기했다. 조선인 학생들은 교육적 차별뿐 아니라 민족적 차별과 싸워가며 의학 공부를 해야 했으며, 이것이 식민지 교육의 현실이었다.

경성의전과는 정반대쪽인 혜화동로터리 현 명륜동 아남아파트 자리에는 경성고등상업학교(이하 경성고상)가 있었다. 그런데 1938년 이곳에 경성여자의학전문학교(이하 경성여의전)가 들어오면서 한동안 두 학교가 동거 생활을 하게 되었다. 1928년에 문을 연 경성여자의학강습소가 전신인 경성여의전은 조선 최초로 여성을 위해 설립된 의학교육기관이었다. 소장은 미국 북감리회 여성해

외선교회 소속으로 1890년대 초 의료 선교를 위해 조선으로 건너온 로제타 홀이었다. 1933년 정년을 맞아 그녀가 미국으로 돌아가자 강습소를 맡아 운영하던 의사 부부 김탁원과 길정희는 1934년 '여자의학전문학교 설립준비위원회'를 결성하고 전남의 부호 김종익을 만나 설립 방안을 논의했다. 그러다 1937년 김종익이 죽자 그의 유지를 받든 미망인 박춘자의 진력으로 1938년 4월 설립 인가를 당국으로부터 얻게 되었고 5월 개교하게 되었다. 개교 초에는 경성의전 교사 일부를 빌려 곁방살이를 했으나 청량리에 짓고 있던 교사를 경성고상 교사와 맞교환하기로 약정하고 12월 1일 명륜동의 새 교사가 일부 완공되자 그곳으로 이사하게 된 것이다. 1939년 봄 청량리 교사가 완성되어 경성고상이 그곳으로 이전하자 명륜동의 신축 교사는 경성여의전 부속병원이 되어 1941년 개원하였고 경성고상 교사로 사용하던 건물을 학교 교사로 충당하였다. 경성여의전은 해방 후 서울여자의과대학, 수도의과대학, 우석대학교 등으로 개칭·병합되다가 현재의 고려대학교 의과대학이 되었다.

지금까지 살펴본 몇 곳의 전문학교를 통해 대학로라는 이름에 걸맞은 대학가의 풍경들을 만날 수 있었는데, 최근 몇 년 사이에 여러 대학의 캠퍼스가 대학로에 들어서면서 그 옛날대학가의 명성을 되찾고 있는 듯하다.

낙산에 오르다

대학로 하면 떠오르는 이미지 중의 하나는 낙산이다. 앞의 사진 69를 보면 경성제대 건물을 병풍처럼 둘러싸고 있는 나지막한 야산이 보이는데 그곳이 낙산이다. 북악산(백악, 342m), 인왕산(338m), 목멱산(남산, 265m)과 함께 조선의 수도 한양의 내사산 중 하나인 낙산(125m)은 풍수지리상 주산인 북악산의 좌청룡에 해당한다. 해발 높이에서도 알 수 있듯이 낙산은 우백호에 해당하는 서쪽의 인왕산에 비해 풍수지리적으로 기가 허해 흥인문(동대

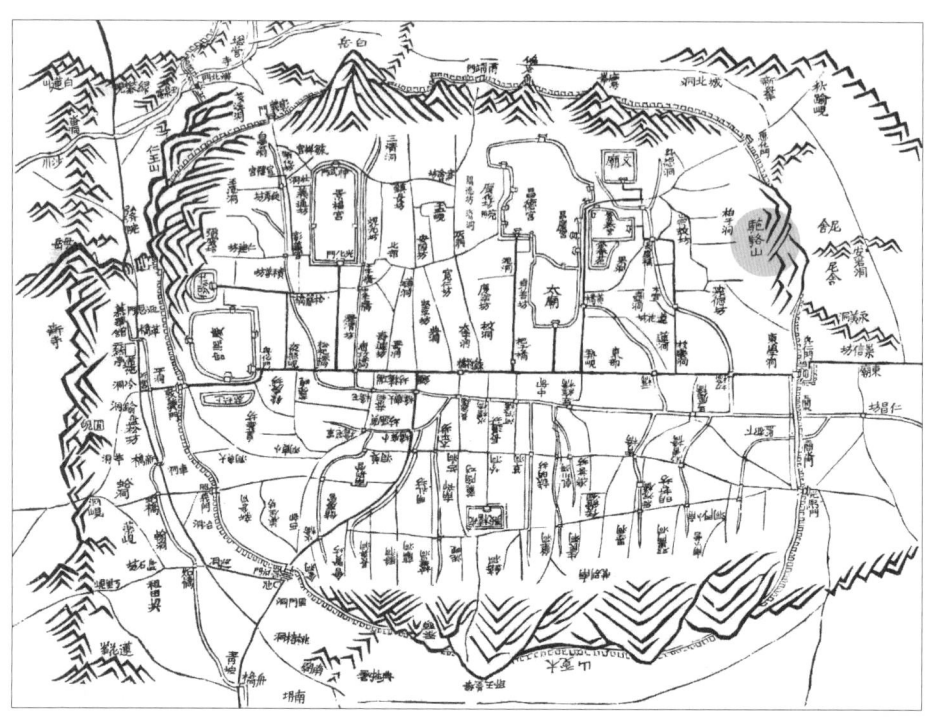

72
김정호, 〈한성도〉(원 표시 부분이 낙산, 1861)

문)에 '갈 지之' 자 하나를 더 보태 흥인지문으로 하고 그 기를 보완하였다 한다. 그 허한 산세의 모습은 1861년 김정호가 그린 〈한성도〉에서도 확인된다. 그런데 한성도에 표기된 낙산의 이름은 타락산駝駱山으로 되어 있다. 낙산의 옛 명칭이다. 또한 산의 모양이 낙타의 등을 닮았다고 해서 낙타산으로 불리기도 했는데, 그것을 줄여 낙산으로 부르게 된 것이다.

낙산은 지금의 모습과는 달리 조선 후기까지 풍경이 수려하고 그윽하기로 소문난 명산이었다고 한다. 1935년 10월 『조선일보』는 여섯 차례에 걸쳐 낙산 기슭에 살았던 역대 유명 인사들의 집터(효종대왕의 잠저인 조양루와 그의 동생 인평대군의 본저인 석양루, 남이 장군과 이완 대장 그리고 시인 신광한과 성삼문의 집터)

와 정자(이화정과 일옹정) 등을 소개하기도 했다. 소나무가 울창하고 계곡물이 맑아 문인화가 표암 강세황과 헤이그밀사사건의 주인공 이상설의 집과 별장도 이곳에 있었을 정도로 낙산은 이름난 명승지였다. 그러나 일제강점 이후 무차별적인 벌목과 화강암 채취로 인해 낙산은 수난을 겪게 되었다. (1926년 건립된 조선총독부 청사 신축 공사 때에도 품질이 우수한 이곳의 화강암을 석재로 사용했다.) 1910년대 후반 토지조사사업의 결과, 농민들이 토지를 잃고 유랑하다 도시로 몰려들어 이곳에 토굴이나 토막(움집)을 짓고 거주하기 시작했으며, 1929년 세계경제공황의 여파로 토막의 수는 더욱 증가하여 주로 낙산의 동쪽과 남쪽 기슭인 창신동과 충신동 지역에 집단부락이 형성되면서 이곳은 빠르게 슬럼화되었다.

특히 앞에서 언급했듯이 1924년 경성제대가 낙산 앞마당에 들어서면서 동숭동, 효제동, 연건동, 숭사동(현 명륜동4가) 등 인근의 땅값이 5배 이상 올랐으며, 1929년 시구개정사업에 따라 혜화문에서 이화동 사이의 도로가 폭 12칸의 직선 도로로 정비되면서 신작로 양측에 사는 주민들은 경성부에서 제정한 '수익세 조례'에 따라 많은 세금을 내야 했다. 이러한 식민지 도시개발은 주택문제를 심화시켰고 세금을 낼 수 없는 영세민들은 살던 곳을 버리고 낙산의 빈민촌으로 향할 수밖에 없었다. 결국 경성제대를 중심으로 그 일대의 토지와 주택은 경제력을 갖춘 남촌의 일본인들이 차지하게 되었고, 낙산의 토막촌으로 쫓겨난 도시 빈민들은 열악한 주거 환경 속에서 목숨을 담보로 살아가야 했다. 1935년에는 낙산 위 창신동의 토막집에 살던 한 지게꾼이 추위를 피하려고 숯불을 피우고 잠든 사이에 화재가 나서 3명의 어린 자식을 잃는 불상사가 일어났다. 1938년에는 낙산의 국기(일장기) 게양탑 부근 성벽이 장마철을 맞아 무너질 위험에 처하자 그 아래 살던 100여 가구의 주민들이 관계 당국에 성벽 수축修築을 요구하기도 했으나, 오히려 경성부에서는 무허가 건축이라는 이유로 철거 명령을 내렸으며 이주하지 않은 토막민에게는 토막 한 채 가격(30원)의 삼분지 일에 달하는 10원의 과태료를 물게 했다.

해방 이후에도 낙산 토막민들의 삶은 대물림되었으며, 특히 한국전쟁이 끝난 뒤에는 수많은 피난민이 서울로 몰려와 이곳에 판잣집을 지으면서 전형적인 도시 빈민촌인 판자촌을 형성하게 되었다. 이곳에 낙산아파트가 지어진 것은 1969년의 일이다. 1966년 서울시장에 부임한 김현옥은 청계고가도로 및 세운상가와 함께 또 하나의 군사 문화 작품을 만들어냈는데, 1969년부터 추진된 시민아파트의 건설이 그것이다. 1960년대 농어촌 인구의 서울 집중으로 무질서하고 열악한 주거 환경이 조성되자, 근대화의 목표하에 도심의 무허가 건물들을 철거하면서 철거민 이주 대책으로 구릉지에 시민아파트를 건설·공급하기 시작했던 것이다. 시민아파트는 1969년 한 해 동안 400여 동 이상 건설되었으며, 낙산아파트도 그렇게 태어났다.

그러나 1970년 와우아파트 붕괴 사고 이후 시민아파트에 대한 안전 진단 결과 구조 안전상의 문제가 발견되어 1972년부터 이 사업이 중단되었고, 1990년대 중반 성수대교와 삼품백화점 등 대형 붕괴 사고를 겪으면서 정부에서는 1997년 8월부터 시민아파트에 대한 본격적인 정리 작업에 들어갔다. 낙산의 시민아파트도 결국 1997년부터 추진된 낙산복원사업에 따라 30개 동이 모두 철거되었고 2002년 현재의 녹지 공원으로 거듭난 것이다. 이로써 낙산은 토막촌과 판자촌이라 불렸던 빈민촌의 이미지를 벗어나게 되었다.

시인 김기림은 1949년 「나의 서울 설계도」라는 수필에서 "낙산 밑 일대의 대학촌에 접어들면 거기는 이 나라 모든 계획의 과학적 연구와 조사와 준비가 진행되는 곳으로 세계의 각 대학들과 연락되어 있으며 …… 원남동에서 연건동을 돌아 혜화동 로터리에서 끝나는 일대는 이른바 대학가로서 아스팔트로 쭉 포장한 한길 양편에는 주로 학생을 위한 책점, 찻집, 간단한 밀크홀, 비어홀, 학용품점만이 허락될 것이다. …… 그러면 대체 그 낙산 일대의 움집과 하코방들은 어찌 될까? …… 그들은 벌써 남산 너머와 신당리, 정릉리, 당인리 쪽 아파트와 전원주택으로 옮아가고, **낙산은 녹림지대가 되지 않았는가?**"라고 적은 바 있다(강조는 내가 했다). 여

73
낙산공원과 대학로 일원(2005)

러 굴곡을 겪으면서 현재의 모습으로 바뀐 대학로와 낙산공원을 60년 전에 예측했다니, 시인의 상상력에 그저 놀랄 뿐이다. 낙산은 풍수지리적인 랜드마크일 때도 있었고 토막민들의 집단 거주지이기도 했다. 해방 이후 도시 빈민들을 위한 시민아파트로 조성되었다가 지금은 시인의 혜안처럼 시민공원의 이미지를 갖게 되었다. 앞으로의 낙산은 또 어떻게 변할 것인지 자못 궁금하다.

지금까지 살펴본 것처럼 낙산은 하나의 이미지로만 존재하지 않는다. 그곳에 대한 기억도 각 시대를 살았던 사람들마다 다를 것이다. 결국 대학로와 낙산은 역사적 파노라마 속에서 비로소 제 모습을 드러낼 수 있다. 이때 우리는 동일 공간에 대한 다층적인 표상과 기억들을 사진 아카이브를 통해 복원하고 재구성하는 일이 가능할 것이다. 독자 여러분도 일종의 사진 고고학을 통해 다양한 역사 공간에 대한 만보기漫步記를 시도해보지 않겠는가?

5장
도서관에 가다

독서 피서법

7월, 여름이 깊어간다. 지루한 장마와 함께 더위는 사람들의 심신을 지치게 한다. 서울이 경성으로 불렸던 시대의 여름도 견디기 힘든 계절이었다. 불같은 하루를 지내고 밤이 오면 그나마 산들산들한 바람이 부드럽게 불어와 하루 종일 더위와 싸운 어른, 아이, 노인, 노파, 부인네 할 것 없이 모두를 집 밖으로 불러냈다. 수많은 인파가 종로 야시를 거닐거나 남산, 장춘단, 탑골 등 인근의 공원을 찾아 나섰다. 여유가 있다면 늦은 밤 열리는 연극이나 영화를 즐기며 힘든 하루를 잠시 잊기도 하고 날이 밝으면 인근 유원지나 물가로 야유회를 떠나기도 했다. 하지만 대다수의 사람은 낮에는 집에 조용히 있다가 저녁이 되면 하나둘씩 몰려나와 밤거리를 산책하며 여름을 보냈다.

지금도 피서의 한 방법으로 독서를 권하지만 당시에도 책 읽기는 여름날 더위를 식히는 가장 좋은 피서법으로 추천되곤 했다. 먼저 야뢰夜雷 이돈화는 1922년 자신이 주간으로 있던 『개벽』 8월호에 「청량제」라는 글을 통해 여름의 불볕더위를 퇴치하는 염하소견법炎夏消遣法을 소개하였는데, 자연과의 융합, 즉 자연을 보고 염열炎熱을 제거하는 법과 순수 정신적 작용으로 염열을 퇴치하는 법과 함께 독서로써 염열을 방어하는 법을 논하였다. 독서의 취미를 가졌다면 염열이 아무리 혹독한들 어찌 무아의 진경을 침범할 수 있겠느냐 하는 것이었다. 1928년 『별건곤』에서는 단돈 20전으로 하는 피서 비법이라 하여 모 기자의 이야기를 실었는데, 먼저 이름난 빙수 가게에 가서 10전짜리 빙수를 한 그릇 사 먹은 다음 7전을 내고 조선총독부도서관 특별실에 입실하여 전기부채(선풍기) 가까이 자리 잡고 『북극 탐험기』와 같은 재미있고 서늘한 책을 골라 읽다가 여섯 시쯤 해가 물러가면 탑골공원으로 가서 1전짜리 아이스크림을 세 번이나 사 먹으며 더위를 식혔다는 것이다. 요즘처럼 도서관마다 에어컨 같은 냉방 시설이 잘 갖추어져 있지는 않았지만 당시에도 특별실에는 선풍기를 냉방 시설로 가동했다니 새삼스러울 따름이다.

도서관에서 여름을 보내는 사람들에 대한 기사는 종종 보도됐는데, 1927년 8월 6일자 『중외일보』는 더운 일기에도 도서관을 찾는 독서자讀書者가 날마다 대만원을 이뤄 그 수가 지난 6월보다도 7월이 한층 더 많았다고 전한다. 1936년 8월 21일자 『조선중앙일보』는 혹서에도 불구하고 경성부립도서관의 7월 중 도서 열람자가 전년 동기보다 6,000여 명 증가했다며, 독서의 계절이 아님에도 불구하고 이렇게 늘어난 것은 대중들의 독서열의 향상 때문이라고 진단했다. 또한 1939년 7월 16일자 『동아일보』에서는 삼복의 찌는 듯한 더위 속에서도 책을 읽으며 염열을 정복하는 도서관 입장자의 모습을 화보로 보여주기도 했다. 이 기사에서 소개한 6월 중 조선총독부도서관의 입관자는 28,129명, 매일 평균 938명에 달했다. 경성 인구에 비해 많은 숫자는 아니었지만 열람석이 제한되었기 때문에 통계에 잡히지 않은 훨씬 더 많은 독서자가 도서관 밖에서 책 읽기로 여름을 나고 있었다.

더운 여름 총독부도서관에서
독서하는 모습
(『동아일보』1939. 7. 16)

책책책, 책을 읽읍시다!

이처럼 독서는 불볕더위를 극복하는 피서법의 하나이기도 했지만 경성인들에게 이미 여가 활동의 하나이자 취미가 되었다. 따라서 독서하는 모습은 도서관에서뿐만 아니라 시내 곳곳에서 목격되었다. 이에 호응이나 하듯 『동아일보』는 1931년 1월부터 3월까지 12회에 걸쳐 「독서 풍경」이라는 연재 기사를 내보냈다. 각양각색의 책 읽는 모습에 제목을 붙여 매주 소개하였는데, 첫 번째 풍경인 노상 독서를 비롯하여 원중園中 독서, 점두店頭 독서, 과외 독서, 공동 독서, 차중車中 독서, 역두驛頭 독서, 대도大道 독서, 등화燈下 독서, 촉수觸手 독서, 영춘迎春 독서에 이르기까지 길거리, 공원, 서점, 학교 도서실, 도서관, 열차, 기차 대합실, 난전 등 다양한 상황에서의 독서 모습이나 습관들을 보여주었다.

이중에서 '차중 도서'에 대한 기사 내용을 살펴보면, 때는 2월이라 추운 날씨에도 불구하고 경의선 열차 안에서 독서에 열중하고 있는 고등보통학교 학생(중학생)의 모습을 보여주면서 "책 읽을 시간이 있어야지 하고 얄미운 핑계하는 분이 이 사진 보기 부끄럽겠지요."라며 책 읽기를 독려한다. '대도 독서'라고 이름 붙여진 또 하나의 독서 풍경은 "사통팔달 경성 가도가 모두 이분의 서재, 볕 잘 들고 아늑한 큰 길이면 그만"이라며 손수레에 책을 싣고 나와 손님을 기다리며 독서하고 있는 책 장수의 모습을 비춰준다. 팔려고 내온 책들 중에는 "『일어대해日語大海』와 『일선척독』이 있고 『유행잡가』에 『신식창가』, 『열국지』, 『삼국지』에 『추월색』, 『치악산』" 등 당시 독자들이 즐겨 찾던 대중 서적과 실용 서적이 주인을 기다리고 있다. 또한 맹인들의 점자책 읽기를 '촉수 독서'라 명명하면서, "눈을 뜨고도 글을 몰라서 장님 노릇을 하는 문맹이 전 조선에 천만 명 이상이라 하니 선천 혹 후천의 불행으로 실명한 이들이 손끝으로 글을 알아내기까지의 각고야말로 놀랍지 아니합니까? 장님도 글을 알아야 책을 읽어야 살 수 있는 세상입니다."라며 일반 대중들의 부단한 노력을 당부하기도 한다.

75
차중 독서. 열차 안에서
책 읽는 학생의 모습
(『동아일보』
1931. 2. 9)

76
대도 독서. 책 읽는
책장수의 모습
(『동아일보』
1931. 2. 23)

    사진과 함께 연재된 이 「독서 풍경」은 마치 2003년 모 방송국에서 한때 전 국민을 책 읽기 운동에 동참시켰던 〈느낌표〉라는 '프로그램'의 한 꼭지인 '책책책, 책을 읽읍시다'를 연상시킨다. 물론 「독서 풍경」은 방송 권력과 출판 자본이 만나 '좋은 책'의 기준을 강제하고 '베스트셀러 만들기'의 숨은 음모를 드러냈던 〈느낌표〉와는 성격이 달랐지만, 신문을 읽는 독자에게 독서 취미를 근대인으로서의 자격으로 제시하고 있다는 점에서 일견 근대성의 동일 구조를 보게 된다.

지식인의 서재

『동아일보』는 「독서 풍경」에 이어서 「서재 풍경」이라는 새로운 연재 기사를 1931년 3월 말부터 내보냈는데, 당대 지식인들의 서재를 방문해 인터뷰한 내용을 사진과 함께 보여주는 기획이었다. 국학자 정인보를 위시하여 중동학교장 최규동, 신간회 집행위원장 김병로, 극작가이자 소설가 윤백남, 그리고 연희전문학교 교수 백남운과 조교수 최순주 등 6인의 명사들이 신문 독자들의 요구나 진정으로 선정되었다.

첫 번째 서재 풍경의 주인공인 정인보의 서재를 보건대, 어두컴컴한 뒷방에 5,000여 권의 누더기 책들이 좌우 성벽처럼 쌓여 마치 별유천지를 이룬 형국이었다. 정인보의 서재를 방문한 기자는 그 속에 있는 그를 일컬어 조선의 빛나는 역사와 문화라는 보물을 캐는 금광의 광부라고 표현하였다. 이어 기자가 방문한 최규동의 서재는 화재로 인해 많은 책을 잃고 겨우 1,000여 권의 서적밖에 남지 않았지만, 그의 전공인 수학 관련 서적뿐만 아니라 철학이나 논리, 사상 등 다방면의 책들로 채워져 있었다. 그는 한때 수학 교사로 유명해서 최대수崔代數라는 별칭으로 불렸다고 한다. 그러나 그가 수학 교사를 넘어 인품 있는 교육자로서 수많은 제자로부터 존경을 받고 신진 청년의 지도자가 된 연유에는 다양한 분야의 독서가 한몫했으리라고 기자는 짐작해본다.

다음으로 기자가 만난 윤백남의 서재는 직업이 직업이니만큼 누구보다도 많은 다양한 종류의 책들로 가득 차 있어 마치 형형색색 빛 다른 꽃이 피어 있는 백화원白花園을 연상케 했다. 기자는 희극뿐만 아니라 중국 풍속 기담, 일본 패사稗史, 조선 야사 등 남이 거들떠보지도 않는 분야의 서적을 많이 가진 것으로 보아 남다른 취미와 독특한 지식의 소유자임을 확인할 수 있었다. 이에 비해 김병로의 서재에는 주로 법률 서적이, 백남운의 서재에는 경제 관련 서적만이, 그리고 최순주의 서재에는 상업과 교육 관련 양서들이 다수를 차지하고 있었다. 특히 기자가 최순주에게 "선생에게 소설 같은 책은 없습니까?" 하고 물으니 "내 처가 보는 것이 있지오."라고 답했다고 하는데, 지식인 독서가와 일반 대중(특히 여성) 독서가 사이의 책 읽기의 수준과 차이를 은연중에 내비친 언사이리라.

「독서 풍경」이 취미로서의 책 읽기를 통해 근대적 대중 독자의 탄생을 알려주었다면, 「서재 풍경」은 지식인의 서재를 보여줌으로써 근대적 교양인이 갖추어야 할 덕목을 제시했다. 그러나 이 과정에서 책과 서재를 둘러싼 새로운 계층 분화가 일어난다. 대중은 그들이 보고 싶어 하는 지식인들의 서재를 눈으로 확인하면서 그들의 근대적 생활양식을 닮고자 열망했으며, 자신들도 모르는 사이에 문화적 교양의 척도와 지향점이 정해졌다. 그리고 이때 서재나 책장을 배경으로 한 지식인의 전형적인 표상이 만들어졌다. 오늘날에도 TV나 신문에서 지식인들을 인터뷰할 때 이와 같은 포맷으로 반복 표상하는 것을 볼 수 있다.

서재 또한 근대적이어야 했다. 따라서 근대의 서재는 조선 재래의 서재나 서재로 겸용했던 사랑방과는 공간 배치부터 달랐다. 1931년 7월 20일자 『동아일보』에 소개된 근대적 서재의 설계 내용을 들어보자. "먼저 독서나 사색하는 데 방해받지 않을 조용한 방을 고르고 서재를 응접실과 함께 쓸 경우에는 현관에 가까운 곳이 편리하며 만약 2층집이라면 2층에 서재를 둔다. 서재의 방향은 강한 광선을 피하기 위해 동쪽과 북쪽으로 창을 내고, 전등은 천장 한가운데 달고 반사광선으로 간접조명을 한다. 벽은 흙벽이나 침착한 벽지를 바르면 실내도 넓게 보이고 가구의 배경으로도 적합하다. 창은 비교적 크게 하고 커튼을 달아 광선을 조절한다. 가구로는 책상과 의자, 책장 등을 두고 휴식을 취하거나 응접할 때 쓸 안락의자와 작은 차 탁자를 구비하면 좋다. 가구의 의장은 되도록 장식 없는 단순한 것이 좋으며 가구의 배치는 벽면을 이용하여 방 구석구석에 두는 것이 효율적이다. 서재의 실내 색과 가구 색은 정서적으로 안정되고 눈의 피로를 줄일 수 있도록 설계하고 될 수 있는 대로 그 종류를 적게 하거나 연하게 취하는 것이 좋다. 가구는 검은 회색이 적당하며 의자의 천과 벽지는 옅은 회색, 카펫은 검정 코발트로

77
정인보의 서재 풍경
(『동아일보』 1931. 3. 30)

78
근대식 서재의 설계도면
(『동아일보』 1931. 7. 20)

하고 탁상의 전등갓은 전체적으로 어두운 색채 때문에 실내가 너무 음습하지 않도록 녹색이나 적색을 섞은 공예품이라면 금상첨화이다." 이상과 같이 추천 소개된 근대식 서재의 설계는 지금과 견주어보더라도 손색이 없을 정도다. 이런 서재라면 당시의 일반 대중에게는 그림의 떡일 수밖에 없는, 문화주택을 소유할 수 있는 상류층에게나 가능한 이상적인 서재의 모델이었을 것이다.

현재 포털사이트 네이버에서 진행하고 있는「지식인의 서재」는 『동아일보』의「서재 풍경」과 유사한 포맷을 보여준다. 주인공의 간단한 이력과 서재 공간에 대한 소개, 책 읽던 과거의 기억과 독서 습관, 독자에 대한 당부 등의 내용이 인터뷰 동영상 및 스틸 사진과 함께 올라가 있다. 물론 네이버의 이 콘텐츠 코너는 최근 다양한 분야에서 이슈가 되는 유명인들의 책 읽기를 소개할뿐더러 그들이 추천한 책을 온라인 서점에 링크시켜 출판 시장과 연계시키는 얄팍한 상술을 보여주고 있지만 말이다.

경성도서관에 가다

앞에서 신문을 통해 다양한 독서와 서재 풍경을 살펴보았지만, 일반 대중이 즐겨 찾아 책을 읽던 서재는 도서관이었다. 1930년대 경성에는 도서관이 조선총독부도서관과 철도도서관, 그리고 경성부에서 운영했던 경성부립도서관 등 3곳밖에 없었다. 그나마 철도도서관은 조선총독부 철도국 직원 및 그 가족만 열람할 수 있었고, 열람석의 여유가 있는 경우에 한해 일반인의 열람이 허락되었다. 관립이었던 조선총독부도서관은 1922년 발포된 조선교육령을 기념하기 위한 사업의 하나로 계획되어 1923년 남대문통 광선문 내 석고단 터에 부지를 정하고 공사를 시작, 같은 해 12월에 건물을 준공하고 모든 제반 설비를 갖춘 1925년 4월 3일 일본의 신무천황 제일에 맞춰 개관하였다. 경성부립도서관은 본관과 분관으로 나뉘어 운영되었는데, 본관은 1922년 명치정에 있던 인천신보사의 건물을 수리하여 같은 해 10월 1일 개관 운영하다가 1927년 5월 24일 장곡천정의 대관정으로 이전 개관했으며 분관은 종로 2정목(종로 2가) 인사동 입구에 있었다. 종로분관은 조선인이 경영하던 경성도서관을 1926년 3월 경성부가 매수하여 같은 해 4월 1일부터 부영으로 운영하기 시작한 것이다.

경성도서관은 조선총독부도서관과 경성부립도서관이 등장하기 전인 1921년 조선인이 세운 우리나라 최초의 근대적 공공도서관이자 당시 용산의 만철도서관(용산도서관 전신)을 제외하고는 경성의 유일한 도서관이었다. 따라서 경성에 사는 조선인들에게는 민족적 자존심의 표상이었다. 경성도서관은 일본 교토제국대학을 졸업한 이범승이 1921년 9월 10일 종로 2가 탑골공원 옆 이왕직양악대 건물을 빌려 설립했는데, 1920년 11월 5일 윤익선, 김장환, 윤량구 등 민간 유지들의 발기로 가회동 1번지 조선귀족회 소관의 취운정(현 삼청공원 자리) 내에 있는 건물에 설립된 동명의 경성도서관이 경영상 어려움을 겪자 이범승은 그것을 인수하여 분관으로 만들었다.

1922년 1월 6일 정식 개관한 경성도서관은 첫날부터 성황을 이루었으며 경영상의 어려움은 있었으나 보다 많은 열람자를 수용하기 위해 민영휘를 비롯한 민간 유지들의 기부금을 모아 1923년 6월 10일 130여 평 규모의 석조 3층의 양옥 신관을 준공하고 7월 28일 개관식을 거행하였다. 취운정 분관은 이때 폐지하였고 그곳에 있

79
인사동 경성도서관 본관
(『동아일보』 1921. 12. 6)

던 한문 서적을 신축 본관으로 옮겼다. 그리고 기존에 본관으로 사용하던 구관은 아동도서관으로 수리하여 같은 해 9월 1일 새롭게 개관하였다. 이렇게 위용을 갖춘 경성도서관은 독서열과 향학열에 불타던 조선인들에게 민족의 보배이자 자랑이었다. 특히 아동도서관에서는 빈민 아동 10여 명을 모아 보통학교 과정의 교육을 실시했으며 재미있는 책과 유성기를 갖추어 아동들로 하여금 독서에 흥미를 붙이게 하고 아동교육에 관한 음악을 들려주기도 했다. 또한 매주 금요일에는 어린이들의 품성 도야를 위한 동화회를 개최하였는데, 방정환이 연사로 나와 아동들에게 재미있는 이야기를 들려주었다. 야간에는 조선여자청년회에 구관 아동실을 무료로 대여하여 정기적인 부인 강좌를 열었고 활동사진을 상영하기도 했다.

그러나 3만 원의 은행 빚과 연 1만 원이 넘는 운영비를 이범승 혼자 감당할 수 없게 되자 1924년 10월 1일 휴관하기에 이르렀고, 이에 따라 신문에서는 사고와 논설 등을 통해 사태의 심각성을 알리는 기사를 수차례 보도하였다. 다행히 1925년 2월 2일 경성부에서 매월 600원씩 경비의 일부를 보조받아 다시 문을 열게 되었지만, 임시방편에 불과했다. 결국 1926년 경성도서관은 늘어나는 부채로 경영난을 견디지 못해 다시 폐관의 운명에 처했다. 1년 운영비 8,000원이 없어 폐관한다는 소식에 조선학생과학연구회를 주축으로 경성도서관유지운동이 전개되었고, 사단체합동위원회四團體合同委員會(1925년 4월 무산자동맹, 조선노동당, 북풍회, 화요회 등 네 개의 단체가 합동 단결하기 위해 만든 사상단체)가 경성도서관의 경성부 인도 문제를 진상 조사하기 위해 집행위원회를 열고 대안을 제시하기도 했지만 모든 것이 허사였다.

경영권 이양이 예견된 3월 18일 경성도서관에는 열람자들이 이른 아침부터 구름 떼처럼 몰려왔다. 2월 중의 통계가 남녀 합하여 9,000명으로 전해 일 년 동안의 열람자보다 많았다고 하니, 폐관을 앞둔 조선인 유일의 도서관에 대한 일종의 성지순례였다. 끝내 경성도서관은 3월 25일 4만 원의 헐값에 경성부에 양도되었고 4월 1일 경성부립도서관 종로분관이란 명칭으로 바뀌어 부영으로 재

80
경성도서관 아동실에서 열린 동화회 풍경
(『동아일보』 1923. 11. 20)

81
경성도서관에 들어가기 위해 줄지어 선 열람자들
(『조선일보』 1926. 3. 18)

개관하게 되었다. 이것이 현재 사직공원 내에 있는 종로도서관의 전신이다(1968년에 인사동의 옛 경성도서관 건물을 헐고 현재 장소에 신축 건물을 지어 이전하였다).

2003년 방송된 〈느낌표〉 이후 2007년 모 신문사에서 주최한 '거실을 서재로'라는 캠페인과 국립중앙도서관과 아름다운재단, 지자체, 신문사 등 각종 단체와 기관에서 수년째 벌이고 있는 '작은 도서관 만들기' 사업 등 책 읽는 환경 조성을 위한 노력들이 펼쳐졌거나 진행되고 있다. 편파 지원과 사후 지원의 부재, 그리고 복권기금 운영상의 문제로 난황에 빠지거나 파행을 겪기도 했지만, 사업의 진정성만은 되살려 도서관을 현대인의 문화적 쉼터로 만들 수 있기를 기대해본다. 그리고 무엇보다 독자 여러분 스스로 "내 마음의 작은 도서관" 하나 지어봄이 어떠실지.

볼거리

*『동아일보』에서 1931년 1월 5일부터 3월 23일까지
12회 연재한 「독서 풍경」의 사진 이미지와 원문을 소개한다.

독서 풍경 제1경 노상路上 독자(『동아일보』 1931. 1. 5)

독자의 이 모양, 저 모양…… 가지가지의 풍경을 사진으로 보여드릴까 합니다. 1년 53주, 53경景을 고루고루 낼 작정입니다마는 될까 모르겠습니다. 동호자의 협력을 바랍니다. 제1경은 보시는 바와 같이 노상 독서이외다. 설명을 붙이면 '여음餘韻'이 없어집니다. 풍경만 보시고 설명은 각자가 붙이십시오.

독서 풍경 제2경 원중園中 독서(『동아일보』 1931. 1. 12)

제2경은 정원의 볕드는 한 모퉁이에서 신간서新刊書들을 앞에 놓고 각각 그 재미있는 구절에 취하여 있는 두 부부입니다. 때는 물론 일요일이외다. 이것을 원중 독서라고나 할까요. 보십시오, 금세 어느 편에서 재미나는 구절을 발견하여 저편을 끌어 가지고 한 책에 네 눈이 모일 듯하지 않습니까.

독서 풍경 제3경 점두店頭 독서(『동아일보』 1931. 1. 19)

제3경은 서점에 모여든 독서자들입니다. 구루마, 자동차 소리가 요란한 점두에서 그네는 귀머거리가 되었습니다. 책과 글자에 눈이 박힌 그네는 오고 가는 색시들의 뺨과 다리로 옮아갈 틈이 없습니다. 글에 주린 자여! 그네의 이름은 독서자외다!

독서 풍경 제4경 과외課外 독서(『동아일보』 1931. 1. 26)

제4경은 학교 도서실에서 독서하는 여학생들입니다. 정과定課를 마친 뒤라 명명하여 가르되 '과외독서'입니다. 쉬어라! 하는 시간에 그네는 독서를 합니다. 놀자꾸나! 하는 시간에 그네는 독서를 합니다. 손으로 뺨을 괴었다고 한가한 듯이 생각지 마십시오, 글자와 싸우는 뇌세포가 잠깐 지쳤던 것입니다.

독서 풍경 제5경 공동共同 독서(『동아일보』1931. 2. 2)

제5경은 경성부립도서관에서 박은 광경입니다. 만중萬衆에게 개방된 독서실이오, 만중이 같이 읽는 독서실이라, 가르되 '공동 독서'. 식당으로, 주점으로 몰려드는 친구들의 이 모양 저 모양을 상상하면서 이 사진을 보십시오. '시간이 있어야지!', '책값이 비싸서!' 하는 핑계가 나올까 모르겠소이다. 1전짜리 동전 두 푼이면 동서고금의 온갖 전적典籍은 당신의 영靈을 위하여 소리쳐 부를 것입니다.

독서 풍경 제6경 차중車中 독서(『동아일보』1931. 2. 9)

제6경은 검은 연기를 내뿜으며 달아나는 경의선 열차 중에서 독서하는 광경입니다. 귀여운 아드님을 부엌에서 낳았다고 '부엌돌'이라듯이 차중에서 독서하니 '차중 독서'라 이름 함이 좋을까요? 때마침 설화雪花가 만개하여 차창 밖에는 아름다운 풍경이 있건만 그는 본 체도 않고 스토브 앞에 책을 펼쳐놓고 옛 선지 성현의 좋은 말씀과 과학의 묘리妙理를 한 '돈넬'[터널] 지날 때 한 커리씩 알아내지요. 책 읽을 시간이 있어야지 하고 얄미운 평계하는 분이 이 사진 보기 부끄럽겠지요.

독서 풍경 제7경 역두驛頭 독서(『동아일보』1931. 2. 16)

제7경 북적북적! 순전히 사람들의 활갯짓으로만 문과 벽이 밤낮 팽팽 도는 듯한 기차 대합실의 한 편 풍경! '이러한 곳에서일수록!' 하고 정신을 바짝 가다듬는 신문 열독가들은 이렇게 사람의 앉은 틈을 비집고 들어앉았습니다. 좁혀지는 자리와 밀려나가는 분수를 알기는 알면서도 한마디 말못하고 끼어 앉은 멀건이 친구와 먼산뚝이 친구들도 신문 읽는 친구들 앞에서는 고개 숙인 모양이어요. 시간을 기다리는 초조한 생각도 신문을 펴듦으로 잊어버릴게지요. 독서는 조급, 번민, 권태를 깨끗이 씻어줍니다.

독서 풍경 제8경 대도大道 독서(『동아일보』1931. 2. 23)

제8경은 대도 서점의 대도 독서외다. 사통팔달한 경성 가도가 모두 이분의 서재, 볕 잘 들고 아늑한 큰길이면 그만입니다. 『일어대해(日語大海)』와 『일선척독』이 있고 『유행잡가』에 『신식창가』, 『열국지』, 『삼국지』에 『추월색』, 『치악산』…… 자동차, 전차가 지나는 큰길가의 진풍경입니다. '싸구려!' 하고 책을 팝니다. '각설이라……' 책을 읽습니다. 일신양역一身兩役의 배바쁜 몸입니다.

독서 풍경 제9경 노상路上 독서
(『동아일보』 1931. 3. 2)

제9경은 어떤 부지런한 학생의 길 걸으며 독서하는 광경입니다. '노상 독서'라고나 할까요. 숲속 같은 데서 발 가는 대로 거닐며 책을 보는 것은 '임하林下 독서'란 고구古句가 있음을 보아 예부터 있는 일이지마는 도회의 페이브먼트를 발 뿌리로 차면서 깨알 같은 글자를 주워 읽는 것은 현대에서만 볼 수 있는 진풍경입니다. 마초아 행인의 좌측통행을 여행勵行할세망정 이 학생이 몇 사람과 정면충돌을 할 것인고. 집에서 읽고 길에서 읽고 학교에 가 읽고 집에 가며 읽고 집에 가 읽고 이것이 이 학생의 하루일 것같이 상상됩니다. 이만치 부지런하고요 전도가 유망하지 않고 될 말입니까.

독서 풍경 제10경 등하燈下 독서(『동아일보』 1931. 3. 9)

제10경은 등하 독서. 밤이 슬그머니 깊어가는데 책상에 의지하여 재미나는 책을 여염 없이 탐독하고 있는 광경을 밤보다도 더 살그머니 창 앞에 가까이 가서 카메라에 넣어 온 것입니다. 옛사람은 등불 하나도 갖추기 어려워 혹은 반딧불을 줍고 혹은 눈빛에 비추어 공부한 분도 있었다 합니다. 지금이야 전등이 있겠다. 좋은 책이 많겠다. 무엇이 부족하여 독서하지 않겠습니까. 보시오, 이 아담한 풍경을 2분, 3분 만에 한 번씩 책장을 넘길 때에는 그 맵시 있는 손가락들이 말할 수 없이 아리따운 곡선을 창문에 그립니다. 그리고 이따금 눈을 감고 고개를 드는 것은 감격에 넘치는 까닭인가 봅니다.

독서 풍경 제11경 맹인의 촉수觸手 독서(『동아일보』 1931. 3. 16)

제11경은 눈 감은 장님이 글 읽는 광경입니다. 손으로 더듬어서 글자를 알아내고 책에 있는 뜻을 해득하는 것이니 '촉수 독서'라고나 할까요? 눈을 뜨고도 글을 몰라서 장님 노릇을 하는 문맹이 전 조선에 천만 명 이상이라 하니 선천 혹 후천의 불행으로 실명한 이들이 손끝으로 글을 알아내기까지의 각고야말로 놀랍지 아니합니까? 장님도 글을 알아야! 책을 읽어야 살 수 있는 세상입니다. 하물며 보통 사람이겠습니까?

독서 풍경 제12경 영춘迎春
독서(『동아일보』1931. 3. 23)

제12경은 창경원 한구석 벤치에서 따스한 봄볕을 가슴에 다복이 안고 한가히 애독서를 뒤적이는 광경입니다. 영춘 독서라고 하면 어떨는지. 봄볕이 창에 아른거리면 겨우내 들어앉았던 방이 갑자기 좁아진 듯한 생각이 납니다. 1권서券書 옆에 끼고 대자연의 품속을 향하여 독서를 나오는 것은 독서자의 철 따른 풍류입니다. 이리하여 봄을 찾아 이런 곳에 와서는 잠깐 봄을 잊고 또다시 삼매三昧의 경境에 들어갑니다. 보는 눈에 얼마나 한가한 풍경입니까. 가지 끝에서는 짙어오는 봄의 볕과 바람에 봉오리들이 봄 치장을 준비하는데……

*『동아일보』에서는 「독서 풍경」에 이어 1931년 3월 30일부터 7월 6일까지 6회에 걸쳐 「서재 풍경」을 연재했다. 「서재 풍경」은 독자들이 보고 싶은 지식인의 서재를 요청하면 기자가 직접 찾아가서 소개하는 코너였다. 「서재 풍경」의 사진 이미지와 원문을 소개한다.

서재 풍경 제1경 정인보 씨 서재(『동아일보』1931. 3. 30)

문: 조선 고전 해제를 쓰시는 정인보 씨의 서재는 대체 어떤지 구경할 수 없을까요? (성진 일 독자―讀者)

답: 독서자를 위하여 그만한 청을 못 들을 수 있습니까. 때마침 봄날이라 활개를 훨훨 치며 서대문 밖 교수의 댁을 찾았지요. 컴컴 침침한 뒷방에 멧장같이 된 5천여 권의 누더기 책을 좌우에 성벽처럼 쌓고 별유천지를 이루었겠지요. 구태여 멀리까지 와서 교수의 서재를 구경하실 것은 없으십니다. 으스름달밤에 옛 성터 밑으로 거닐거나, 청태靑苔[푸른 이끼]가 우거진 바위 틈바구니에 가서 앉으면 그 실감이 있으리다. 비록 누더기 되고 좀은 먹었으나 그 속에는 고古 조선에 빛나는 역사와 문화 그리고 온갖 우리의 보물이 들어 있는 금광입니다. 이 광鑛 속에서 작업하는 교수는 옛 보물을 찾기에 눈이 붉은 조선의 귀한 광부입니다.

서재 풍경 제2경 최규동 씨 서재(『동아일보』1931. 4. 6)

문: 중동학교장 최규동(1915년 5대 교장으로 취임) 씨의 서재는 어떤지 다음 주간에는 꼭 보여주십시오.(시내 KSK)

답: 최 교장의 서재는 어느 때 한번 화재를 만나 지금은 겨우 천여 권의 서적밖에 남지 않았다고 합니다. 또 일간 병환으로 서재는 한가한 세월을 보낸답니다. '최대수崔代數'[일류 수학 교사로 이름을 날림]라 하면 학생계에서뿐 아니라 누구나 선생인 줄 다 알지요. 가보지 않아도 선생의 서재에는 머리 아픈 A+B 책 천지이겠다고 생각이 되겠지요. 그러나 서가에 눈을 채 돌리기 전에 전광석화같이 눈에 띄는 것은 무슨 철학이니 논리니 간디니 레닌이니 프롤레타리아 무엇이니 하는 게 도시都是 예측 이외의 발견이었습니다. 이같이 선생은 전문 외에 다방면의 연구와 취미를 가지셨습니다. 선생이 언제든지 신진 청년의 지도자 되심은 그 원만한 인격에 다시 이러한 일신의 공부가 있는 까닭인 줄 알았습니다.

서재 풍경 제3경 김병노 씨 서재
(『동아일보』1931. 4. 13)

문: 신간회 집행위원장 김병노 씨의 서재를 꼭 한 번 보고 싶습니다.(마산 김문갑)

답: 김병노 씨의 서재를 가서 보고 온 그대로 솔직한 보고를 하려 합니다. 칙칙한 책장에 꽂힌 두터운 책은 모두 무슨 법령이니 민법이니 사법이니 판결례 같은 책들이 꽂혔는데 책 뒷등까지 가죽 등에 금자金字가 쓰였고 어떤 것은 가죽 끈을 맨 것이 그 외형만 보아도 법정 냄새가 나고 고법전의 서고 같은 감이 있습니다. 행여나 빛다른 철학이나 문학 서적이나 그렇지 않으면 단 한 권의 소설이라도 있을까 해서 두루 살펴보았으나 그래도 눈에 띄는 것은 범죄의 무엇이라는 것밖에 없었습니다. 그 역亦 대동소이의 책입니다. "선생에게는 법에 관한 책뿐입니까?" 하고 물으니, "사상, 경제 서적이 있으나 보고 나면 모두 집어들 갑니다." 하고 대답합니다. 여하간 김병노 씨에게는 법 법法자 한 자는 없지 못할 자字입니다.

서재 풍경 제4경 윤백남 씨 서재
(『동아일보』 1931. 4. 20)

문: 대도전大盜傳을 쓰시는 윤백남 씨의 서재 풍경을 좀 보여주십시오. (시내 오종수)
답: 꽃구경에 취해 봄바람에 옷자락을 날리며 떼 지어 오고 가는 사람들 틈에 끼여 나도 서재 구경을 나섰다. 극, 대중소설, 야담 등 다방면에 이채를 내는 백남 윤교중 씨이라, 그의 서재를 찾는 이 마음은 꽃에 취하러 가는 그들의 심정과 조금도 다름이 없었다. 씨의 서재는 그렇게 크지는 않았다. 무엇보다도 먼저 눈에 띄는 것은 『여국女國』, 『변애귀어戀愛鬼語』, 『무솔리니』, …… 이같이 형형색색의 빛다른 꽃이 피어 있어 완연히 백화원百花園을 이루었다. 씨는 극뿐만 아니라 중국 풍속 기담, 일본 패사稗史, 조선 야사 등 남이 눈도 거들떠보지 않는 방면에 대한 서적을 많이 가진 것을 보아 남다른 취미와 독특한 지식의 소유자임을 알 수 있다.

서재 풍경 제5경 백남운 씨
서재(『동아일보』1931. 5. 11)

문: 연전延專 교수로 계신 백남운 씨의 서재 풍경을 좀 보여주십시오. (시내 조임봉)

답: 연희의 송림에는 신록이 바야흐로 우거져가는데 이 에덴 같은 동산에 새로운 조선의 문화가 녹음과 같이 우거져갑니다. 이런 동산에서 모든 것을 잊고 서재만을 유일의 벗으로 삼는 백남운 씨를 찾았습니다. 이 사진은 씨의 서재 풍경의 일부입니다. 씨의 서재에 꽂힌 책 중에는 무슨 경제사, 상업사, 상품학 같은 것이었습니다. 그리고 누더기 책, 그 속에는 옛 조선의 경제활동 그것이 서가에서 잠자고 있었습니다. 씨의 서가에는 전문 이외의 서적은 없었습니다. 이는 씨의 굳은 신념, 오직 한길에서 아름다운 생명을 찾으려는 마음을 나타낸 것입니다. 이 꾸준한 노력은 불원에 씨의 손으로 하여금 『조선상업사』를 편찬하게 하고야 말 줄 믿습니다.

서재 풍경 제6경 최순주 씨 서재
(『동아일보』 1931. 7. 6)

문: 미국에서 얼마 전에 돌아와 현재 연전 조교수로 계신 최순주 씨의 서재를 좀 보여주십시오.
  (광주 일독자)
답: 마침 신촌 가는 차 중에서 씨를 만나게 되어 손쉽게 방문의 뜻을 이루게 되었습니다. 대문을 들어서자 씨를 기다리고 있는 부인과의 한바탕 영어 대화가 있었습니다. 집은 비록 조선집이나, 가구라든지 온돌에 신 신고 드나드는 게라든지 그리고 서가가 펑펑 돌아가는 게 모다 양식洋式이었습니다. 그 서가 위에 꽂힌 책은 모두 양서로 대개는 상업과 교육에 관한 서적입디다. 이 책들은 영어가 다수를 점하였고, 불어 서적도 있다고. "선생에게 소설 같은 책은 없습니까?" 묻는 말이 끝나기 전에 "에, 내 처가 보는 것이 있지요." 이로 보아 내외 갖은 독서가讀書家인가 하였습니다.

책을 마치며

「말하는 사진」, 1921년에 바라본 경성의 비판적 풍경

「책을 시작하며」에서 언급했듯이 이 책은 10개의 키워드를 통해 일제강점기 경성 사람들의 일상과 근대적 풍경들을 살펴보고, 이를 통해 경성 사람들의 근대 인식과 감수성이 어떻게 형성되었고 그것이 현재 우리의 그것과 얼마나 닮았고 또 다른지 이해해 보고자 했다. 여기에 수록된 10편의 글에는 각각의 키워드(주제)와 관련된 이미지들이 실려 있는데, 특히 사실성과 기록성이 뛰어난 사진 이미지를 통해 근대의 모습을 구체적으로 살펴볼 수 있다. 1920~30년대 들어와 사진은 통과의례에서 빠져서는 안 될 정도로 일상적 풍경이 되었고, 정치, 경제, 사회, 문화 전반에 걸쳐서 생산될 정도로 근대 조선의 시각 문화를 선도했다.

사진을 그저 시대의 반영물로서가 아니라 재현의 정치학을 둘러싼 다양한 시각 주체의 경연장으로 바라보는 입장에서 여기에 수록된 사진 하나하나에 대해 살펴봐야겠지만, 개별 주제에 따른 미시사 구성이 목적인 이 책에서 사진 비평은 부차적일 수밖에 없다. 물론 사진 문화가 일상화되고 사진이 의사소통의 새로운 매체로 부상했다는 점에서 경성 사람들이 사진을 어떻게 읽고 썼는가를 추적하는 일은 또 다른 미시사의 주제가 될 수 있다. 예를 들어 '경성 사람들의 사진 읽기와 쓰기의 역사' 또는 '사진 관중의 탄생' 등에 관한 글쓰기가 가능할 것이다. 하지만 사진에 대한 텍스트가 거의 남아 있지 않은 상태에서 경성 사람들의 사진에 대한 인식을 살펴보기란 쉬운 일은 아니다. 신문이나 잡지에 수록된 사진, 사진엽서와 사진첩, 나아가 사진 전람회 등을 보고 경험한 수많은 독자와 관객이 사진 관중의 형태로 존재했으나 그들의 직접적인 언급은 들을 수 없는 상황이다. 이런 점에서 1920년 『동아일보』에 연재되었던 「말하는 사진」이라는 기사는 충분하지는 않지만 다행히도 사진 관중과 만나는 계기를 제공한다. 이 마지막 글은 보론의 형식으로 쓰였는데, 당시 관중으로서의 신문기자가 '사회를 바라보는 비판적 창'으로서 사진을 어떻게 읽었는지 살펴보기를 바라며, 이 책을 마친다.

1920년대 문화정치의 일환으로 『조선일보』, 『동아일보』, 『시대일보』, 『중외일보』 등 조선인들의 민간 신문이 창간되고 신문 보도에서 시각 이미지가 차지하는 비중이 높아지면서, 사진은 커뮤니케이션의 중요 수단이 되었다. 세계와 소통하는 창으로서의 사진은 식민지 조선인들의 사유 체계에 영향을 미치면서 점차 보는 대상에서 읽는 대상이 되었다. 이를 반영하듯 『동아일보』에서는 「말하는 사진」이라는 제목 아래 경성의 신풍경을 읽는 연재물을 기획하였다. 이 연재 기사는 1920년 7월 23일부터 8월 1일까지 총 10회에 걸쳐 실렸으며, 교동보통학교를 시작으로 남대문파출소, 중추원, 송석원, 총독부 굴뚝, 하수도, 부영주택, 공동묘지 등 열 개의 장면을 비판적으로 읽어냈다. 비록 사진 자체에 대한 본격적인 비평은 아니지만 그것을 통해 당시 경성에서 일어난 다양한 사건이나 현장을 비판적으로 바라보았다는 점에서 시사하는 바가 크다.

먼저 『동아일보』 기자는 경운동에 있는 우리나라 최초의 근대식 초등교육기관인 교동보통학교(현 교동초등학교)에 대해 칼날을 들이댄다. 사진은 교동보통학교 옆 광장에 지어지는 2층짜리 큰 벽돌 건물을 보여준다. 이 건물은 교동보통학교를 확장하기 위해 경성부에서 21만 원의 거액을 들여 신축 중인 것으로 규모로는 조선 제일의 보통학교라 할 만하다. 기자는 21만 원이면 7만 원짜리 학교 세 곳을 넉넉히 지을 터인데 경성부에서 막대한 예산을 쏟아붓고 있는 것은 사치라며, 낙성한 후에 조선총독부 광고국이라고 할 수 있는 정보위원회에서 사진엽서로 만들어서 외국인에게 선전하는 자료로나 사용하면 훌륭하지 않겠냐 하며 조롱한다.

사실 교동보통학교의 확장은 1920년 4월 경성부의 공립보통학교 확장 계획에 의해 추진된 사업이었다. 경성에 거주하는 인구 18

만 명 중 보통학교 입학 연령대의 아동이 1만 8,000명인데 13개의 공립학교 70학급의 수용 인원은 3,000여 명밖에 되지 않았다. 따라서 그 수용 인원을 전체 취학연령 아동의 50% 수준인 9,000명 정도로 늘리고자 하면 학급당 인원을 50명으로 하고 110학급의 증설이 필요했다. 이에 따라 경성부는 학교 수를 늘리는 대신 기존의 공립학교의 시설을 순차적으로 확장할 계획을 세우고 우선 대상으로 교동보통학교의 부지를 3배가량 넓히고 수용 학생의 수효를 300명에서 900명으로 늘이는 신축 공사를 진행하기에 이른 것이다. 문제는 막대한 예산을 해결하기 위해 경성부에서 국고 및 지방비 보조, 부담금과 기부금 외에 별도로 경성의 부민들에게 매 가구마다 3원씩의 특별부과금을 징수했던 것이다. 더욱이 관공립 보통학교의 확장은 제1차 교육령에 따라 조선의 아동들을 식민정책에 복종하는 인간으로 만들고, 단기간에 식민 당국에서 필요로 하는 인적 자원을 확보하기 위한 식민 교육정책의 일환이었다. 결국 기자는 사진 속 교동보통학교의 확장 공사 모습이 일면 교육 환경의 개선과 확대처럼 보이지만 실제로는 조선총독부의 식민 교육정책과 선전 도구화의 결과물이라는 것을 말하고 있는 것이다.

다음의 「말하는 사진」은 동양 제일의 파출소라 불릴 만한 남대문파출소를 보여준다. 그동안 남대문을 촬영한 사진에서 자주 보아왔던 건물이었지만 그것이 남대문파출소였다는 것을 이 기사를

82
경성 교동공립보통학교
신축 모습
(『동아일보』 1921. 7. 23)

83
남대문과 그 앞에 세워진 파출소
(『동아일보』 1921. 7. 24)

84
중추원 외관
(『동아일보』 1921. 7. 26)

통해 알게 되어 흥미로운데, 기자는 그것을 '제등기념탑'이라 부르며 조선총독부의 문화정치를 신랄하게 비판했다. 사정은 이랬다. 이 파출소가 있는 남대문 일원은 경성의 크고 작은 은행들이 모여 있는 곳으로, 은행집회소의 대표 나카니시 기쿠오中西喜久男 외 38명의 은행가들이 경비를 부담하여 건물을 신축한 후 경찰 당국에 기부한 것이었다. 이 파출소 한 곳을 짓는 데 든 건축비는 총 1만 480원에 달했으며, 규모 면에서 경성에서뿐만 아니라 동양에서 제일이라며 자랑거리로 여길 정도였다. 그뿐만 아니라 이 파출소를 완공할 때에 근처의 남대문소학교를 빌려 조선에서 처음으로 낙성식도 거행했다. 그런데 기자가 앞에서 말한 제등기념탑의 '제등齊藤'은 사이토 마코토齊藤實를 지칭한다. 1919년 제3대 총독으로 새로 부임한 그는 문화정치를 표방하여 헌병경찰제도를 폐지하고 보통경찰제로 전환했던 인물이다. 그래서 기자는 "총독부 사람들이 사이토가 부임한 이래 잘한 일을 열거하면 수를 셀 수 없을 정도라고 하지만 그중에 가장 많이 공을 들인 것이 '경찰 확장'이며 그 과정에서 동양 제일의 파출소까지 만들었으며, 결국 그런 의미에서 그 파출소를 제등기념탑이라고 부를 만하다."며 조소한 것이었다.

기실 남대문은 경성으로 들어오는 관문이자 조선왕조의 상징이었다. 그런데 남대문 입구에 파출소를 세운 것은 경성을 드나드는 조선인들을 잠재적 범죄자로 바라보고 그들을 통제와 감시의 대상으로 설정했음을 의미하며, 조선왕조를 그들의 비호 아래 두고 있음을 암시한다. 또한 문화정치 차원에서 보통경찰제로 전환했다고 하지만 실제로는 헌병이 경찰로 자리를 옮겨 앉은 것에 불과하며 군경의 병력이 오히려 3배 이상 증가했음을 상기하면 사이토 재임 기간에 도리어 경찰국가 체제를 확립했다고 보아야 할 것이다. 따라서 기자는 '제등기념탑'이라는 표현으로 남대문파출소가 조선 통치와 억압의 상징임을 폭로했던 것이다.

기자의 비판적 시선은 중추원과 조선총독부 청사로까지 이어진다. 먼저 1910년 10월 '조선총독부중추원관제'에 의해 설치된 중추원은 친일파 관료의 육성과 보호를 위한 조선총독부의 자문기관이었다. 기자는 이런 중추원에 대해 '역대歷代의 무용물'이라고 칭하며, 1919년 3·1운동이 일어나기 전까지 한 번도 소집된 적이 없던 중추원이 1921년까지 2년간 활동한 결과가 고작 종래에 고문, 찬의, 부찬의 등으로 나누어 부르던 관직을 모두 참의로 통일한 것과 임금을 대폭 늘려 1년 동안 월급만 10만 원으로 증액한 것밖에 없다며 개탄한다. 따라서 기자는 사진에 보이는 것처럼 큰 건물에다가 현판만 붙여놓고 1년에 30~40만 원의 경비를 쓰며 두세 차례 형식적인 회의만 하는 세계 유일의 중추원을 해체하고 그 대신 관보에 광고를 내어 현상 공모로 의견을 모집하는 것이 경제적으로 도움이 될 것이라고 조언한다. 하지만 중추원은 재정난과 상관없이 태평양전쟁이 종전되고 미군정에 의해 해체될 때까지 존속했다.

이어서 기자는 4년 전부터 짓고 있는 조선총독부(1926년 완공)의 굴뚝을 향해서도 '충천衝天의 괴물'이라며 힐난한다. 이 굴뚝은 겨울철에 실내 공기를 덥히기 위해 수증기를 총독부 건물의 각 처소로 보내는 설비 기관(난방 장치)에서 나오는 석탄 연기를 밖으로 쏟아내는 시설로서, 3개월의 건설 기간과 1만 5,000원 비용을 들여 완공했으며 그 높이만 150피트(약 45미터)가 되는 경성 제일의 건축물이었다. 북악산과 키를 다투는 듯 부근에서 비교할 것이 없을 정도로 그 높이를 자랑하는 굴뚝이었지만 기자의 눈에는 경복궁 궁장 옆에 서 있는 그 모습이 마치 화장터 같아 보였고, 단청이 찬란한 주변의 전각과 조화롭지 못해 남대문 앞 파출소보다도 못한 풍경처럼 비쳤다. 결국 기자는 무엇이든지 조선 제일, 동양 제일로 크고 웅장하게만 건축하려는 조선총독부의 허식적인 전시 행정에 대해 비판하면서 동시에 총독부 청사에 가려져가는 경복궁의 전각과 궁장의 아름다움을 은연중에 내비친다.

조선총독부의 전시 행정과 편의주의는 경성부의 도시계획 시설 사업에서도 고스란히 반복되었다. 황금정 3정목에서 창덕궁통(현 돈화문로) 사이에 있는 청계천의 관수교 남쪽으로 도로의 중앙을 깊이와 넓이 모두 열 자(약 3미터)가량 파고 그 속에 쇠로 뼈를 만들고 양회로 사방을 다져서 상하좌우가 각기 한 칸씩 되는 네모진 홈을 묻는 대규모 역사役事가 벌어지자, 기자는 또다시 조선에서 제일 큰 하수도인 이곳으로 눈을 돌린다. 사실 이곳은 신작로를 낼 때 이미 두 아름이나 될 만큼 큰 하수도를 묻은 적이 있던 곳이었다. 그런데 하수도 공사를 다시 하게 된 것은 매년 장마철에 큰비가 오면 바닥이 낮고 우묵한 약초정과 앵정정(현 인현동) 지역에 물이 찼기 때문이다. 이를 방지하기 위해 총독부에서 수만 원의 돈을 들여 조선 제일의 하수관을 묻게 된 것이다. 이는 매우 중요한 도시기반 시설 사업이지만 유독 일본인 거주지인 남촌만 주거 환경을 개선하는 일은 상대적으로 하수도 시설이 열악한 북촌 지역에 대한 인종적 차별이었다. 결국 「말하는 사진」은 사이토 총독이 부임하면서 표방한 '일선융화日鮮融和', '일시동인一視同仁'의 식민정책이 얼마나 허구적인 것인가를 폭로한다.

또한 경성부에서 시행한 사회사업의 하나인 부영주택 건설도 기자의 눈에는 '간판뿐인 모방, 우스운 주택'일 뿐이었다. 1919년 3·1운동 이후 이촌향도 현상이 가속화되면서 경성에는 주택 부족 문제가 일어났고, 1921년경부터 주택문제가 사회문제의 하나로 대두되기 시작했다. 이에 따라 경성부에서는 주택 부족 해결책으로 8

86
용산 연병장에 세워진 부영주택
(『동아일보』1921. 7. 30)

85
관수교 남쪽에 시공 중인 하수도
(『동아일보』1921. 7. 29)

만 6,000원의 비용을 들여 용산 연병장에 부영주택을 건설하기에 이른다. 그런데 일본인 주택 40호는 중류층 주택으로 짓고 105호나 되는 조선인 주택은 협소한 줄행랑(장옥長屋, 즉 단층 연립주택)으로만 지어 명백한 인종 차별적인 주택정책을 보여주었다. 더욱이 줄행랑에 들어갈 조선인 노동자는 교통이 편한 곳에 저렴한 비용으로 셋집을 얻을 수 있었기 때문에 오히려 주택이 필요한 계층은 중류계급의 조선인이었지만 그들을 위한 주택은 하나도 지어지지 않았다. 그 결과 105호나 되는 주택을 지어놓고 세 들 사람을 구하지 못해 입주자가 반수에도 못 미쳤다. 또한 일본인 주택의 경우도 경성부청의 직원 10명에게 집을 우선적으로 빌려주고 나머지만 추첨을 하자 경성 부민들의 원성이 높았다. 이처럼 사회 실정도 모르고 부영주택을 사택처럼 사용하는 경성부의 처사에 대해 기자는

"이제는 다시금 되지도 않을 사회사업을 한다고 원숭이 구실만 하지 말고 가만이나 있는 것이 오히려 낫지 않을까." 하고 조롱한다.

또 다른 도시계획 시설인 공동묘지도 예외가 아니었다. 기자의 눈에 포착된 공동묘지는 초대 총독이었던 데라우치 마사타케寺內正毅 시대인 1912년에 제정된 '묘지, 화장, 화장장에 관한 취체규칙'에 의해 만들어진 제도로, 개인 묘지의 설치를 절대로 허가하지 않아 조선인의 원성을 산 대표적인 사회문제 중의 하나였다. 이런 사정을 전해들은 사이토 총독은 공동묘지 제도만 개정하면 조선 사람 모두 만세를 부를 거라 생각하여 부임하자마자 첫 정사政事로 묘지규칙을 개정하였다. 이에 따라 자기 소유지에서 누구든지 묘지를 조성할 수 있게 되자 전정町에 여유가 있는 사람들은 앞다투어 조상의 묘지를 마련하기 시작하였고, 공동묘지가 아니라 사설 묘지였기에 차례를 치르고 비석을 세우기 위해 석물을 설치하는 등 그동안 잠잠했던 묘지 조성 열기가 높아갔다. 석물의 수요가 늘어나자 경성부내에는 예전에 없던 비석 상점이 생겨나기 시작했으며, 모든 상점이 밀려드는 주문량으로 상당한 이익을 보는 등 각광을 받게 되었다. 기자는 이러한 현상을 바라보면서 "비석 상점의 번창은 결과적으로 사이토 총독의 덕택이니 동업자끼리 연합하여 '제등총독영세불망비'라도 세워줘야 하지 않냐."라며 비석 상인과 총독 모두를 비웃는다.

「말하는 사진」의 마지막은 당시 경성에서 가장 유행한 경매소로 장식되었다. 그것은 오늘날 우리가 생각하는 소더비나 크리스티와 같은 고급 경매장이 아니라 거리에 좌판을 벌려놓고 고객들을 불러 모아 값싼 잡화품을 경매에 붙여 가장 높은 가격에 파는 소규모 경매소였다. 종로 부근 남대문통의 조선인 상업 중심지에는 큰 상점 자리를 빌려 경매소를 차린 곳이 여럿인데, 요령鐃鈴을 흔들고 꽹과리를 치면서 '싸구려, 싸구려'를 외쳐 사람들을 모아놓고 피륙 조각 같은 잡화 부스러기를 경매하는 소리로 시끌벅적했다. 이 광경을 지켜본 기자는 조선의 수부인 경성의 중심에서 고물상이나 싸구려 장사하는 자들이 출처를 알 수 없는 물건을 어수룩하게 팔

87
경성부내의 비석상점
(『동아일보』 1921. 7. 31)

아먹는 수단인 경매소가 유행하는 것은 경성부의 일대 치욕이자 큰 창피라고 손을 내젓는다. 경성의 체면에도 부끄러운 일이며, 조선인의 사업 형편으로 보아도 한심한 일이라는 것이다. 이러한 반응에서 조선인들의 밑바닥 현실을 보지 못한 채 근대적 세계관에 경도된 기자의 의식 세계를 엿볼 수 있지만, 그보다는 일제의 행정 당국이 시행해온 차별적인 도시개발 정책과 그에 따른 북촌 지역의 상대적 낙후성을 폭로한 기자의 비판 정신을 느낄 수 있다.

이상에서처럼 '조선 제일', '동양 제일'을 강조하며 식민 지배의 정당성을 선전 홍보하려는 조선총독부와 경성부의 허위와 모순을 지적하는 기자는 눈은 매섭기만 하다. 그는 이 외에도 도시계획에 따라 신작로가 뚫리면서 철거된 덕수궁 영성문과 순종비 순정효황후 윤 씨의 숙부로 자작의 지위를 받은 윤덕영의 아방궁 송석원 등에 대해서도 불편한 시선을 감추지 않는다. 비록 기자가 선택한 사진은 열 장에 불과했지만 「말하는 사진」의 기획 연재를 통해 사회를 바라보는 비판적 도구로서의 사진의 진면목을 엿볼 수 있었다. 그러나 사진은 양날의 칼과 같다. 특정 이념과 권력의 시녀가 되어 진실을 왜곡하고 상징적 폭력을 행사하는 것도 바로 사진이다. 즉

88
경매소 앞 풍경
(『동아일보』 1921. 8. 1)

앞에서 보았던 사진들은 그것이 놓인 처음의 맥락을 벗어나면 기자의 생각과는 반대로 조선에 대한 일제 식민 당국의 선정善政과 치적을 보여주는 객관적 기록으로 활용될 수도 있다. 결국 「말하는 사진」은 사진의 재현 주체가 누구이며 그가 말하려는 바가 무엇인지를 묻는 사진의 작동 방식에 대한 텍스트이기도 하다. 그렇다면 오늘날 언론들은 현 정권에 대해 어떤 사진으로 말하려는지 두고 볼 일이다.

참고 문헌

곤도 시로스케, 2007, 『대한제국 황실비사』, 이언숙 옮김, 이마고.

김흥희, 1932, 「카페 광상난무곡」, 『실생활』 3권 7호(1932. 7), 장산사獎産社.

박세훈, 2000, 「1920년대 경성도시계획의 성격」, 『서울학연구』 15(2000. 9), 서울시립대학교 서울학연구소.

박완서, 1992, 『그 많던 싱아는 누가 다 먹었을까』, 웅진출판.

小宮三保松[고미야 사보마쓰], 1912, 「서언」, 『이왕가박물관소장품사진첩』.

兒玉秀雄[고다마 히데오], 1929, 「조선박람회 개설에 제하여」, 『조선』 144호(1929. 10), 조선총독부.

안석영, 1929a, 「어느게 마네킹인지?」(일요만화), 『조선일보』 1929. 9. 8.

안석영, 1929b, 「키스껄의 출현」(일요만화), 『조선일보』 1929. 9. 22.

오창영, 1993, 『한국동물80년사: 창경원편』, 서울특별시.

이서구, 1932, 「실사 1년간 대경성 암흑가 종군기, 카페·마작·연극·밤에 피는 꽃」, 『별건곤』 제47호(1932. 1).

이서구, 1934, 「종로야화」, 『개벽』 신간 제1호(1934. 11).

홍세화, 1995, 『나는 빠리의 택시운전사』, 창작과비평사.

『권업신문』 1912. 8. 29(「생각치 말고자 한들」); 1913. 10. 19 (「이성재 선생의 연설」).

『동아일보』 1920. 7. 28; 1926. 1. 6; 1927. 3. 19; 7. 19; 1929. 7. 7(「緊縮政策에서 朝鮮을 除外하라, 全朝鮮商議 決定」); . 17; 9. 21; 9. 23; 9. 27; 10. 31; 10. 5; 10. 9; 11. 15; 1931. 2. 9; 2. 23; 3. 30; 7. 20; 1932. 2. 14; 3. 31; 11. 25; 1933. 2. 17; 1939. 11. 14; 1939. 7. 16.

『시대일보』 1925. 7. 5.

『조광』 1935. 10.

『조선박람회 경성협찬회보고서』, 조선박람회경성협찬회, 1930.

『조선박람회기념사진첩』, 대륙통신사·극동시보사, 1929.

『조선일보』 1924. 12. 20; 1925. 8. 23(「夜京城 巡禮記 1. 기쁨의 밤 서울, 설움의 밤 서울」); 1927. 5. 19(「카페집 전문 풍기를 취체」); 1929. 9. 7(「착각된 인간의

완구 마네킹 걸, 조선은행 전前에서 상품광고극 연출」); 9. 12; 9. 22(「목 놓아 우는 여관업자들」); 10. 19; 11. 16; 1933. 1. 15; 8. 2; 11. 5(「카페 색등에 녹는 70만 원의 거액 금후는 카페 증설을 절대로 불허」); 1934. 7. 13~7. 24(「카메라 산보, 도회의 측면에서 측면에」(총 8회), 文 A生/ 촬영 Y生); 1935. 8. 23; 1940. 1. 18.

『중외일보』1929. 8. 27.

『황성신문』1905. 10. 24.

吉見俊哉, 1992, 『博覽會の政治學』, 中央公論新社.

이 책은 서울문화재단 '2012년 예술연구서적발간 지원사업' 선정 저서로, 서울문화재단과 한국문화예술위원회의 후원을 받아 제작되었습니다.